普通高等教育公共基础课系列教材

# 大学体育与健康

洪锡均　张颖夫　彭春江　主　编
姜凤云　蒋　森　赵利华
阳小利　刘健明　陈永兵　副主编

科学出版社
北　京

## 内 容 简 介

本书共分为九章，具体内容包括大学体育概述、《国家学生体质健康标准》解读、学生体质达到健康标准的锻炼方法、田径运动、大球运动、小球运动、舞美类运动、武术运动与瑜伽、其他体育运动等。此外，附录部分介绍了二十四式简化太极拳。

本书内容全面、通俗易懂、图文并茂，既可作为高等院校体育专业学生的学习用书，也可作为广大体育爱好者的阅读参考书。

图书在版编目（CIP）数据

大学体育与健康/洪锡均，张颖夫，彭春江主编. —北京：科学出版社，2017

（普通高等教育公共基础课系列教材）

ISBN 978-7-03-054111-6

Ⅰ. ①大… Ⅱ. ①洪… ②张… ③彭… Ⅲ. ①体育-高等学校-教材 ②健康教育-高等学校-教材 Ⅳ. ①G807.4②G647.9

中国版本图书馆 CIP 数据核字（2017）第 191792 号

责任编辑：张 娅 陈将浪 / 责任校对：王万红

责任印制：吕春珉 / 封面设计：东方人华平面设计部

科学出版社 出版

北京东黄城根北街 16 号

邮政编码：100717

http://www.sciencep.com

铭浩彩色印装有限公司 印刷

科学出版社发行 各地新华书店经销

*

2017 年 8 月第 一 版 开本：787×1092 1/16

2021 年 8 月第三次印刷 印张：17 1/4

字数：410 000

定价：45.00 元

（如有印装质量问题，我社负责调换〈铭浩〉）

销售部电话 010-62136230 编辑部电话 010-62135927-2014

# 前　言

运动是生命的基石，要能工作，要有幸福，必然先有健康；要有所成就，要实现自己的人生价值，也必须先有强健的体魄。健康之精神寓于健康之身体中，体育教育的真谛就是身心相互调剂，共同发展。体育运动是培养身心合一、人格健全的国民的先决条件和必经途径。一身动，则一身强；一家动，则一家强；一国动，则一国强。国民身心健康，体魄强健，意志顽强，充满活力，是一个民族生命力旺盛的体现。每个大学生都应当养成终身体育锻炼的习惯，通过体育锻炼塑造形体，锻炼意志，陶铸灵魂。

学校体育教育在帮助大学生养成良好体育锻炼的习惯方面发挥着巨大的作用，编写适应新形势的大学体育教材对促进学校体育教育的发展尤为重要。因此，编者在“健康中国”“体育产业化”指导思想的指引下，围绕《全国普通高等学校体育课程教学指导纲要》，针对当代体育发展趋势和大学生的身心特点编写了本书。

本书以培养学生锻炼兴趣和锻炼习惯，以及贴近大学生的生活为目标，具有观念新、内容丰富多彩、方法简单易学的特色，同时融知识性和趣味性于一体。本书不仅让学生学习基础知识与基本技能，更重视体现教师教学与学生学习的过程和方法，把运动与教育融为了一体。

本书由洪锡均、张颖夫、彭春江担任主编，由姜凤云、蒋森、赵利华、阳小利、刘健明、陈永兵担任副主编，参与编写的人员还有黄晨华、和丽东、王世超、陆国田。具体的编写分工如下：第一章至第三章由洪锡均编写；第四章由张颖夫编写；第五章由洪锡均、陈永兵编写；第六章由彭春江、蒋森编写；第七章由赵利华、陆国田编写；第八章由阳小利编写；第九章由刘健明编写；附录部分由姜凤云编写，其中二十四式简化太极拳阳小利老师示范视频中的人物为阳小利；黄晨华负责校对工作；阳小利、和丽东、王世超负责书中部分图片的拍摄。在此需要说明的是，第五章足球部分和第七章排舞部分的图片是对大理大学各运动队的比赛和训练场景的真实拍摄，相关人员已填写肖像权使用授权书。

本书是大理大学体育科学学院和滇西应用技术大学体育部全体教师教学工作的结晶。在编写本书的过程中，编者得到了许多专家和朋友的关心与鼓励，得到了科学出版社的大力支持和帮助，也参考了许多同行的研究成果和著作，在此一并表示感谢。

由于编者水平有限，书中难免存在不足之处，恳请广大读者批评指正。

编　者

2017年6月

# 目　　录

# 第一章　大学体育概述

体育是一个发展的概念，存在争议的主要原因是体育跨文化传播所带来的理解歧义及其概念自身的发展。体育因具有健身、教育、娱乐、经济、政治等多种功能，而与人类社会发展有着密不可分的关系。大学阶段是人生中关键的阶段之一，而体育又会对大学生活产生积极影响：学生通过体育运动可增强体质，树立自信心；学习规范，培养合作精神；组建体育社团，丰富校园文化生活。

## 第一节　体育的功能

体育的功能是指体育以其自身特点作用于人和社会所产生的积极影响及良好效能。人们对体育功能的认识是一个与时俱进的过程，随着社会的发展，体育的功能日益显示出其独特效用，正是由于人们对体育功能的不断发掘，社会对体育的重视程度越来越高，体育在人们生活中所占的地位也越来越重要，人们的体育观念在不断更新。

体育作为社会大系统中的一个子系统，因与各子系统之间的紧密联系，发挥着或隐或显的作用，因此对个人和社会产生的功能是多样化的。具体来说，体育有以下几种功能。

### 一、健身功能

体育作为一种社会文化现象，是通过人体的运动来呈现的，而最简单、最原始的表现形式就是人类的基本活动能力，如走、跑、跳、负重、攀缘、投掷等。这些活动方式对人产生的积极效用就是体育的健身功能，也是体育功能中最基本的功能。体育的健身功能对人的积极作用是全方位的，可以通过以下多种形式表现出来。

1）可以提高人体机能水平。人体生长遵循“用进废退”的规律，经常性地进行身体锻炼，是保障身体机能健康的有效途径。毛泽东说过：“勤体育则强筋骨，强筋骨则体质可变，弱可转强，身心可以并完。此盖非天命而全乎人力也。”进行体育锻炼，可以提高人体心脑血管系统机能水平，有规律的运动可以增强心脏功能，使得冠状动脉血流畅通，心肌所需要的营养得到更好的供给，可以使心肌纤维增粗，心肌收缩力量增强，还可以增强血管壁的弹性。人随着年龄的增长，血管壁的弹性逐渐下降，从而诱发心脑血管疾病，血管壁的弹性增强，可以减少心脑血管病的发生概率。经常锻炼对人的呼吸系统会产生积极影响，由于加强了呼吸力量，胸廓扩大，呼吸深度增加，有利于肺组织的生长发育和肺的扩张，从而可有效增加肺活量。大量实验表明，经常参加体育锻炼的人，其肺活量高于一般人。

2）可以促进心理健康水平。与“无病即健康”的传统健康观不同，现代人的健康观念是整体健康观，世界卫生组织提出“健康不仅是躯体没有疾病，还要具备心理健康、社会适应良好和有道德”。因此，健康是指一个人在身体、精神和社会等方面都处于良好的状态。

心理健康是人类健康的重要指标，是指具有较好的自控能力，且能保持心理上的平衡，能自尊、自爱、自信而且有自知之明。和身体健康一样，心理健康同样也是有衡量标准的。从国内外学者的论述中，我们可以大致把心理健康的标准归纳为 7 个方面：智力正常、情绪健康、意志健全、行为协调、适应社会关系、反应适度、心理特点与年龄相符。随着社会的发展，以及人们对自身认识水平的不断提高，体育可以促进人的心理健康水平这一理念已经得到社会的认可。体育促进心理健康的原理主要通过运动强度、运动持续时间和运动频率表现出来。研究表明，中等强度的体育运动有较好的心理健康效应，对改善情绪大有帮助。因此，世界通行的体育人口统计标准一般把中等以上强度作为参考依据。参与体育运动时，每次运动时间至少 30 分钟，持续时间过短或过长都不能产生良好的心理效果。活动频率同样对心理健康产生影响，经常性的体育锻炼能有效抑制不良情绪的产生。

3）有利于儿童身体发育。生长和发育是儿童不同于成人的重要特点，影响儿童生长发育的因素很多，如遗传、精神因素、营养、睡眠、体育锻炼、疾病等。利用自然条件进行体育锻炼对增强儿童体质、提高发育水平和降低发病率有明显作用。经常参加体育锻炼不但能提高骨骼的发育质量，而且可以提高骨骼发育的速度，因为通过体育锻炼的刺激，能改善骨骼的血液循环，增加骨细胞数量和营养的供应。体育锻炼会使肌肉粗壮、有力，更有韧性，体育锻炼的时间越长，变化越显著。

4）可以延年益寿。由于生产力的提高，生活条件改善，人均寿命增长，人口问题中的老龄化问题已经成为许多国家面临的难题。我国的人口老龄化速度越来越快，人口质量问题与数量控制问题十分严峻。老龄化社会的到来，为人力资源、医疗卫生、养老保险带来巨大压力。提倡体育生活方式是改善老年人身体健康状况和医疗压力很好的方法。选择合适的体育项目可以帮助老年人达到延年益寿的目的，散步、慢跑、登山、广场舞蹈等都是当前在老年人群中较为流行的体育健身方式。

## 二、教育功能

身体教育（即现在的学校体育）是教育的组成部分，抛开学校体育不说，体育运动在人的成长过程中所起的教化作用可以从多个方面体现出来。

1）培养基本的生活能力。人从生物人成长为社会人并适应社会的过程称为社会化，在这一过程中，人首先要学习的就是基本的生活能力。走、跑、跳、投等能力是靠后天习得的，在人类早期，这些能力意味着生存，在今天同样也是走向社会的前提和基础。体育运动的基本手段是身体练习，这种练习是人类生产技术、劳动技能及军事技术的提炼和综合，掌握这些技能对人的一生会产生深刻影响。

2）学习社会规范。社会规范是用以调整人与人之间、人与社会之间关系的标准或规定，是保持社会稳定有序发展的必要手段。通过体育运动学习社会规范，有利于个体在成长过程中更快地融入社会生活。无论是体育游戏还是体育项目都有一套规则，参与其中必须接受规则约束，违反规则会受到相应处罚。体育活动中的这些规则与社会其他领域的规则是相通的，通过参与体育活动所培养起来的规范意识能够在潜移默化中引导个体行为。如篮球运动讲究团队意识，为达到共同目标，所有队员必须通力合作，互相信任，否则只能形同散沙，这种意识正是现代企业管理中对员工的最基本要求。

3）传授文化知识。体育文化是人类在体育运动过程中所创造的一切物质文化和精神文化的总和，是人类文化宝库中的重要组成部分。通过体育运动学习体育文化知识，既是体育文化传承的需要，也是体育文化发展的需要。如通过体育教育，向青少年儿童传授体育锻炼和健康生活的基本常识，教习体育锻炼的基本规范，既有利于他们的健康成长，也有利于终身体育习惯的形成。

## 三、娱乐功能

娱乐是人类精神生活中的重要内容，也是体育的另一重要功能。体育的一个重要起源就是游戏，游戏的目的就是娱人身心。体育具有娱乐功能是因为体育活动中含有娱乐所具有的基本因素，自觉自愿参加的自由活动更容易从中产生愉悦感，竞争性、对抗性和不确定性特点所带来的激情体验和吸引力是体育运动永恒的魅力。

体育的娱乐功能主要通过直接参与和间接参与两种形式表现出来。参与体育游戏本身就是一个身心放松、自由享受的过程。参与竞争性较强的体育项目，通过身体对抗，以及与对手斗智斗勇的体验，获得一种强烈的感官刺激和情感体验，取胜后所获得的成就感足以令人为之一振，这种自我价值的充分展示，能增强参与者的自尊心、自信心和自豪感。间接参与是指通过观看比赛达到愉悦身心的目的，竞技类体育项目往往以其高难度的动作、艺术化的造型、多样化的形式、激烈的对抗和难以预料的比赛结果吸引大批观众，在观看优秀运动员的精彩表演时，全身心投入，心无旁骛，为自己喜爱的运动员呐喊，为一个精彩的动作喝彩，观看比赛时的情绪发泄，无疑会对消除疲劳、调节心理产生积极的效果。

## 四、经济功能

体育的经济功能是指通过体育所产生的影响直接或间接推动经济发展。表面上看，体育本身并不产生经济效益，而且从人类早期的体育发展来看，体育与商品之间并没有太多联系，但是在今天，商品经济无孔不入，体育与经济产生了千丝万缕的联系，体育对经济的推动作用已经成为社会发展中不可替代的力量。

体育的经济功能主要表现在劳动者素质的提高、企业文化建设的推动和体育产业的发展上。

体育对经济的推动作用，间接表现在对劳动者素质的提高上。在传统的农耕时代，体能与生产力之间形成直接关联，游牧部落对体能的要求更高，充沛的体能必须经过严格的体育锻炼获得，在当时，体育是促进社会生产力发展的积极因素，是劳动力再生产的重要手段，体育锻炼成为决定人的命运和家族或民族发展的大事。现代社会对劳动者素质的要求不仅强调知识化、专业化，更要求具有健康的体魄。体力劳动在社会上所占的比重日益下降，脑力劳动在社会上所占的比重日益上升，知识力量和技能经验成为生产力的主要动力，但是劳动者的健康水平仍对生产力产生决定性影响，没有健康的身体，劳动者的创造力会大打折扣，因缺少锻炼而产生的健康问题会抵消先进科学技术的优势作用。体育在保护劳动力和修复劳动力，降低劳动者生病率方面效果明显。

企业文化的形成是现代企业的一个显著标志，越来越多的企业对企业文化建设给予了高度重视。体育在企业文化建设中发挥的作用也日益引起企业管理者的重视，大量企业利用与体育结缘的机遇获得长足发展的事实证明，体育可以为现代企业插上腾飞的翅膀。体育不仅可以提高员工的健康水平，也可以帮助企业训练员工养成遵守纪律的习惯，还可以利用广告效应树立企业的崭新形象。利用大型赛事的影响，许多企业走向世界。例如，阿迪达斯公司的成功与长期赞助现代奥运会分不开。随着国内体育赛事商业化运作的不断成熟，一大批企业通过冠名、赞助或其他合作方式，也获得了诸多收益。

体育产业被认为是新兴的“朝阳产业”，随着人们体育健身的欲望不断高涨，体育产业规模不断壮大，并开始显示出新兴产业的扩张活力。国务院办公厅于2010年3月发布《国务院办公厅关于加快发展体育产业的指导意见》（以下简称《指导意见》），明确指出要重点扶持体育服务业，提高体育产业增加值在国内生产总值中所占的比重。美国体育产业对美国经济的贡献率达11%；英国体育产业年产值约为70亿英镑，超过汽车制造业和烟草业的年产值；而我国体育产业的贡献率则只有0.7%。与发达国家相比，我国体育产业有着近15倍的发展差距。专家预测到2020年我国体育及其相关产业规模将达2万亿元。《指导意见》也制定了体育产业目标：争取到2020年培育一批具有国际竞争力的体育骨干企业和企业集团，形成一批有中国特色和国际影响力的体育产品品牌。

### 五、政治功能

体育与政治的紧密关系是客观存在的。政治往往借助体育的复合性功能扩大影响，体育也能在这种影响下获得发展空间。人类社会同样也必须遵循丛林法则，弱肉强食，优胜劣汰，为了生存和在竞争中取胜，历史上许多民族和国家都以体育作为强国的工具。当今时代，和平与发展成为主题，国与国之间的竞争关系变得更加复杂微妙，体育赛场成为国际竞争的大舞台，被称为“不见硝烟的战场”，世界各国都以能在国际赛场中获得奖牌为荣耀，当奥运赛场上国歌响起时，全体观众对着国旗行注目礼，那种情景往往能使整个国家和民族为之振奋。体育的政治功能还表现在和平时期，体育水平高成为一个国家和地区繁荣稳定的标志。

**知识窗**

#### 培养武士的斯巴达教育

斯巴达的教育以培养凶悍的武士著称于世。为了镇压奴隶的反抗和异邦的侵袭，斯巴达把每个城邦变成一个大军营，每一个斯巴达人都将通过长期严格的军事体育训练而成为士兵。斯巴达人在婴儿时就要接受生命的考验，凡经受不住考验或被长老认为是虚弱的就被抛弃在弃婴场。7岁的男孩就进入国家开办的教练所，从此他们就要经受心魄和筋骨的磨炼，以形成坚韧、勇猛、机警和服从的品质。训练的主要形式是格斗。还有一种训练是专门考验儿童的忍耐力，所有儿童每年都必须经受一次严厉的鞭笞，只有那些咬紧牙关、面无惧色的人才能成为合格者。孩子们一年四季光头赤足，只穿一件单衣。18岁的青年将接受正规的军事训练。青年军训团至少要组织一次军事“演习”，即在夜间采取突然袭击的方式包围、殴打“奴隶”，以锻炼性格和本领。20岁以后的青年要常年戍边习武，30岁时才能结束教育和训练，成为一名真正的武士和公民。

## 第二节 人类社会与体育

人类社会是一个大系统，各子系统都在一个统一的系统之中运转；人类社会是一个有机的整体，各子系统之间互相关联，在整体中占据一定位置并发挥特定作用。体育是人类社会大系统的组成部分，与其他子系统产生种种联系，并相互影响、制约。可以说体育不能作为单独体游离于人类社会系统之外，若人类社会缺少体育这一构成要件，整个系统功能就会紊乱瘫痪。

## 一、体育是人类社会的缩影

人类社会的任何大的变迁都会在体育领域中反映出来，各子系统的变化也会对体育产生或大或小的影响，无论是政治风云的变幻、经济的快速发展或萎缩、文化的交融和冲突，还是人们观念的更新，都会对体育起到或推动或阻碍的作用，用“牵一发而动全身”来形容这种联系再恰当不过，所以说体育是人类社会的缩影。

体育是政治的“晴雨表”，国际和国内各种政治力量的角逐或多或少会影响国际国内体育的发展。希特勒是“种族优越论”的狂热支持者，为了证明自己的观点，他从反对柏林举办奥运会转向积极支持，并亲自担任柏林奥委会大会总裁。“冷战”时期，“华约”和“北约”两大政治集团，不仅在政治、经济、文化和军事等领域进行全方位对抗，也把对抗带到了体育赛场，两大集团都希望通过国际大赛特别是奥运赛场的角逐，展示各自制度的优越性。体育公平公正原则是人类社会追求的永恒目标，而忠于国家和民族利益同样是人类社会通则，当两种原则相遇而且难以调和时，往往会出现体育为国家利益让位的现象。而最好的结果就是体育与政治实现双赢。例如，我国首都北京获得了 2008 年奥运会举办权，我国人民上下齐心把这届奥运会办成了一届“不可复制”“无与伦比”的奥运会，借此机会向世界全面展示了我国改革开放的成果，树立了中华民族的新形象。体育是一种灵活的外交手段，在风起云涌的国际政治演变格局中，成为一种良性的催化剂，常常能在两个国家的睦邻友好关系中发挥重要的作用。例如，发生于 1971 年中美两国之间的“乒乓外交”就是中外外交史上的一段佳话。

经济决定体育的物质基础和制度基础，有什么样的经济水平就会有与之相适应的体育水平。中华人民共和国成立初期，和其他社会主义国家一样，也选择了举国体制，集中有限的社会资源寻求竞技体育在国际大赛上的突破，而在大众体育事业方面投入不足。这种选择基于特定时期的特定经济条件，在发展大众体育方面不是“不为”而是“不能为”。当经济腾飞，国力日隆，百姓开始自发地改善体育锻炼条件时，在客观上也促使国家进行自上而下的管理制度变革，加大对大众体育的投入，提高体育公共服务水平，以满足大众多样化的体育需求。

世界文化的交流是在冲突与融合的交替中向前发展的，文化的交流既是文化创新的重要途径，也是体育文化发展的重要手段。自 1492 年哥伦布发现新大陆以来，全球化大幕开启，伴随经济、政治、文化全球化的脚步，西方体育也开始在世界范围内传播。至少在第二次世界大战结束以前，西方体育作为先进的西方文化的一部分，逐渐为大多数落后国家和地区所接受。在这一全球化进程中，以中国为代表的东方体育文化受到前所未有的冲击，在经历被动接受、主动适应之后，有东方特色的体育文化逐渐走上了主动出击、影响世界体育格局的道路。体育所产生的巨大影响，引起许多城市对举办大型国际体育赛事的浓厚兴趣，以中国和巴西为代表的发展中国家开始参与到这一竞争行列，北京奥运会的成功举办证明了东方文化的魅力，对全世界产生了冲击，这种变化反映了全球化新的趋势，东西方文化交流开始出现回流趋势。

时移俗易，社会观念总会随时代的发展而变迁，社会观念的变革也表现在对待体育参与的态度上。中国古代传统女性的形象是足不出户、笑不露齿、言不高声，如敢参与体育运动会被认为是不可思议的举动。自辛亥革命以来，男女平等的思想逐渐深入人心，妇女参与体育运动的风气日盛。中华人民共和国成立后，妇女的身影开始出现在各种赛场上，不少女运动员取得了令世人瞩目的好成绩。改革开放后，中国社会经济快速发展，人民生活水平日益提高，对幸福生活的追求标准也出现变化，“花钱买健康”的观念流行，“请人吃饭不如请人流汗”，这些观念的变化直接带来了我国大众体育的繁荣，也催生了庞大的体育市场。

## 二、人类社会的演进历程离不开体育

人类社会的演进历程与体育之间有着血肉般的联系。

直立行走是人类社会发展进程中具有划时代意义的大事，人类祖先从树上走向广袤的大地，在这一过程中孕育了早期萌芽状态的体育。

史前文明阶段，人类祖先在采集和狩猎时，已经开始掌握了制造工具的简单方法，这些利用天然材料打磨成的器具意味着原始运动器械的产生。原始部落聚族而居，公共场所成为议事和进行身体教育及娱乐的公共广场。原始宗教产生，祭神献舞等宗教仪式发挥着早期体育的娱乐和锻炼体质功能。

人类社会步入农业社会后，生产力获得了发展，物质来源有了一定保障，社会阶层出现变化，产生一定程度的贫富分化，对物质和娱乐生活的追求促使成熟和稳定的体育形态形成，一些运动项目相继出现。频发的大规模战争推动了军事体育的发展，部分项目如跑步、骑马、射箭、负重、投掷、劈刺等成为军事训练的首选。摔跤、蹴鞠、杂耍、踩高跷等娱乐性体育项目开始出现，极大地丰富了人们的精神生活。

工业革命开创了人类社会物质财富大增长的时代，大量企业开始出现，机器化大生产开始代替手工工场，大量的农村人口离开土地涌进城市。工业化时代的生产方式与农耕时代大不相同，劳动对象以资本、能源和机器设备为主，对劳动者的要求主要是具备一定的生产知识和操作机器的能力，经济增长与产业工人数量直接关联。工业化大生产不仅需要大量的资本，也需要大批有知识且身体健康的工人，而体育运动为这种需要提供了可能。发端于英国的工业革命把本国公民带入了一个户外运动的时代，这种备受英国大众喜爱的休闲体育运动很快风靡欧洲及美洲。

1980 年，托夫勒出版了轰动世界的《第三次浪潮》，他将人类社会划分为 3 个阶段，信息化阶段是继农业阶段和工业阶段之后的第三次浪潮，书中的种种预言早已成为现实。信息化时代的到来深刻地改变了人类社会的生活方式，人类生产围绕着信息的收发、存储、传递、开发和运用展开，经济增长从工业化时代的劳动数量型、资源占有型和资本投入型向知识信息型转变。信息化时代，电子信息渗透到人们的工作、学习、生活、娱乐中的每个角落，一场以电子信息为基础的体育革命也在悄然进行。这种改变首先表现在体育运动项目上，一种全新的体育项目即电子竞技体育运动应运而生。在中国，国家体育总局 2003 年正式将电子竞技体育运动设为我国开展的第 99 个体育项目。在韩国，电子竞技产业已经形成巨大的产业规模，赶上并超过了汽车工业。这种以信息化为基础的体育运动项目对人类社会发展产生的影响是微妙的，它改变了年轻一代的学习方法和交往方式，通过参与电子竞技体育运动，选手能锻炼思维能力、反应能力、自制能力和协调能力。信息化时代对体育产生的第二个较大影响，就是休闲时间的进一步增多，弹性工作时间、定期轮休假等相关工作制度的出现，这种变化促使家庭体育形态的出现。家庭体育形态出现标志着人类社会的人际交往进一步封闭的趋向。

## 三、21 世纪人们的体育需求

### 1. 多元化

经济发展为人们提供了物质保障，科学技术发展为人们腾出了更多休闲时间，信息流通的便捷为人们提供了了解世界的新渠道，这一切都为人们多元化的体育需求提供了可能。

现代生活方式对人体带来的挑战，决定了人们对体育的多元化需求。余暇时间增多，学会利用余暇时间成为热门话题。城市化使得居民生活空间日益压缩，长期生活在都市的"水泥丛林"里产生的压抑感，需要寻找合适的空间和场所得到释放。信息化时代带来的快节奏，让人们长期处于焦虑和紧张之中，紧绷的神经需要放松。消费的方式和结构发生深刻变化，用于体育休闲方面的消费增长速度加快。

环境恶化需要借助体育锻炼抵消影响。工业社会是资源消耗型社会，工业生产除创造财富以外，也导致了环境污染、汽车尾气排放、自然灾害频发，使环境日益恶化。环境恶化对人体的适应能力提出了更高的要求，通过体育锻炼提高自身免疫力成为消除环境恶化影响的必要手段。

"文明病"的出现决定了体育锻炼手段的多元化。由于食物充足，摄入能量过多，运动量不足，肥胖症增加，导致运动能力下降，心脑血管疾病成为人类极大的威胁。"文明病"存在于不同人群中，个体的差异决定了采用锻炼手段的差异。

**知识窗**

**极限运动简介**

极限运动是以年轻人为主要参与人群的高难度观赏性体育运动。它除了追求竞技体育"更快、更高、更强"的精神外，更强调参与、娱乐和勇敢精神，追求在跨越心理障碍时所获得的愉悦感和成就感，同时它还体现了人类返璞归真、回归自然、保护环境的美好愿望，因此已被世界各国誉为"未来体育运动"。极限运动根据季节可分为夏季和冬季两大类，运动领域涉及"海、陆、空"多维空间。主要项目有攀岩、空中滑板、高山滑翔、滑水、激流皮划艇、冲浪、蹦极等。

### 2. 生态化

城市化驱使更多的人离开乡村，往城市集中。都市基础设施的完善为人们的生活提供了便利，但人口集中带来的一个副作用是远离自然。厌倦了都市生活的人们开始怀念乡村生活，渴望回到大自然中，亲近山林水泽，与自然和谐共处。因此生态体育成为一种新的潮流。体育需求生态化的实质就是要求体育运动与自然、社会相谐调，体育运动中的人与人的和谐及参与体育运动的人自身的和谐。生态化的体育应该是回归自然的体育，运动空间应该从单一的陆地环境转向海、陆、空的全方位立体环境。近年来，国内出现大量"背包客"和"驴友"群体，攀岩、登山、蹦极、冲浪、滑翔等运动项目受到大量年轻人的追捧，种种变化反映了人们体育需求新的变化，特别是生态化趋向非常明显。

# 第三节　体育与大学生活

## 一、当代大学生的特点

### （一）强烈的自主意识和淡漠的集体观念

信息爆炸，资源丰富，获取信息的渠道多样，当代大学生的思想更为早熟，对事物有自己独到的见解，民主平等意识较强，敢于挑战传统，不迷信权威；自主意识强烈，崇尚自我，对自己的未来充满信心，相信自我奋斗，重视自我价值，关心自身利益。当代大学生个性张扬，这种独立人格意识有利于自我完善，但是自我中心也容易导致冲动、偏执等性格缺陷。由于崇尚个性自由，当代大学生的集体观念淡漠，奉献精神不足，喜欢单打独斗地实现个人价值，较少考虑集体荣誉的争取。

### （二）丰富的情感生活和脆弱的心理承受能力

信息丰富的时代，良好的教育背景，优越的物质条件，为当代大学生创造了一个比较宽松的成长环境。在这种环境下成长起来的大学生，情感丰富而直露，也乐于表达自己的思想情感。丰富的情感容易导致情绪波动，当代大学生脆弱的心理承受能力已经成为高校管理方感到头痛的问题。在急剧变化的社会环境下，竞争压力日益增大，大学生群体的思想焦虑现象日渐增多。就业压力大，就业信心不足，一旦就业失败，经不起挫折，迅速消沉，甚至对社会产生抵触情绪。由于缺少吃苦耐劳的体验，心理承受能力较差，身处逆境时的抗击打能力有待进一步提高。

## 二、大学生生活的不良习惯

### （一）作息时间不规律，生物钟黑白颠倒

万物生长都有规律，人体的休养生息也有自己的节奏，节奏一乱，就会出现各种问题。如果经常晚睡，身体各个“部件”难以得到相应的休息，长时间处于疲劳状态，容易引发疾病。科学研究发现，睡眠是新陈代谢活动中重要的生理过程。晚上9～11点为免疫系统（淋巴）的排毒时间；肝的排毒时间为晚间11点至凌晨1点，最理想的状态是在熟睡中进行；凌晨1～3点为胆排毒的时间。充足的睡眠既可以消除疲劳，又能提高免疫力。养成定时睡觉的习惯，保证每天睡眠时间不少于7小时，才能维持睡眠中枢生物钟的正常运转。部分大学生养成了晚睡的习惯，晚上看书、上网，第二天不按时起床，窝在宿舍补觉。需要指出的是，即便白天补足睡眠，这种颠倒黑白的作息规律也会打破正常的人体生长规律，造成生物钟紊乱。

### （二）饮食结构不合理，酗酒成风

大学生离开父母的监护，获得行动上的充分自由，在经费支配上有了自主权，很多学生喜欢酗酒，暴饮暴食；熬夜或睡懒觉，早晨赖床不吃早餐；不注意饮食卫生，喜欢吃各种地

摊小吃及一些没有营养的高热量食品。长此以往，容易造成营养结构不合理、饮食无规律、肠胃不适应、营养失衡等一系列问题。

（三）沉迷网络

网络为大学生打开了一个光怪陆离的虚拟世界，许多大学生沉迷网络难以自拔，最终荒废了学业，放弃了人生追求。大学生沉迷网络的原因十分复杂，其中一个重要的原因是网络能够为学生提供一个思维上任意驰骋的空间，现实中做不到的事情网络上可以做到，这样更容易激发他们的成就感。对于那些性格内向、不善于与同学交往的学生，网络更容易让他们着迷。另外一个很重要的原因是，网络可以提供一个无所顾忌的交流空间，个人的身份得到隐藏，不必像现实中那样有种种顾虑，可以毫无保留地敞开内心世界，从而获得心灵上的极大放松，精神上获得空前的愉悦和满足感。长期沉迷网络带来的危害不可小觑，由于心理上对网络的依赖，导致对其他事情包括学业缺乏兴趣；精力难以集中，记忆力衰退；情绪低落，悲观失望；睡眠不足。

（四）缺少锻炼

大学阶段正是精力旺盛、身体各部分机能达到最佳状态的时期，养成良好的锻炼习惯，可以终身受益。进入大学以后，从紧张的高中学习氛围中转入宽松的大学校园生活，“船到码头车到岸”，许多学生身心彻底放松。可以由自己支配的时间多了，可供自己选择的感兴趣的事情多了。没有了老师、父母的督促，许多学生缺少锻炼的热情和习惯。在第 4 届全国体育大会专题论坛上，广东河源职业技术学院教师曾清华公布了他对广东省 5 所高校 1750 名大学生进行的生活方式的调查结果。该调查显示，80.4%的大学生没有日常锻炼的习惯，其中男生比例为 67.1%，女生比例达到 89%。

## 三、体育对大学生活的影响

（一）增强体质，树立自信心

大学生无论身体还是性格都具有可塑性，大学生活可以改变一个人的习惯、性格和命运。参与体育锻炼，可以帮助大学生养成良好的体育锻炼习惯，增强体质，塑造健壮完美的体形，增强自信心。体育锻炼是挑战自我、实现自我价值的一种方式，通过战胜心理上的惰性，克服运动中的障碍，获得一种成就感，逐渐树立不怕困难的信心和战胜困难的勇气。体育锻炼可以提高体能，增加肌肉力量，健康的体魄和阳光的心境是产生自信心的另一源泉。

（二）学习社会规范，培养合作精神

学习社会规范是人适应社会的前提和基础，也是学会扮演各种社会角色的首要条件。大学生活带有一些理想化的色彩，但是通过课堂内外的学习熟悉各种社会规范是走向工作岗位之前不可缺少的环节。体育锻炼的过程就是一个学习社会规范的过程，每一个体育项目都有各自的规则，参与者除遵守运动项目规则外，还应遵守起码的体育伦理，违背这些规则就会受到惩罚，如对犯规的处罚、队友的批评、观众的谴责等。体育运动还有助于改变当代大学生严重的自我中心思想，因为许多体育项目不仅强调个人能力，更需要团队合作精神。例如，篮球、足球、排球非常讲究整体的配合和团队意识。运动中的这种整体观念和合作精神，正是现代社会最需要的宝贵素质。

（三）组建体育社团，丰富校园文化生活

体育社团是一种学生自觉自愿组织的群众性公益组织，对提高学生自我管理能力和创新能力，以及推动高校校园文化建设方面起着重要作用。学生通过培养体育兴趣，在共同爱好的召集下，组建和管理体育社团，有利于个人素质的全面发展。小社团，大社会，每一个体育社团都会聚集一大批有同样爱好的学生，日常工作的管理、运动的开展、与各种组织及成员的沟通，可以起到全面锻炼人的作用。体育社团可以丰富校园文化生活，体育社团组织的各种体育活动是校园文化的重要内容，把学生吸引到积极、健康、向上的体育活动中来，不仅是学生自身发展的客观要求，也是精神文明建设的需要。

## 第四节 大学生终身体育教育

### 一、终身体育

随着体育改革的深入，以及人们对体育认识的加深，“终身体育”的概念于 20 世纪 90 年代出现。终身体育是指体育意识和体育锻炼习惯贯穿一个人生命的整个过程。这一过程既是体育意识及体育习惯的培养和维持过程，也是接受体育教育的过程。

终身体育是终身教育的延伸和发展，在联合国教育、科学及文化组织和其他有关国际机构的大力提倡、推广和普及下，自 20 世纪 60 年代中期以来，终身教育已经作为一个极其重要的教育概念而在全世界广泛传播。和终身教育一样，终身体育同样具有终身性和全民性，终身体育强调人生的各个阶段都应该是体育学习和实践的过程，提倡不分性别、年龄、种族和贫富差异，都应该成为终身体育的受益者和践行者。

### 二、大学体育教育与终身体育的关系

大学体育教育是学校体育教育的最后阶段，也是终身体育教育的中间环节，在人的成长过程中起着承上启下的重要作用。大学生既具备了体育教育的基础，又具备了一定的体育知识和技能，并初步了解了部分体育运动项目，大学体育教育的一个重要任务是在原有基础上进行必要提高和强化，促使学生形成终身体育意识。

大学体育教育与终身体育还存在一种互动关系。通过大学体育教育的努力使终身体育理念得到贯彻，而终身体育理念的提出也为大学体育教学提出了改革要求。改革传统的教学内容和教学方法，为培养有终身体育意识和能力的学生服务，是当前大学体育教学改革必须面对的一个问题。

### 三、大学生奠定终身体育基础的途径

（一）培养终身体育意识

目前，仍有相当多的学生认为，只要学好自己的专业知识就好，体育课和体育锻炼并不重要，对体育课和体育教师存在偏见，出现这种结果的原因是社会对体育的作用认识不够。

要改变大学生的这种错误观念，激发和培养学生参与体育运动的热情，大学体育教学的一个重要任务就是要培养学生的终身体育意识。终身体育意识的培养，不仅是体育教师和体育课教学的任务，也应该是高校人才培养的一个目标，高校应把培养学生终身体育意识作为教学的重要内容。通过黑板报、广播站、校园电视多种宣传途径进行终身体育意识的教育，提高学生对终身体育意识的认识，增加学生的体育知识，改变一些错误的体育健身方法。通过开展丰富多彩的体育活动特别是竞赛活动，提高学生参与体育锻炼的兴趣，促使学生参加体育锻炼。体育教学中，指导学生根据自身的兴趣培养对某一个或几个项目的热情，通过不间断的实践，加深其对体育项目的情感体验，并随时给予充分肯定，在提高运动能力的基础上帮助学生形成终身体育意识。

（二）培养兴趣，养成锻炼习惯

兴趣是最好的老师，培养体育锻炼的兴趣是形成良好体育锻炼习惯并最终培养终身体育意识的先决条件。兴趣的培养往往从人的需要出发，要让大学生产生体育锻炼兴趣，必须让学生有参与体育锻炼的欲望，这种欲望的产生离不开对体育目的和功能的认识，只有意识到体育锻炼的重要性才会自主地进行锻炼。培养学生的体育兴趣与体育教师的引导同样分不开，一个知识丰富、有教养、教导有方的好老师，是学生崇拜和模仿的对象，利用体育教师的个人魅力激发学生参与体育锻炼的兴趣，比空洞的说教更为有效。教学内容和教学方法的选择对培养大学生的体育兴趣同样重要，学生热衷的活动内容与活泼的教学形式更能激发其热情。兴趣一旦形成，便会逐渐变成一种内在动力，使学生自觉自愿参加体育锻炼，形成良好的体育锻炼习惯。

（三）培养终身体育能力

能力的培养是素质教育的核心，体育能力的培养同样是素质教育的重要内容。培养终身体育能力是指在体育兴趣的引导下，通过高校体育教育和学生个人的体育实践获得日后参与终身体育所必需的知识和专业技能。终身体育能力包括体育兴趣、体育知识、身体素质、体育技能、体育指导能力、适应环境变化能力等。终身体育能力的获得，体育兴趣是先导，体育知识是基础，身体素质是保证，体育技能是核心，体育指导能力和适应环境变化能力是延伸。

（四）改变体育教学内容和教学方法

培养大学生终身体育意识，高校体育教学无疑担负重要职责，高校体育教学课程改革必须围绕这一目的展开。体育教学过程中，要充分考虑体育运动本身具有的竞争性、艺术性、娱乐性、观赏性、健身性等特点，结合学校硬件设施及学生特点，选择合适的教学内容，吸引学生自觉参与。在教学中，根据学生特长和喜好，进行分类指导，让学生按照各自适宜的原则，充分展示自己的运动才能。高校体育教学应建立适应终身体育的新课程体系，建立以终身体育为指导思想的新高校体育教学模式。在体育教学的组织形式上，必须改变传统的体育课的类型，解放思想，尝试运用全新的组织形式和教学方法，把健康知识、锻炼方法、运动技能融为一体，最大限度地满足其从事体育锻炼的欲望。通过体育课程教学改革，使学生掌握增强体质和运动技能的知识与方法，最终成为终身体育的践行者。

# 第二章 《国家学生体质健康标准》解读

## 一、关于《国家学生体质健康标准》

人体的形态结构、生理功能、心理状态、运动能力和适应能力5个方面构成人的体质，这5个方面的状况决定着人们的不同体质水平。《国家学生体质健康标准》（以下简称《标准》）的实施，是高等学校体育工作的重要环节。《标准》是由教育部、国家体育总局共同组织研制，于2002年7月正式颁布实施的，2014年进行了重新修订。《标准》测试是“促进学生体质健康发展、激励学生积极进行身体锻炼的教育手段，是学生体质健康的个体评价标准，也是学生毕业的基本条件之一”。

《标准》设置了符合我国学校实际情况、简便易行的测试项目，包括身高、体重、肺活量、50米跑、坐位体前屈、立定跳远、1000米（男）/800米（女）、引体向上（男）/1分钟仰卧起坐（女），本章最后附有相关项目的二维码。

## 二、实施《标准》相关规定

1）《标准》是国家学校教育工作的基础性指导文件和教育质量基本标准，是评价学生综合素质、评估学校工作和衡量各地教育发展的重要依据，是《国家体育锻炼标准》在学校的具体实施，适用于全日制普通小学、初中、普通高中、中等职业学校、普通高等学校的学生。

2）“标准”的修订坚持健康第一，落实《国家中长期教育改革和发展规划纲要（2010—2020年）》、《国务院办公厅转发教育部等部门关于进一步加强学校体育工作若干意见的通知》（国办发〔2012〕53号）和《教育部关于印发〈学生体质健康监测评价办法〉等三个文件的通知》（教体艺〔2014〕3号）有关要求，着重提高《标准》应用的信度、效度和区分度，着重强化其教育激励、反馈调整和引导锻炼的功能，着重提高其教育监测和绩效评价的支撑能力。

3）《标准》从身体形态、身体机能和身体素质等方面综合评定学生的体质健康水平，是促进学生体质健康发展、激励学生积极进行身体锻炼的教育手段，是国家学生发展核心素养体系和学业质量标准的重要组成部分，是学生体质健康的个体评价标准。

4）《标准》将适用对象划分为以下组别：小学、初中、高中按每个年级为一组，其中小学为6组、初中为3组、高中为3组，大学一、二年级为一组，大学三、四年级为一组。

5）小学、初中、高中、大学各组别的测试指标均为必测指标。其中，身体形态类中的身高、体重，身体机能类中的肺活量，以及身体素质类中的50米跑、坐位体前屈为各年级学生的共性指标。

6）《标准》的学年总分由标准分与附加分之和构成，满分为120分。标准分由各单项指标得分与权重乘积之和组成，满分为100分。附加分根据实测成绩确定，即对成绩超过100分的加分指标进行加分，满分为20分；大学的加分指标为男生引体向上和1000米跑，女生1分钟仰卧起坐和800米跑，各指标加分幅度均为10分。

7）根据学生学年总分评定等级：90.0 分及以上为优秀，80.0～89.9 分为良好，60.0～79.9 分为及格，59.9 分及以下为不及格。

8）每个学生每学年评定一次，记入《〈国家学生体质健康标准〉登记卡》（表 2-1）。特殊学制的学校，在填写登记卡时可以按规定和需求相应地增减栏目。学生毕业时的成绩和等级，按毕业当年学年总分的 50%与其他学年总分平均得分的 50%之和进行评定。

**表 2-1 《国家学生体质健康标准》登记卡**

学校：

<table>
<tr><td>姓名</td><td colspan="3"></td><td colspan="2">性别</td><td colspan="4"></td><td colspan="3">学号</td><td colspan="2"></td></tr>
<tr><td>院（系）</td><td colspan="3"></td><td colspan="2">民族</td><td colspan="4"></td><td colspan="3">出生日期</td><td colspan="2"></td></tr>
<tr><td rowspan="2">单项指标</td><td colspan="3">大一</td><td colspan="3">大二</td><td colspan="3">大三</td><td colspan="3">大四</td><td colspan="2">毕业成绩</td></tr>
<tr><td>成绩</td><td>得分</td><td>等级</td><td>成绩</td><td>得分</td><td>等级</td><td>成绩</td><td>得分</td><td>等级</td><td>成绩</td><td>得分</td><td>等级</td><td>得分</td><td>等级</td></tr>
<tr><td>体重指数（BMI）/（千克/米 $^2$）</td><td></td><td></td><td></td><td></td><td></td><td></td><td></td><td></td><td></td><td></td><td></td><td></td><td rowspan="7"></td><td rowspan="7"></td></tr>
<tr><td>肺活量/毫升</td><td></td><td></td><td></td><td></td><td></td><td></td><td></td><td></td><td></td><td></td><td></td><td></td></tr>
<tr><td>50 米跑/秒</td><td></td><td></td><td></td><td></td><td></td><td></td><td></td><td></td><td></td><td></td><td></td><td></td></tr>
<tr><td>坐位体前屈/厘米</td><td></td><td></td><td></td><td></td><td></td><td></td><td></td><td></td><td></td><td></td><td></td><td></td></tr>
<tr><td>立定跳远/厘米</td><td></td><td></td><td></td><td></td><td></td><td></td><td></td><td></td><td></td><td></td><td></td><td></td></tr>
<tr><td>引体向上（男）/<br>1 分钟仰卧起坐（女）/次</td><td></td><td></td><td></td><td></td><td></td><td></td><td></td><td></td><td></td><td></td><td></td><td></td></tr>
<tr><td>1000 米跑（男）/<br>800 米跑（女）/（分·秒）</td><td></td><td></td><td></td><td></td><td></td><td></td><td></td><td></td><td></td><td></td><td></td><td></td></tr>
<tr><td>标准分</td><td colspan="3"></td><td colspan="3"></td><td colspan="3"></td><td colspan="3"></td><td rowspan="6"></td><td rowspan="6"></td></tr>
<tr><td>加分指标</td><td>成绩</td><td colspan="2">附加分</td><td>成绩</td><td colspan="2">附加分</td><td>成绩</td><td colspan="2">附加分</td><td>成绩</td><td colspan="2">附加分</td></tr>
<tr><td>引体向上（男）/<br>1 分钟仰卧起坐（女）/次</td><td></td><td colspan="2"></td><td></td><td colspan="2"></td><td></td><td colspan="2"></td><td></td><td colspan="2"></td></tr>
<tr><td>1000 米跑（男）/<br>800 米跑（女）/（分·秒）</td><td></td><td colspan="2"></td><td></td><td colspan="2"></td><td></td><td colspan="2"></td><td></td><td colspan="2"></td></tr>
<tr><td>学年总分</td><td colspan="3"></td><td colspan="3"></td><td colspan="3"></td><td colspan="3"></td></tr>
<tr><td>等级评定</td><td colspan="3"></td><td colspan="3"></td><td colspan="3"></td><td colspan="3"></td></tr>
<tr><td>体育教师签字</td><td colspan="3"></td><td colspan="3"></td><td colspan="3"></td><td colspan="3"></td><td colspan="2"></td></tr>
<tr><td>辅导员签字</td><td colspan="3"></td><td colspan="3"></td><td colspan="3"></td><td colspan="3"></td><td colspan="2"></td></tr>
</table>

学校签章： 年 月 日

9）学生测试成绩评定达到良好及以上者，方可参加评优与评奖；成绩达到优秀者，方可获体育奖学分。测试成绩评定不及格者，在本学年度准予补测一次，补测仍不及格，则学年成绩评定为不及格。普通高中、中等职业学校和普通高等学校学生毕业时，《标准》测试的成绩达不到 50 分者按结业或肄业处理。

10）学生因病或残疾可向学校提交暂缓或免予执行《标准》的申请，经医疗单位证明，体育教学部门核准，可暂缓或免予执行《标准》，并填写《免予执行〈国家学生体质健康标准〉申请表》（表 2-2），存入学生档案。确实丧失运动能力、被免予执行《标准》的残疾学生，仍可参加评优与评奖，毕业时《标准》成绩需注明免测。

**表 2-2　免予执行《国家学生体质健康标准》申请表**

<table>
<tr><td>姓名</td><td colspan="2"></td><td>性别</td><td></td><td>学号</td><td colspan="2"></td></tr>
<tr><td>班级/院（系）</td><td colspan="2"></td><td>民族</td><td></td><td>出生<br>日期</td><td colspan="2"></td></tr>
<tr><td>原因</td><td colspan="7">申请人：<br>年　月　日</td></tr>
<tr><td colspan="2">体育教师签字</td><td colspan="2"></td><td colspan="2">本人签字</td><td colspan="2"></td></tr>
<tr><td>学校体育部门<br>意见</td><td colspan="7">学校签章：<br>年　月　日</td></tr>
</table>

11）各学校每学年开展覆盖本校各年级学生的《标准》测试工作，《标准》测试数据经当地教育行政部门按要求审核后，通过学生体质健康网（www.csh.edu.cn）上传至国家学生体质健康标准数据管理系统。测试和数据上传时间由教育行政部门确定。

# 第三章　学生体质达到健康标准的锻炼方法

## 一、身体素质概述

身体素质是指人体活动的一种能力，是人体在体育运动、劳动与生活中所表现出的力量、速度、耐力、灵敏及柔韧等机能能力，其取决于肌肉的解剖生理特点、肌肉工作时的供能情况、内脏器官及神经系统的调节。

众所周知，运动员没有好的身体素质就不可能取得好的运动成绩，而普通人没有好的身体素质则很难撑起生活和工作的压力，很难抵挡和克服自然对人体的侵袭。身体素质是每一个人提高健康水平的基础。人们通常认为身体素质是天生的，而忽略后天的培养。好的身体素质不仅仅表明有一个好的身体，而更为重要的是它直接影响人的心理品质。因此，我们必须注重人体“能力”的基础素质——身体素质的后天培养。了解自己身体素质的特点，选择合适自己的健身方法，制订出适合自己的训练方法。

身体素质主要包括以下几个方面。

1）速度素质。速度是人体进行快速运动的一种能力，具体表现形式有反应速度、动作速度及周期性的人体位移速度 3 种。速度是人们从事体育运动和体育活动各种素质的基础。

2）力量素质。力量是指肌肉紧张或收缩时所表现出来的一种能力。人体力量分为动力性力量、静力性力量、重量性力量、速度性力量、爆发力等。力量是人体进行正常的生活、工作和维持生命的重要机能素质之一，就体育运动而言，力量素质是运动的首要素质。

3）耐力素质。耐力是指人体在尽可能长的时间内进行肌肉活动的能力，也可以视为人体抵抗疲劳的能力。从人体的整体看，耐力是全身耐力、肌肉耐力和心肺耐力的综合体现。耐力素质是维持长时间运动和工作的重要身体素质。

4）柔韧素质。柔韧是指人体关节、关节周围组织、韧带、肌腱、肌肉与皮肤的伸展性。柔韧素质是由关节的骨结构、关节的周围组织体积，跨关节的韧带肌腱，肌肉与皮肤的伸展性 3 个因素决定的（第 3 个因素对提高柔韧素质关系极大）。此外，肌肉活动协调性增加，关节活动幅度加大，都有助于柔韧性的提高。柔韧性可以直接影响人体协调性、动作幅度和肢体的灵活性。

5）灵敏素质。灵敏素质是指人体在各种变换条件下，快速、协调、敏捷、准确地完成动作的能力，它是运动技能、神经反应和各种素质在运动过程中的综合表现，可在急停、起动、转向、闪动及多变的环境中迅速改变身体位置时表现出来。

## 二、身体素质的主要特点

上述 5 个方面的身体素质具有以下几个特点。

1）“用进废退”是身体素质的第一大特点，坚持锻炼则可以保持或提高身体素质，一旦停止锻炼，身体素质则会出现下降。身体素质还会随着年龄的增大而下降。

2）全面发展，相互促进。各项身体素质不是孤立存在的，它们是一个相互促进、相互制约的整体。

3）各项身体素质是生命质量的基础，速度素质是人体机能的最高表现；力量素质可促进血液循环，使肌肉中更多的毛细血管开放，保护骨骼，使肌肉机能代谢加强；耐力素质最为主要的特点是有氧代谢，而有氧代谢既是十分科学的减肥术，也是改善心血管机能、降血脂、改变高血压形成机制等的理想方法；柔韧素质和灵敏素质对人体的各种机能具有辅助的作用。

## 三、全面提高身体素质的原则

1）持之以恒原则。身体素质的提高不是一朝一夕之事，必须系统坚持。

2）针对性原则。结合自身特点制订具有针对性的提高计划。

3）合理运动量原则。运动量的大小要互相调节，交叉安排，不可一味追求高强度和大运动量。

4）多样化原则。坚持练习方法多样化，切忌方法单一。

5）有效性原则。为确保身体素质的有效提高，应根据实际情况及时调整锻炼方法。

## 四、体质达到健康标准的锻炼方法

### （一）控制体重的措施与方法

1）膳食控制法。利用膳食控制体重时，需注意要使每天摄取的热能低于消耗的热能，使热能负平衡。节食也要适可而止，以免妨碍蛋白质、维生素、钙和铁等的摄入。更为重要的是，应积极参与体育活动，改变不良生活习惯，如改变睡懒觉、吃饭狼吞虎咽、以车代步等行为习惯。

2）运动控制法。通过体育锻炼来降低体重，应做到以下几点。

① 选择适宜的运动方式，如耐力性的项目，运动量大、激烈的对抗性项目，以及自己感兴趣的项目（如跳绳、爬山、滑冰、滑雪、划船等）。另外，在锻炼时要尽量使四肢和躯干的肌肉参与运动，避免只有局部小肌肉群参与运动。

② 选择适宜的锻炼次数和时间，每周至少要锻炼3次。每次运动持续时间应保持在0.5～1小时。超重的人每天早晨和下午各锻炼一次，比每天只进行一次较长时间的锻炼所消耗的脂肪更多。锻炼时间一般选择在下午4～5点，此时大多数人身体的基础代谢处于较低水平，这时锻炼不但能较多地消耗身体脂肪，还可以提高身体20分钟至数小时的基础代谢率，使脂肪得到进一步消耗。

③ 合理的运动强度是降低体重的关键。在开始锻炼时应以低强度长时间的锻炼方式为宜。当体重有所下降，健康水平得到一定程度提高后，运动量再加大些，时间再长些，逐步增加运动强度，这样才能消耗体内更多的脂肪。

④ 锻炼与饮食控制相结合。要做到这一点，自己应具有坚强的控制力和毅力，从思想上予以重视。

### （二）增加体重的措施与方法

1）检查身体。当发现一段时间内体重下降不正常时，应立即到医院检查身体，看是否患有慢性疾病，如结核病、慢性腹泻、内分泌疾病等，这些都会造成体重下降不正常。

2）增加活动量，打破旧的代谢平衡。身体消瘦的人，体质常常也较弱，开始锻炼时先选择一两项自己感兴趣、运动量较小的全身性活动内容，这样有利于坚持下去，使身体各部分的肌肉初步地均匀地强大起来，促进各个内脏器官的健康发育。到达某一阶段后，可以进行一些专门性练习，即徒手和轻器械的力量练习。

3）全面增加营养。适宜的营养是保持体能和健康的关键，对于增强体能和保持健康状态具有重要的作用，它可以促进人体生长发育和修复机体组织，还可以满足人们每日身体活动所需的能量。

4）尽量少食用咖啡、可口可乐等含咖啡因的饮料和食物，以及其他容易导致基础代谢增加的药物。

5）保证休息，精神放松。人在睡眠时会分泌生长激素，新陈代谢也处于较低水平，消耗能量最小，充足的睡眠是健康成长的重要保证。

### （三）提高心肺系统机能的措施与方法

发展与提高心肺系统功能比较有效的运动主要以有氧运动为主。有氧运动是指运动时人体需氧量和摄氧量达到动态平衡的运动。做有氧运动时，体内不产生乳酸堆积，心率和呼吸保持在稳定的状态，因而持续运动时间长、安全性高、脂肪消耗多，有利于改善心血管系统的功能。有氧运动的种类繁多，主要分为户外的有氧运动和室内的有氧运动。户外的有氧运动常见的有步行、跑步、骑车、游泳、健身操、室外攀岩、徒步穿越、打篮球、踢足球、滑冰、滑雪等；室内的有氧运动常见的有各种有氧舞蹈、室内瑜伽、舍宾、普拉提等。健身器材主要有跑步机、登山器、划船器、健身车、椭圆机等一些中低运动强度且持续时间较长的功能器械。

1）运动前预热。每次运动前需要有一个热身过程即准备活动，活动关节、韧带，拉伸四肢、腰背肌肉。然后从低强度运动开始，逐步进入适当强度的运动状态。

2）接近而不超过靶心率。在运动时，可随时数一下脉搏，心率控制在150次/分钟以下，运动强度就是合适的，当然这是指健康的运动者，体弱多病者不在此列。如果运动时的心率只有70～80次/分钟，离靶心率相差甚远，就说明还没有达到有氧运动的锻炼标准。

3）自我感觉。自我感觉是掌握运动量和运动强度的重要指标，包括轻度呼吸急促、有点心跳加速、周身微热、面色微红、少量排汗，这表明运动适量；如果有明显的心慌、气短、心口发热、头晕、大汗、疲惫不堪，表明运动超限。

4）持续时间。一般健康者每次有氧运动时间不应少于20分钟，可长至2小时，主要根据个人体质情况而定。每周可进行3～5次有氧运动，次数太少难以达到锻炼目的。

5）后发症状。即运动过后的不适感觉，也是衡量运动量是否适宜的尺度。一般人在运动后，可有周身轻度不适、疲倦、肌肉酸痛等感觉，休息后很快会消失，这是正常现象。如果症状明显，感觉疲惫不堪、肌肉疼痛，而且一两天不能消失，这说明中间代谢产物在细胞和血液循环中堆积过多。这是无氧运动的典型症状，下次运动应适当减量。

6）循序渐进。运动强度应从低等强度向中等强度逐渐过渡；持续时间应逐渐加长；运动次数应由少增多。体弱者或有慢性疾患的人，更要掌握运动的尺度。最好在运动前去看医生，全面检查身体，由医生根据个人情况，开出具体的有氧运动处方，再依处方进行锻炼。

### （四）增强肌肉力量和肌肉耐力的措施与方法

力量练习是增强肌肉力量的基本手段，通过增加肌肉力量来克服阻力。不论性别和年龄的差异，只要每周进行适当的力量练习，就可以强化肌肉组织，促进健康。

1）以健身和保持形体为目的，力量训练和有氧训练相结合。每周 2～3 次力量练习，3～4 次有氧练习。采用 40%～50%重量的中低强度，以增强肌肉弹性。身体每个部位练习 2 组，每组 15～20 次，腰腹的练习次数应多些。

2）以增强体重、增强体质为目的，以力量练习为主，以有氧练习为辅。每周至少进行 3 次力量练习，隔天为宜，有氧练习作为力量练习前的热身。力量练习采用 50%～70%重量的中等强度，以增加对肌肉的刺激。每组做到接近极限的次数，每个部位每周练习 2 次，每次各部位练习 10～15 次，重复 2～3 组。

3）以减轻体重、减少脂肪为目的，以有氧练习为主和适当的力量练习。力量练习每周 3 次，采用“低强度、多次数”的方法，腰、腹、臀等部位每周力量练习 3 次，其余部位为 1 次。25～30 次一组，重复 2～3 组。应注意的是，每周体重下降应控制在 0.5～1 千克的范围。

### （五）发展柔韧性的措施与方法

锻炼身体的柔韧性，有两种伸展练习方式：一种是动力性伸展练习，另一种是静力性伸展练习。适宜锻炼柔韧性的体育项目有跆拳道、武术、毽球及各种球类运动。适宜锻炼柔韧性的体育锻炼手段有立位体前屈、俯撑收腿、坐位压腿、压肩、反“V”字形走、握踝走等。科学安排锻炼身体柔韧性的基本要求：①做柔韧性练习之前一定要做热身活动，以身体感到微微出汗为宜；②每周应进行 3～5 次的柔韧练习，做到低强度、长时间和多次数；③柔韧性练习的强度应逐渐增加，做到“酸加、痛减、麻停”；④要循序渐进地安排柔韧性练习的时间，在练习起始阶段，对每一项内容要重复 3 次，每次使肌肉和关节保持静止 10 秒钟即可，经过一段时间的练习后，重复次数和保持时间可以逐渐增加到 3 次以上和 30 秒钟；⑤柔韧性练习应兼顾身体各关节、肌肉柔韧性的全面发展。

# 第四章　田径运动

2003 年国际田径联合会最新定义：田径运动是由径赛和田赛、公路跑、竞走、越野跑和山地跑所组成的体育运动项目。径赛特指在田径场的跑道上所进行的各种跑的项目（即不包括竞走、公路跑和越野跑等）。跳跃与投掷项目统称田赛；由跑、跳跃、投掷的部分项目组成的项目称为田径全能运动，如男子十项全能运动、女子七项全能运动等。田径运动能有效地发展速度、力量及灵敏、协调性等身体素质，增强体质，帮助运动员获得运动技能，提高运动成绩，培养意志品质。随着社会的发展，田径运动已广泛普及。

## 第一节　跑

跑不仅是竞技项目，同时也是锻炼身体价值较大的训练手段。经常进行跑步练习，能促进人体神经兴奋和抑制过程迅速交替，提高神经过程的灵活性；改善物质代谢，提高人体运动器官和内脏器官在任何条件下工作的能力；发展人体速度、耐力、力量、灵敏等身体素质；培养竞争意识和坚毅、顽强的意志品质等。发展跑的能力对人类的进化起着非常重要的作用。因此，跑已成为我国各级各类学校体育教学大纲规定的教学内容和《国家体育锻炼标准》规定的锻炼、测验项目。

跑一般分为短跑（400 米以下）、中长跑（800～10 000 米）和超长跑（10 000 米以上）。

**知识窗**

**男子世界田径锦标赛世界纪录（表 4-1）**

表 4-1　男子世界田径锦标赛世界纪录

| 运动项目 | 姓名 | 所在国家 | 成绩 |
|---|---|---|---|
| 100 米跑 | 尤塞恩・博尔特 | 牙买加 | 9 秒 58 |
| 200 米跑 | 尤塞恩・博尔特 | 牙买加 | 19 秒 19 |
| 400 米跑 | 迈克尔・约翰逊 | 美国 | 43 秒 18 |
| 800 米跑 | 大卫・鲁迪沙 | 肯尼亚 | 1 分 40 秒 91 |
| 1500 米跑 | 希沙姆・格鲁杰 | 摩洛哥 | 3 分 26 秒 |
| 5000 米跑 | 克内尼萨・贝克勒 | 埃塞俄比亚 | 12 分 37 秒 35 |
| 10 000 米跑 | 克内尼萨・贝克勒 | 埃塞俄比亚 | 26 分 17 秒 53 |

**女子世界田径锦标赛世界纪录（表 4-2）**

表 4-2　女子世界田径锦标赛世界纪录

| 运动项目 | 姓名 | 所在国家 | 成绩 |
|---|---|---|---|
| 100 米跑 | 格里菲斯・乔伊娜 | 美国 | 10 秒 49 |

续表

| 运动项目 | 姓名 | 所在国家 | 成绩 |
| --- | --- | --- | --- |
| 200 米跑 | 格里菲斯・乔伊娜 | 美国 | 21 秒 34 |
| 400 米跑 | 科赫 | 德国 | 47 秒 60 |
| 800 米跑 | 克拉托赫维洛娃 | 捷克斯洛伐克 | 1 分 53 秒 28 |
| 1500 米跑 | 根泽贝・迪巴巴 | 埃塞俄比亚 | 3 分 50 秒 07 |
| 5000 米跑 | 根泽贝・迪巴巴 | 埃塞俄比亚 | 14 分 11 秒 15 |
| 10 000 米跑 | 阿亚娜 | 埃塞俄比亚 | 29 分 17 秒 45 |

## 一、短跑

短跑的全程技术由 4 个部分组成，即起跑、起跑后的加速跑、途中跑和终点冲刺跑。全程跑的成绩取决于起跑的反应速度、起跑后的加速能力、保持最高速度跑进的距离及各部分技术完成的质量等。短跑完整动作示意如图 4-1 所示。

图 4-1　短跑完整动作示意

### （一）起跑

起跑是短跑技术的重要环节。其任务是利用合理的技术动作，使身体迅速摆脱静止状态，并获得一定的前冲速度，为起跑后的加速跑创造有利条件。起跑姿势如图 4-2 所示。

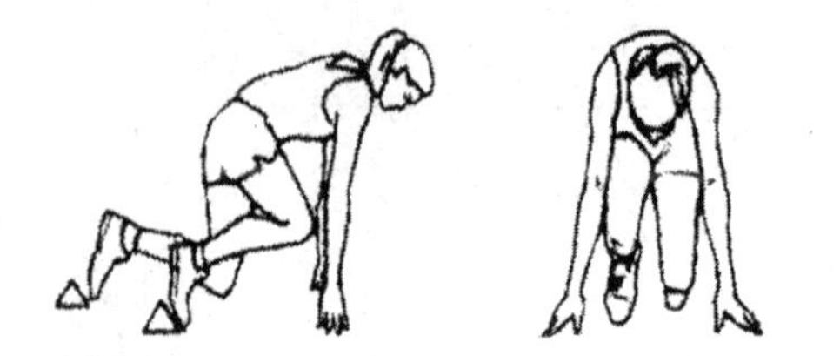

图 4-2　起跑姿势

起跑过程由 3 个部分组成，即各就位、预备、鸣枪。其技术要求如下。

1）各就位。听到“各就位”口令后，先做 2～3 次深呼吸；然后到起跑器前两手扶地，两脚依次蹬上起跑器（力量大的脚在前），后腿以膝跪地，两手撤回放于紧靠起跑线的边沿处，四指并拢与拇指呈“八”字形支撑，两臂伸直稍宽于肩；颈部放松，两眼视前下方，整个身体处于稳定状态，注意听“预备”口令。

2）预备。当听到“预备”口令后，前移重心，提臀并稍高于肩，体重主要落在两手和前脚上，两手紧贴在起跑线上，头部自然放松，屏气听枪声。

3）鸣枪。当听到枪声时，两手迅速推离地面，两脚同时发力，后腿积极屈膝前摆，前腿充分蹬直，两臂快速前后用力摆动。

短距离起跑，必须采用蹲踞式起跑和使用起跑器。安装起跑器的方法有拉长式和普通式两种。

（二）起跑后的加速跑

起跑后的加速跑是从人两脚蹬离起跑器开始，至转入途中跑为止的跑段。其任务是借助起跑所获得的前冲速度，顺势向前跑出，力争在较短的距离内达到最高速度，为过渡到途中跑创造有利条件。该跑段的距离为25～30米，男子用15步、女子用15～17步完成。

后蹬在蹬离抵足板并完成前摆动作后，积极下压着地，着地点应尽量靠近身体重心投影点，随后迅速转入后蹬。两臂沿跑进方向快速有力地摆动，前摆时肘关节角度小于90°，后摆时稍大于90°。起跑后呈现步长逐渐加大、步频逐渐加快、上体逐渐抬起、两脚落点逐渐靠近一条直线、大腿前摆过程中膝关节折叠角度逐渐减小等特征。技术要求是在加强后蹬的前提下，逐渐加大步幅，上体逐渐抬起，两脚着地点逐渐合为一线。

（三）途中跑

途中跑是短跑全程中距离最长、速度最快的一个跑段。它的主要任务是继续发挥和保持最高跑速。其技术特点可以归纳为高重心、协调、直线、向前和平稳。

1. 上肢技术

途中跑时，躯干保持正直或稍前倾，挺胸，收腹，拔腰，头部正直，颈部放松。摆臂动作以肩为轴，两手腕、手指自然伸直或半握拳，轻快有力地贴身前后摆动。前摆时，手的高度略超过下颚；后摆时，摆至上臂约与肩同高。肘关节角度在摆动过程中是有变化的，在垂直部位时，上臂与前臂的夹角为130°～150°；前摆结束时，夹角为60°～90°；后摆结束时，夹角约为90°。

2. 下肢技术

以髋为轴的高速摆动是途中跑技术的本质特征。为了便于叙述，将途中跑的动作结构分为后蹬与前摆、腾空剪绞、着地缓冲3个部分。

1）后蹬与前摆。当身体重心移过支撑点垂直面时，即进入支撑腿的后蹬动作，而另一侧的摆动腿膝关节充分折叠并超越支撑腿，快速有力地向前上方摆动，带动同侧骨盆前送。同时，支撑腿在摆动腿前摆动作的配合下，快速有力地伸展髋、膝、踝关节，直至蹬离地面。支撑腿蹬离地面瞬间，摆动腿处于前摆的最高点，此时摆动腿大腿与水平面的夹角为15°～20°，膝关节放松，小腿自然下垂，支撑腿的支点与髋关节连线与地面的夹角为50°～60°，两腿的夹角为100°～110°。

2）腾空剪绞。支撑腿蹬离地面后，人体便进入腾空即无支撑状态。此时，由于支撑腿蹬后的惯性力作用和大腿的摆动，小腿迅速向大腿靠拢，大、小腿边前摆边折叠时，摆动腿积极下压，膝关节放松，小腿随大腿下压的惯性向前下方摆出，做积极的下落动作，着地前膝关节几乎伸直。两腿快速进行“剪绞”动作，特别是前腿下压动作，将有利于完成落地后的后续动作。腾空时，不参与工作的肌肉应保持放松状态。

3）着地缓冲。腾空即将结束时，摆动腿积极下落，用前脚掌富有弹性地着地，着地点距身体重心投影点 27～37 厘米，着地角为 65°～68°。着地动作积极有利于缩短前支撑时间和减小由此产生的阻力。缓冲主要是着地的支持腿由于重力的作用而形成膝关节和踝关节的弯曲动作，这不仅有利于身体重心迅速迁移并通过支撑点上方，也预先拉长了下肢的伸肌群，为后蹬动作创造了有利条件。但应注意，缓冲时，膝关节不应过分弯曲，否则会导致身体重心起伏过大。

知识窗

**起跑的演变**

最初的起跑是运动员出发时用一只手抓住绳子，站着起跑，并利用后蹬巨石的力量冲出起跑线。到 18 世纪末，运动员站在起跑点上，由裁判员喊一声"跑"，比赛就算开始。随后，出现了各种起跑方法，如分手起跑法、双方同意起跑法、卧倒起跑法等。蹲踞式起跑是受袋鼠启发而发明的。袋鼠在起跳时总是后腿弯曲，身体低低地俯下去。

在支撑腿着地缓冲过程中，另一侧摆动腿的大、小腿折叠迅速向前摆动，当腿摆至接近垂直于地面时，大、小腿折叠达到最小限度，脚跟几乎贴近臀部。折叠越好，越能缩短摆动半径，加快前摆速度。

进入弯道时，身体应向对应方向倾斜，以产生积极的向心力以克服离心惯性力；左脚以前脚掌外侧、右脚以脚掌内侧着地，左臂摆动幅度相对减少，右臂摆动加大。跑出弯道时，身体应在对准直道时及时摆正。

### （四）终点冲刺跑

终点冲刺跑是全程跑的最后一个跑段，距离为 15～20 米。其任务是保持途中跑的身体姿势和速度跑过终点。在抵达终点的最后两步时，前倾躯干，用胸或肩撞终点线，然后大步缓冲减速。

### （五）短跑的练习方法

#### 1. 增加步长的练习方法

1）后蹬跑练习方法。先做原地单腿交换跳，动作幅度逐渐加大，然后过渡到行进间跨跳步，再由跨跳步过渡到后蹬跑；然后采用蹬跑前进 30～40 米，最后过渡到途中跑，后蹬跑如图 4-3 所示。

图 4-3　后蹬跑

技术要点：上体稍前倾，支撑腿三关节充分蹬直，最后用脚尖蹬离地面；摆动腿以膝领先大腿用力带动髋部向前摆出，然后大腿积极下压用脚掌着地；两脚掌配合腿部动作做有力的前后摆。

练习要求：体会、改进和完善跑时支撑腿后蹬的技术，发展后蹬肌肉群的力量，起到增大步幅的作用。

2）下坡跑练习方法。在 30～60 米长、10°～25° 坡度的土路上，由上而下自然跑动，动作幅度逐渐加大，然后过渡到平坦的路面，采用途中跑 50～60 米跑的方法进行练习。另外，还可采用多级跳等方法练习。

技术要点：上体稍前倾，支撑腿自然蹬伸，摆动腿以膝领先大腿用力带动髋部向前摆出，然后大腿积极下压，膝关节放松，利用坡度小腿自然前伸并用前脚掌着地；两臂配合腿部动作积极摆动。

练习要求：体会、改进和完善跑时支撑腿后前摆的技术，提高大腿在快速下压过程中的小腿前伸技术；发展腿部肌肉群的力量，起到增大步幅的作用。

### 2. 提高步频的练习方法

1）小步跑练习方法。①手扶肋木做原地小步跑；②行进间做小步跑，先慢后快，逐渐加快频率，亦可采用小步跑20～30米，然后过渡到途中跑的方法进行练习，如图4-4所示。

技术要点：跑时，上体正直或稍前倾，身体重心保持较高部位，摆动腿稍抬起，膝关节放松，然后腿积极下压，小腿随大腿下压的惯性前伸，并快速以前脚掌积极着地；着地后膝关节伸直，踝关节弯曲缓冲；两臂与腿部动作配合做前后摆动。

练习要求：体会两脚快速“扒地”的技术，动作放松。

2）高抬腿跑练习方法。①手扶肋木做原地支撑高抬腿跑练习；②行进间做高抬腿跑练习，先慢后快，逐渐加快频率，可采用高抬腿跑20～30米，然后过渡到途中跑的方法进行练习，如图4-5所示。

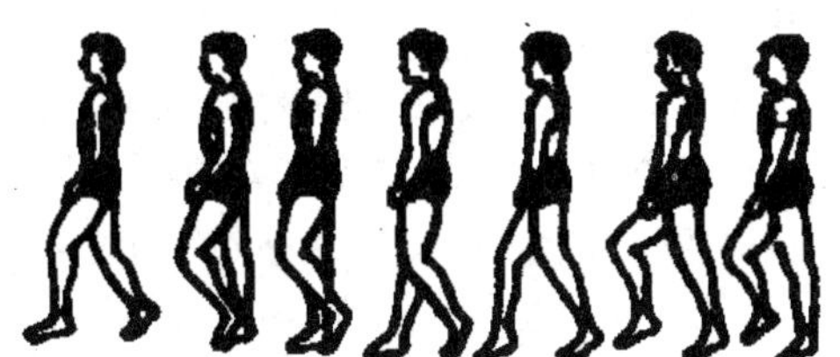

图4-4　小步跑

图4-5　高抬腿跑

技术要点：上体正直或稍前倾，身体重心保持较高部位；摆动腿前摆在腿下压的惯性下前伸，并快速以前脚掌积极着地；着地后支撑腿髋、膝、踝三关节伸直，两臂与腿部动作配合做前后摆动。

练习要求：体会、改进和完善跑时摆动腿前摆高抬和快速下压的技术，发展抬腿肌肉群的力量，提高跑的步频。

### 3. 提高短跑能力的综合练习

练习方法：①30～100米直线、曲线、折线后退跑，接力跑（迎面、往返、圆圈接力等）及各种跨越障碍跑等；②计时跑，全程跑100米、200米、400米及4×100米接力等。

技术要点：基本同短跑技术要点，但根据不同形式提出相应的技术要求。

练习要求：①各种形式的短跑应尽量按照要求去做，除后退跑外，其他练习均不能破坏短跑的技术结构；②各种游戏性接力跑，其游戏方法和规则可自定。

**安全提示**

1）确保练习者在每次课前做热身运动，以防止肌肉因快速收缩而撕裂和拉伤。课前应以放松的慢跑和各种柔韧性练习开始。特别是天气寒冷时赛前热身运动应更加充分。

2）力量训练是现代短跑运动员的一项重要训练，但过度的力量训练对短跑不利，容易引起肌肉的僵硬。

3）在训练过程中，跑道应空旷且距离足够长，避免相互踩踏和碰撞，且要学会使用和维护钉鞋。

4）务必严格管理发令枪和弹药，不乱摆放装弹的发令枪。

## 二、接力跑

接力跑是田径运动中的集体项目，源于人们生活中的接力游戏。在群众性的体育活动中有许多不同形式的接力比赛，如穿梭接力、团体接力、异程接力等。但是，正式的比赛项目只有4×100米和4×400米接力。

### （一）4×100米接力跑技术

接力跑的突出特点是在快速跑进中完成传接棒。对传接棒技术要求最高的就是4×100米接力跑。学习接力跑主要是学习4×100米接力跑技术。

**知识窗**

**接力跑简介**

奥运会比赛项目分男、女4×100米接力跑和4×400米接力跑。1908年第4届奥运会首次设立接力项目，但4名运动员所跑距离不等。1912年第5届奥运会改设4×100米接力跑和4×400米接力跑。女子4×100米接力跑和4×400米接力跑分别于1928年、1972年被列入奥运会比赛项目。接力跑运动员必须持棒跑完各自规定的距离，并且必须在20米的接力区内完成传接棒。

#### 1. 起跑

1）持棒起跑。第一棒运动员采用蹲踞式起跑，通常右手持棒，其基本技术类同短跑起跑，但接力棒不得触及起跑线及起跑线前面的地面。持棒的方法一般是用中指、无名指和小指握住棒的末端，用拇指和食指分开撑地。

2）接棒人起跑。第2、3、4棒多采用站立或半蹲式起跑。第2、4棒选手站在跑道外侧，第3棒选手站在跑道内侧。接棒运动员起跑姿势的选择，主要取决于能否快速起跑和进入加速跑，并能清晰地看到传棒选手及设定的起动标志。

#### 2. 传、接棒方法

1）预跑。因为传接棒是在高速跑中进行的，所以接棒运动员必须在接棒之前就发挥出较高甚至是最高的速度。这一段的跑进即为预跑。开始预跑的时机，应以接棒一方20米的起跑速度和传棒一方最后的20米跑进速度的情况而定。一般是在起跑处后4～6米处做一个起跑标志，然后通过反复练习校正，最后确定准确的距离和时机，如图4-6所示。

2）传、接棒方法。①上挑式：传棒人手握棒的后端，由下而上地将棒送入接棒人手中；接棒人的手掌心向后、虎口向下，臂自然向后伸出［图4-7（a）］。②下压式：接棒人的手臂自然向后伸直，掌心向上，虎口朝后；传棒人将棒的前端由上而下地放入接棒人手中［图 4-7（b）］。③混合式：以上两种手法的结合，第 1、3 棒运动员传棒时用上挑式，第 2 棒运动员传棒时用下压式。

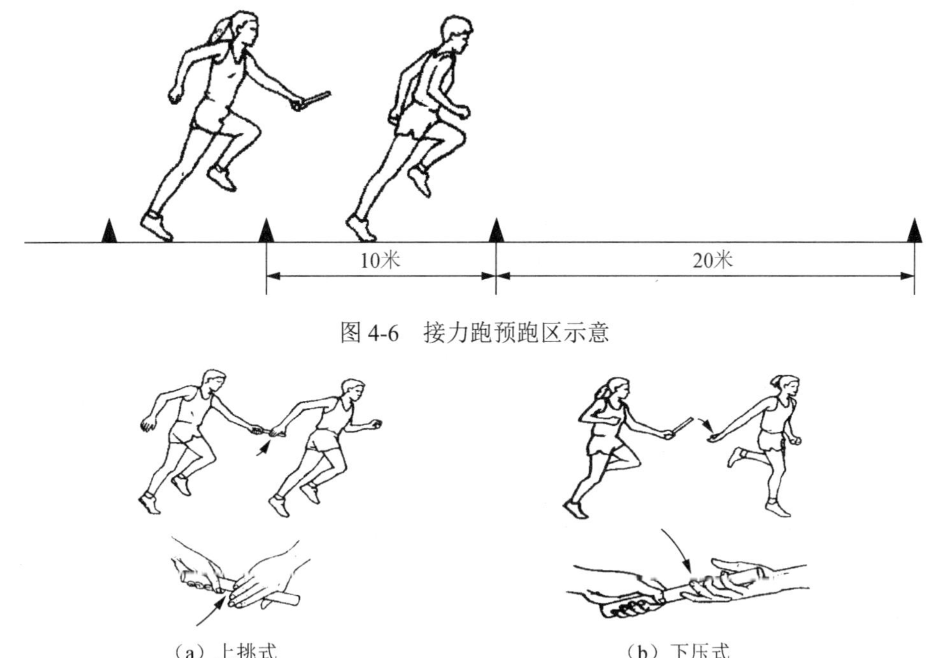


图 4-6　接力跑预跑区示意

图 4-7　传、接棒方法

（二）接力跑的练习方法

1. 学练传、接棒方法

具体方法有两种：①原地摆臂做传、接棒的手法练习；②慢跑行进中做传、接棒的手法练习。

2. 学练传、接棒的配合

具体方法：①两人一组，拉开适当距离（20 米左右），跑进中做传、接棒练习；②接棒一方画出起动标志线，按传棒人口号进行起跑和传、接棒练习；③4 人一组，在 100 米内，间距 25 米进行传、接棒练习。可计时，可几组一起比赛。

## 三、中长跑

通常，我们把中跑和长跑统称为中长跑。在正式比赛中，把 800 米跑、1500 米跑和 3000 米跑定为中跑，把 5000 米跑和 10 000 米跑定为长跑。马拉松（42.195 千米）为超长跑。从生理学角度分析，中跑是无氧和有氧的混合代谢过程，长跑是典型的有氧代谢过程。经常进行中长跑锻炼，可以有效地提高人体的心肺功能，发展耐力素质；同时，对培养人的坚毅顽强的意志也有积极的作用。

（一）中长跑技术

中长跑技术与短跑技术基本相同，只是由于距离的长短和跑速不同，而在跑的技术细节上有不同程度的差异。

1. 起跑

中跑多采用半蹲式或站立式起跑；长跑一般采用站立式起跑。

中长跑的起跑只有两个口令，即“各就位”“鸣枪”。比赛时，运动员应站在起跑线后 3 米的集合线上，“各就位”口令发出后，迅速走到起跑线后，身体稳定下来听枪声跑出。起跑的方法有以下两种。

1）半蹲式起跑。两脚前后开立，一手虎口向前呈“八”字形撑于起跑线后，另一手臂置于体侧后方。体重主要落在前脚和支撑手上。鸣枪后，前脚积极蹬地，两臂前后摆动，后脚迅速向前摆出。

2）站立式起跑。两脚前后站立，上体前倾，重心落于前脚，后脚用前脚掌着地，两臂前后张开。鸣枪后，前脚蹬地，后腿积极前摆，两臂协调用力摆动，顺势向前跑出。

2. 起跑后的加速跑

利用起跑获得的前冲力，积极迅速地向前跑出，力争在较短的时间内较快地发挥出最快速度。加速跑的距离，应根据项目、个人特点和战术需要而定。为能很好地跑完全程，应在跑的开始就注意要有节奏地呼吸。

3. 途中跑

途中跑是中长跑的主要部分，其技术结构基本同短跑。所不同的是，两腿与两臂的动作幅度明显小于短跑。据测定，中长跑的脚蹬地角度在 55° 左右，膝关节不完全伸直，一般为 160° ～170° ，蹬伸结束后应快速向前摆腿。手臂弯曲，两肩放松，以肩为轴前后自然摆动。摆动幅度随跑速变化而适当变化。动作轻松、自然、平稳、富有节奏。特别是呼吸，有明显的节奏要求。

例如，两步或三步一呼，两步或三步一吸。为充分保证呼吸深度，嘴可半张辅助呼吸。

4. 终点跑

终点跑是将近终点的一段加速冲刺，其距离应根据个人的体力和对手的情况来确定。现代中长跑比赛的终点跑有显著加长的趋势。一般 800 米跑可在最后 200 米左右开始加速；1500 米跑可在最后 300 米左右加速；3000 米跑以上的比赛可在最后一圈时加速。

在参赛运动员训练水平比较接近的情况下，终点跑对取得比赛的最后胜利起着决定性作用。因此，随着训练水平的提高，应重视和加强终点冲刺能力的训练。

（二）中长跑的练习方法

1. 耐力素质练习

耐力素质特别是有氧耐力对于中长跑运动尤为重要。发展有氧耐力素质主要是发展有氧代谢的能力，最终目的是提高最大吸氧量。有氧耐力训练的主要方法是持续负荷法和间歇负荷法两种，而接近无氧阈速度下进行有氧训练是最佳强度，对提高有氧耐力效果最好。

**知识窗**

### 个体乳酸阈

在渐增负荷运动中，血乳酸浓度随着运动负荷的递增而增加，当运动强度达到某一负荷时，血乳酸出现急剧增加的某个点（乳酸拐点）称为“乳酸阈”，这一点对应的强度称为乳酸阈强度。它反映机体内功能方式由以有氧代谢为主过渡到以无氧代谢为主的临界点或转折点。乳酸阈强度是指导耐力训练十分有效的指标之一。

#### 2. 速度素质练习

速度素质是达到高水平成绩的关键之一，世界级的优秀运动员都具有较高的速度水平。例如，世界 800 米跑纪录保持者大卫 • 鲁迪沙，400 米跑成绩为 43 秒 03。

1）速度素质的特征。第一个特征是在 3 种速度的表现形式中重视移动速度；第二个特征是更加重视保持速度的能力，而在加速能力上重点发展途中跑能力和最后加速能力（冲刺能力）；第三个特征是发展速度的两个因素，即步频和步长，在发展自然步长的情况下着重发展步频。

2）提高速度素质的方法。一般常用的训练手段：①行进间跑（30～60）米×3 次×3 组，用 95%～100%的强度；②反复跑（30～60）米×（4～5）次×（2～3）组；③上坡跑、下坡跑 60～80 米；④让距追逐跑 60～100 米。

特殊的速度练习方法：①20 米加速跑之后惯性跑 30～60 米；②下缓坡或顺风放松高频率跑；③胶带牵引跑 60～80 米；④越野途中加速跑 30～60 米×10 次；⑤快速摆臂和快速原地高抬腿跑的速度练习。

3）根据不同距离衡量速度。一般中跑常以行进间 100 米和 400 米作为衡量速度的标准；而长跑一般用 1500 米衡量速度；马拉松则以 5000 米衡量速度。

#### 3. 力量素质训练

1）采用较长时间的跳跃，如 100～200 米单足跳、跨步跳、后蹬跑、轻跳，也可以采用立定跳、多级跳、蛙跳、跳远、跳高、各种跳跃游戏。

2）俯卧撑、立卧撑、俯卧屈伸腿、轻器械练习（如实心球、哑铃、沙衣、沙袋等）。

3）利用地形条件（山坡、沙滩、草地、松软土地和雪地）进行跑跳的练习。

4）器械体操（如单杠、双杠、跳马等）。

5）其他负重练习（杠铃等）。力量练习时还需考虑上、下肢，腰、腹肌的协调发展，长跑运动员更应突出以耐力和力量为主的身体训练。

中长跑运动员还可以通过各种球类、体操、武术、游泳、滑冰、自行车、跨栏及其他田径项目进行全面的身体训练。

### （三）练习中长跑应注意的问题

1）练习中，一般会出现胸闷、气促、乏力，似乎不能再跑下去的感觉，这种现象称为运动“极点”，它是正常的生理反应。“极点”出现时，应稍放慢跑速，注意调整呼吸，以顽强的毅力坚持跑下去，这种感觉会较快地消失。

2）中长跑练习的全过程中都应注意呼吸要有节奏。

3）应不断改进跑的技术，身体重心的起伏不应过大，并防止身体左右摇摆。

4）进行中长跑训练，应定期检查身体和掌握自我医务监督方法；参加长跑比赛，应事先进行身体检查。

**安全提示**

1）马拉松跑和长跑路线尽量不要横越交通车道，如有必要须通知交通警察，并组织比赛指挥员。

2）检查越野赛路线中各种隐藏的和可见的危险，如坑洼、树根和尖石等。

3）不管是训练还是比赛，都应考虑练习者的年龄、跑的距离、参加者的人数及天气状况等因素。

4）特别热的天气需要注意补水，特别冷的天气则要穿得暖和些，如有必要应戴上帽子和手套。

## 第二节　跳　　跃

跳跃运动是运用人体自身的能力或借助特定的器材，根据不同项目的特点和要求，通过一定的运动形式，使人体腾跃尽可能高的高度和尽可能远的远度。田径运动中的跳跃项目包括跳高、跳远、三级跳远和撑竿跳高。其中，三级跳远和撑竿跳高过去一直是男子的比赛项目，自20世纪80年代初，这两个项目也在女子中开展起来。经常参加跳跃项目的练习和比赛，不仅能有效地发展速度、力量、灵敏等身体素质，而且可以提高弹跳和跳越障碍的能力；同时，能培养勇敢、果断的意志品质和勇于攀高的精神。

**知识窗**

**男、女子跳跃项目世界纪录（表4-3）**

表4-3　男、女子跳跃项目世界纪录

| 组别 | 项目 | 姓名 | 所在国家 | 成绩/米 |
|---|---|---|---|---|
| 男子 | 跳高 | 索托马约尔 | 古巴 | 2.45 |
| | 跳远 | 鲍威尔 | 美国 | 8.95 |
| | 撑竿跳高 | 布勃卡 | 乌克兰 | 6.14 |
| | 三级跳远 | 爱德华兹 | 英国 | 18.29 |
| 女子 | 跳高 | 科斯塔迪诺娃 | 保加利亚 | 2.09 |
| | 跳远 | 克里斯雅科娃 | 德国 | 7.52 |
| | 撑竿跳高 | 伊辛巴耶娃 | 俄罗斯 | 5.06 |
| | 三级跳远 | 伊尼莎·克拉维茨 | 乌克兰 | 15.50 |

### 一、跳高

#### （一）背越式跳高技术

背越式跳高技术由4个部分组成，即助跑、起跳、过杆和落地。其主要优点在于能通过合理的身体姿势，最大限度地利用腾空高度越过横杆。

**知识窗**

### 最早的跳高比赛

最早的跳高比赛大约在 1700 年，当时的跳高是体操跳跃项目。比赛时，没有沙坑，也没有跳高架，只是在两根桩间栓紧一条绳子，绳子前面放一块木板，运动员从正面助跑，单脚蹬踏木板起跳，然后两腿屈膝成蹲立姿势越过绳子。比赛只判定胜负，不丈量高度。这种形式延续了 100 多年。

1. 助跑

背越式跳高的助跑一般分为两部分：一是面向横杆，直线跑 3～5 步；二是沿弧线跑 4 步。直线跑时身体要正直，步幅应自然、开阔；弧线跑时身体要向内侧倾斜（倾向圆心），跑速越快，倾斜度应越大。整个助跑的速度，应呈明显加速的节奏，以利于快而有力地起跳。当助跑结束的瞬间身体应侧对横杆，用远离横杆的脚起跳。

助跑距离的丈量，通常采用走步丈量法。具体做法：先确定起跳点（其位置一般是在助跑一侧离跳高架 1 米、离横杆垂直面 50～80 厘米处）；然后由起跳点沿横杆的平行方向走 5 步（指自然行进步），再向右（以左脚起跳为例）呈直角走 6 步做一标志，再走 7 步画出起跑点。由标志向起跳点画一弧线连接（半径约 5 米），此弧线即为弧线助跑段落。这条弧线跑为 4 步，直段跑也是 4 步，全程共 8 步。这种丈量方法比较简便、实用，但要使步点准确，必须反复调整和修正。

2. 起跳

1）起跳任务。起跳任务是使运动员获得适宜的身体重心腾起角，在起跳瞬间使运动员获得最高的身体重心高度，并获得较快的起跳垂直速度，以便获得最高的身体重心腾起高度。

2）起跳动作结构。①起跳脚着地瞬间动作结构：背越式跳高倒数第 2 步摆动腿采用“硬撑式”的快速摆动，膝关节弯曲度小，以摆动脚前脚掌内侧着地，后蹬角度较大，有利于起跳腿的快速踏跳动作。②起跳腿垂直支撑瞬间动作结构：背越式起跳在垂直支撑瞬间，起跳腿的膝关节角度为 140°～148°，摆动腿弯曲度变大，上体稍在起跳腿的内侧，髋关节夹角为 130°～140°，摆动侧髋仍领先并高于起跳侧髋，摆动侧肩仍领先并高于起跳侧肩，身体重心基本在支撑点上面稍偏内，整个身体内倾。

3）摆动。①摆动腿的摆动：背越式跳高采用的是屈腿或折叠式的摆动方法。直腿摆动的惯性力可占体重的 137%～148%，屈腿摆动的惯性力可占体重的 70.6%。②两臂的摆动：摆臂的方法有交叉双臂摆动和交叉单臂摆动两种。

3. 过杆和落地

由于起跳时侧向横杆，摆动腿屈膝内扣摆动，所以身体在沿助跑弧线的切线方向向横杆飞去的同时，逐渐转向背对横杆。此时，摆动腿放松下放，肩向后伸展，头、肩先越过横杆，髋部充分展开，身体呈背弓姿势，背部与横杆呈正交叉状态。当臀部越过横杆后，两臂向体前平伸，两腿上举，大腿和小腿依次越过横杆，背部落于海绵垫上。

## （二）背越式跳高的练习方法

### 1. 学习和掌握杆上动作

1）仰卧垫上，两肩和两脚撑地，向上抬臂、挺髋。
2）背向垫子站立，然后向后倒体，同时向上挺髋，以肩着垫子呈“桥”形。
3）背向垫子，原地向后上方跳起，同时倒肩、挺髋、展体呈背弓姿势，然后以肩背落垫。
4）按照 3）的动作要求，做原地背向过低横杆或橡皮筋练习。

### 2. 学习和掌握起跳动作

1）原地站立，摆动腿屈向异侧肩方向提摆，两臂提肩上摆。
2）上一步，按照 1）向上跳起，顺势转体 90° 落地。
3）沿半径为 5 米的圆弧跑 4 步，做起跳动作。

### 3. 学习和掌握助跑与起跳结合技术

1）4 步弧线助跑，接起跳练习。
2）丈量出 6～8 步助跑距离并画线，如图 4-8 所示；沿线做助跑起跳练习。

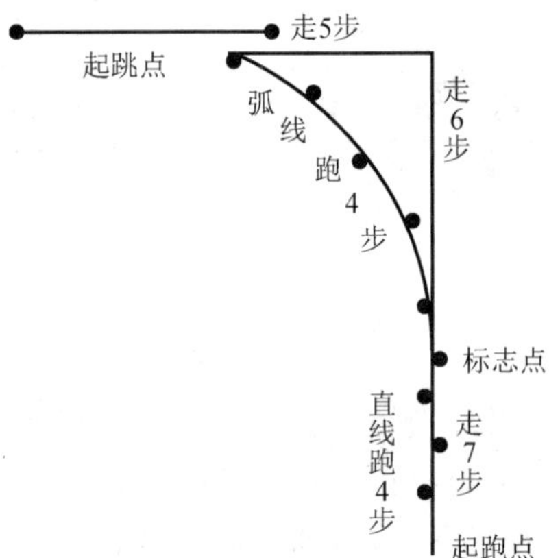


图 4-8　步点丈量

### 4. 学练完整技术

1）4 步或 6 步助跑跳上高垫练习（仰卧于高垫上），如图 4-9 所示。
2）4 步弧线助跑，跳越低横杆。
3）全程距离助跑背越式跳高练习，如图 4-10 所示。

图 4-9　原地背越式跳高

图 4-10　背越式跳高完整动作

4）参加技术考评、测验或比赛。

## 二、跳远

跳远是一项速度与弹跳力量相结合的项目。经常进行跳远练习，既可以发展速度、灵敏、协调等素质及弹跳能力，又能培养坚毅、勇敢等意志品质。

**知识窗**

### 跳 远 速 度

速度是跳远远度的决定因素，对跳远成绩的贡献最大，大部分优秀的跳远运动员也是优秀的短跑运动员，男子优秀跳远运动员助跑上板速度一般为 10.50～11.00 米/秒。著名跳远运动员刘易斯创造的 8.91 米成绩时的助跑速度为 11.06 米/秒，起跳水平速度为 9.72 米/秒，垂直速度为 3.22 米/秒，腾起角为 18.3°。男子跳远项目世界纪录保持者鲍威尔创造 8.95 米成绩时的助跑速度为 11.00 米/秒，起跳水平速度为 9.09 米/秒，垂直速度为 3.79 米/秒，腾起角为 23.1°。

### （一）跳远技术

跳远的完整技术包括助跑、起跳、腾空和落地 4 个部分。

#### 1. 助跑

助跑的作用在于获得必要的水平速度，以利于起跳动作的完成。助跑速度直接关系到跳远的成绩。

跳远的助跑距离应根据自己的具体情况而定。一般情况下，男子在 30～40 米，跑 18～22 步；女子在 25～35 米，跑 16～30 步。确定助跑步数之后，须反复校正，并可在起跑点和最后 8 步或 6 步处做上标志。

助跑一般从静止姿势开始，用“站立式”或“半蹲式”起跑转入加速跑，也可以从行进中（先走几步）踏上起点线后开始加速助跑。加速的方式，可从助跑的开始就积极加速跑出，也可逐渐加快速度。助跑应平衡、轻松而有弹性，有稳定的节奏，并保证发挥出所能控制的最高速度。从助跑的动作过程看，开始时，上体前倾，充分后蹬，大腿积极前摆，两臂用力摆动；助跑的中段，上体逐渐抬起，上、下肢摆动幅度增大，最后 6～8 步达到最大步长，并在起跳前达到最高步频，上体与地面呈垂直状态；助跑最后一步的步幅应适当缩短。

#### 2. 起跳

起跳动作应以最小的水平速度的耗失而获得必要的垂直速度，使身体向前上方腾起。据测定，优秀运动员的腾空初速度可达 9.2～9.6 米/秒，身体重心的腾起角为 18°～24°，高度可达 50～70 厘米。起跳动作可分为脚着地、缓冲和蹬伸 3 个部分，如图 4-11 所示。

1）脚着地。助跑至最后一步时，随着摆动腿的积极蹬地，起跳腿的大腿积极下压，起跳脚的脚跟触及踏跳板后，立即迅速滚动转为全脚掌支撑。此时，上体正直或稍后仰，摆动腿积极折叠并迅速前摆。

2）缓冲。助跑的惯性力和身体重力，使起跳脚在着地的瞬间产生很大压力。此时，起跳腿各关节和脊柱应有适应性缓冲，同时随着脚掌的迅速滚动，身体前移。缓冲引起腿部肌肉被动牵拉，在一定程度上有利于起跳腿的蹬伸发力。如果腿部肌肉力量差，缓冲幅度太大，则会延长支撑时间，从而过多地耗失水平速度。

3）蹬伸。当身体重心前移至起跳腿支点的垂直部位时，即迅速伸髋、膝、踝 3 个关节，上体挺起，摆动腿大腿积极向前上方摆至水平位置，小腿自然下垂，与此同时提腰、提肩，两臂积极上摆至肩关节水平位置突停，以增大起跳效果。

3. 腾空

随着起跳腿踝关节的最后蹬直，身体便进入腾空阶段。此时，应使身体完成腾空动作，如图 4-12 所示。

图 4-11　起跳动作

图 4-12　腾空步

依据腾空后的身体姿势，跳远分为蹲踞式跳远、挺身式跳远和走步式跳远。这里主要介绍蹲踞式跳远和挺身式跳远。

1）蹲踞式跳远。起跳呈腾空步后，摆动腿的大腿继续抬高，两臂向前挥摆，起跳腿开始向前上方提举，并逐渐与摆动腿靠拢，形成空中“蹲踞姿势”。随后两腿向上收膝，上体前倾，将要落地时，两臂由前向下、向后摆动，同时小腿前伸落地，如图 4-13 所示。

图 4-13　蹲踞式跳远

2）挺身式跳远。起跳呈腾空步后，摆动腿的大腿放松下放，小腿向前、向下再向后摆动，并与留在后面的起跳腿靠拢，同时挺胸、展胸，两臂向下再向上摆动，使身体前群肌肉充分拉开，呈展体挺身姿势向前“飞行”。落地前，两臂由后上方向前、向下再向后摆动，两腿向前摆，继而收腹，提腿屈膝，前倾躯干，两小腿前伸落地，如图 4-14 所示。

图 4-14　挺身式跳远

#### 4. 落地

运动员在空中进入下降阶段，开始准备落地。首先两腿同时或先后屈膝至体前，然后小腿随惯性摆出伸直，这一系列动作主要由收腹举腿的力量完成，上体应保持稳定。两臂自上方经前向下的绕环动作，是保持平衡的补偿动作，当两脚进入沙坑时，脚尖应勾起，两脚间保持约 30 厘米的距离。落入沙坑后要立即屈膝缓冲，两臂上提以提高身体重心，顺势立起。优秀运动员熟练地掌握了相关技术后，可以利用向前的惯性在空中做充分的“滑行”，因此在落地时应有“自由落体”的感觉。落地时向前扑倒、后倒、侧倒的方法会使完整动作遭到破坏，往往达不到更好的成绩。

### （二）跳远的练习方法

#### 1. 学练助跑与起跳

1）原地做起跳动作的模仿练习。
2）上一步做起跳练习。
3）跑 3 步接起跳练习（可在跑道上连续重复完成）。
4）6～8 步助跑起跳接腾空步练习，或助跑起跳越过低矮障碍物落入沙坑。

#### 2. 学练蹲踞式跳远

1）立定三级跳或多级跳练习。
2）8～10 步助跑起跳，保持腾空步至落地。
3）蹲踞式完整技术练习。

#### 3. 学练挺身式跳远

1）立定跳远练习。
2）原地起跳在空中做立正姿势。
3）6～8 步助跑起跳呈腾空步后，做立正姿势落地。
4）8～10 步助跑起跳呈腾空步后，摆动腿下落沙坑，顺势向前跑出。
5）10～12 步或全程助跑反复练习挺身式跳远。

### （三）练习跳远应注意的问题

1）助跑和起跳是跳远技术的关键，练习中应加强速度和下肢力量练习，并反复按照“嗒、嗒、嗒、嗒”的节奏，练好助跑与起跳的结合技术。
2）助跑时，应使步幅相对稳定，加速的节奏及达到最高速度的步数也应稳定，以确保步点的准确性。
3）起跳时应注意起跳腿充分蹬直。
4）起跳时不能低头和身体过于前倾，以避免身体前旋而失去平衡。
5）学练挺身式跳远时，应注意摆腿下放和胸肩领先，防止以挺腹代替挺身。
6）落地时身体不要过早前倾，以免阻碍前伸小腿，影响落地时能争取到的远度。

# 第三节　投　掷

投掷是较为典型的力量型运动。它须凭借人的力量，通过合理的发力技术和相应的身体姿势，将一定重量的器械掷出尽可能远的距离。经常从事投掷项目的练习，对增强体质，发展躯干和上、下肢力量，特别是爆发力量有显著作用。投掷的正式比赛项目有铅球、铁饼、标枪和链球（目前仅为男子竞赛项目）。下面介绍普遍开展的铅球、标枪项目。

**知识窗**

**男、女子投掷项目世界纪录（表 4-4）**

表 4-4　男、女子投掷项目世界纪录

| 组别 | 项目 | 姓名 | 所在国家 | 成绩/米 |
|---|---|---|---|---|
| 男子 | 铅球 | 巴恩斯 | 美国 | 23.12 |
| | 铁饼 | 舒尔特 | 德国 | 74.08 |
| | 链球 | 塞迪赫 | 乌克兰 | 86.74 |
| | 标枪 | 泽勒尼 | 捷克 | 98.48 |
| 女子 | 铅球 | 利索弗斯卡娅 | 苏联 | 22.63 |
| | 铁饼 | 赖因施 | 德国 | 76.80 |
| | 链球 | 莱森科 | 俄罗斯 | 78.61 |
| | 标枪 | 斯波达科娃 | 捷克 | 72.28 |

## 一、铅球

铅球作为田径运动的正式比赛项目，是从 19 世纪开始的。第 1 届奥运会时，铅球被列入男子比赛项目。第 2 届奥运会上才把女子铅球列为比赛项目。随着这个项目的广泛开展，相关的技术也在不断改进和完善，成绩有了大幅度的提高。从投掷方法上看，已从古老的上步推铅球，经过侧向滑步推铅球，发展为背向滑步推铅球（图 4-15）和旋转推铅球。

（a）持球时动作　　（b）出球时动作

图 4-15　背向滑步推铅球技术动作

### （一）推铅球技术

推铅球的技术由 4 个部分组成，即握球和持球、预备姿势、滑步、最后施力。

1. 握球和持球

投掷手五指自然分开，将球置于食指、中指和无名指根部，大拇指和小指扶在球的两侧，然后把球放于肩上锁骨窝处并贴紧颈部，肘关节自然下垂，手腕稍外转，掌心向前，如图 4-16 所示。

图 4-16　握球和持球

2. 预备姿势

预备姿势是指平稳、协调地进行滑步的准备动作。按其姿势分为高姿和低姿两种。通常，多数人采用高姿。其动作是持球后，背对投掷方向（以背向滑步为例），若采用侧向滑步应侧对投掷方向；两脚前后分开，立于投掷圈内靠后沿处，身体重心落于持球臂同侧脚上；另一脚自然弯曲，前脚掌着地；不持球的手臂自然向上伸起。

3. 滑步

滑步的作用在于铅球被推出之前，预先获得一定的水平速度，从而为最后施力创造有利条件。

1）背向滑步动作（以右手投掷为例）。预备姿势之后左腿做一两次预摆，随即向后摆出，随着臀部后移，右腿（支撑腿）弯曲并迅速而有力地蹬伸，蹬直的瞬间，脚尖内转并拉收至投掷圈的圆心附近，与投掷方向呈 90°。与此同时，左腿（摆动腿）迅速下落，以前脚掌内侧落于左侧抵趾板处。两脚落地的间隔时间力求短促，以保证连贯、加速地过渡到最后施力。

2）侧向滑步动作。基本同背向滑步。因侧对投掷方向，摆动腿的摆动应向侧前方，支撑腿蹬伸后，脚尖无内转动作，仍按原方位落地。

**知识窗**

**旋转推铅球技术简介**

运动员背对投掷方向，两脚左右开立，比肩稍宽，持球臂的肘部向外展开与肩齐平，上体微前屈，以上体左右转动为预摆。预摆结束后，以身体左侧为轴，左膝和左肩开始向左转动，在身体转向投掷方向之前，右脚尽可能晚离支撑点。身体重心从左腿转到右腿的过程中，几乎没有肉眼可见的腾空，右脚落地要平稳且富有弹性。右脚落地后，左脚要尽快落地，以便形成躯干的最大扭紧状态，为最后转体用力提供有利的条件。最后施力与背向滑步推铅球没有多大区别，只是更多地利用了转体的动量。

4. 最后施力

滑步结束的瞬间，右腿积极蹬转，推动髋部向投掷方向转动，上体边转边抬。当髋、腰转至投掷方向的同时，两腿充分蹬伸，挺胸推手，将球推向前上方，随即手腕内转，手指快而有力地拨球，使球沿着 38°～42° 的出手角飞出。

（二）推铅球的练习方法

1. 学练最后施力技术

1）徒手或用实心球做原地正向和侧向铅球的模仿练习。

2）原地正向推铅球练习。两脚左右开立，稍屈膝，然后迅速蹬地推球。

3）原地侧向推铅球练习。侧对投掷方向，两腿分立，两脚稍宽于肩；屈右腿（右手持球），然后迅速蹬伸、转髋、挺胸、推球，手指最后拨球，如图 4-17 所示。

### 2. 学练滑步技术（以背向滑步为例）

1）摆腿跳练习。右腿单脚支撑，左腿后摆，同时右脚顺势向后跳跃，多次连续练习。

2）徒手滑步模仿练习。

3）连续做右腿蹬地接收拉动作。一人拖拉练习者的双手，练习者背对滑步方向滑动。

4）持球做背向滑步练习，如图 4-18 所示。

图 4-17　原地侧向推铅球练习

图 4-18　背向滑步练习

### 3. 学练推铅球完整技术

1）徒手或用轻器械做完整技术的模仿练习。

2）在投掷圈内做完整技术的推铅球练习。

3）参加测验和比赛。

**安全提示**

1）铅球是快速力量型项目，爆发式用力须运动员有充分的慢跑、伸展练习和低强度运动的热身。

2）铅球应安全装载，不允许运动员随意投或玩铅球。

3）保证投掷区没人的情况下开始下一次试投，避免事故发生。

## 二、标枪

标枪是一项历史悠久的运动项目，现代标枪运动是从 19 世纪末 20 世纪初发展起来的。1908 年第 4 届奥运会上男子标枪被列入正式比赛项目。1932 年第 10 届奥运会上才把女子标枪列为比赛项目。标枪项目的技术发展也经历了一个漫长的历程，开始运动员掷标枪时并无固定的姿势，握枪和持枪方法、助跑方式和最后施力动作都有较大差异。后来国际田径联合会制定的比赛规则对掷标枪技术做了严格的规定。

**知识窗**

**标枪相关知识**

最初运动员使用的木制标枪通体一样粗，20 世纪 50 年代初，美国标枪运动员赫尔德研究出两端细、中间粗的木制标枪，延长了标枪在空中飞行的时间，被称为“滑翔标枪”。20 世纪 60 年代，铝合金标枪问世，它比木制标枪硬度大，减少了颤动，标枪的外形有利于飞行。现代标枪的规格是，男子标枪重 800 克，长 260～270 厘米；女子标枪重 600 克，长 220～230 厘米。

（一）标枪技术

掷标枪的完整技术是一个连续过程，为了便于分析，将标枪技术分为握枪和持枪、助跑、最后施力和维持身体平衡 4 个部分，并以后右手掷标枪为例进行分析，如图 4-19 所示。

图 4-19　标枪技术完整动作

1. 握枪和持枪

1）握枪。常用的标枪握法有 3 种，分为普通式握法、现代式握法和中指握法，如图 4-20 所示。这里主要介绍现代式握法和普通式握法。

① 现代式握法（拇指和中指握法）。将标枪斜放在右手掌心上，拇指和中指握在缠绳把手末端边沿，食指自然弯曲斜放在枪身上，无名指和小指自然地握在缠绳把手上。

② 普通式握法（拇指和食指握法）。用右手拇指、食指握在缠绳把手末端边沿，其余手指顺着食指方向握在缠绳把手上面。

目前，标枪运动员多数采用现代式握法。其优点是中指长而有力，有利于增加最后施力的工作距离，发挥更大的力量，便于掷标枪时的鞭打动作和出手瞬间使标枪产生绕纵轴的旋转。

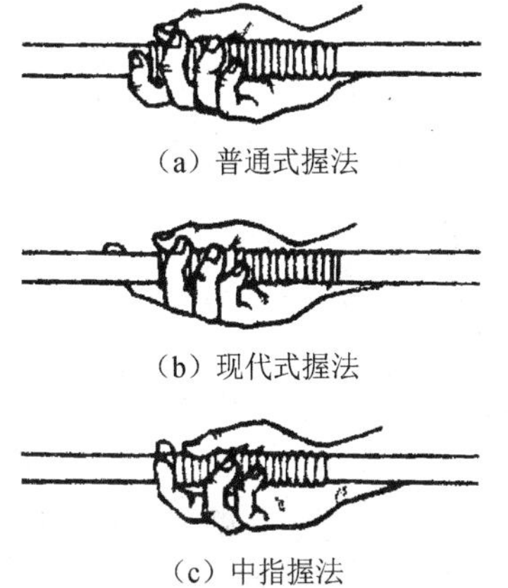

（a）普通式握法

（b）现代式握法

（c）中指握法

图 4-20　标枪握法

**知识窗**

**标枪重心配置的改革**

早期标枪为木竹材质，后来越来越多的科技含量融入其中，加上标枪运动员水平越来越高，标枪项目的世界纪录被定格在 104 米。然而，这一成绩已经威胁到现场观众的生命安全。国际标枪联合会于是做出了一项简单而有效的改革：将标枪的重心配置向后移动了 1 厘米。正是这 1 厘米导致标枪在飞行过程中更快下落，也限制了标枪成绩的一味猛升。

2）持枪。常见的持枪方法有肩上持枪和肩下持枪两种。目前多数运动员采用肩上持枪法，因为它动作简单，也有利于控制标枪。

① 肩上持枪。运动员在预备姿势和预跑时，右手持枪于右肩上方，持枪手在头侧耳朵附近，枪尖稍低于枪尾或枪身与地面平行。

② 肩下持枪。运动员在预备姿势和预跑的前半段，右手持枪，枪尾向前，右臂自然下垂，随跑的动作两臂前后自然摆动，在跑动过程中，右臂举起呈肩上持枪姿势。

2. 助跑

助跑的目的是使人体和标枪获得一定的预先速度，在投掷步阶段完成引枪和超越器械动作，为最后施力创造良好的条件。

掷标枪的助跑形式为直线。助跑的距离虽然不受比赛规则的限制，但一般采用的助跑距离为22~30米（女子稍短一些）。

在较快的助跑速度下，为了与最后施力紧密衔接，不仅要求整个助跑过程动作自然、流畅，节奏鲜明，而且需要有很好的控制标枪的能力，使标枪在整个运行过程中保持平稳。

通常将助跑分为预跑和投掷步两个阶段。

1）预跑阶段。预跑阶段是从第一标志线至第二标志线的距离。开始助跑时，通常是左脚踏在第一标志线上，迈右脚开始助跑，跑至第二标志线预跑结束，进入投掷步阶段。预跑阶段，跑的动作属于周期性的动作，预跑的距离一般为12～20米，通常用8～14步完成。力量型的运动员通常助跑速度稍慢，预跑的距离较短，而速度较好的运动员预跑的距离较长，以便于更好地发挥速度。

预跑阶段的主要任务是使人体和标枪获得一定速度，为进入投掷步做好准备。助跑速度的快慢，应与运动员的技术熟练程度和身体素质水平相适应。随着技术的改进和训练水平的提高，运动员应逐渐提高助跑的速度。

预跑阶段的动作应放松自然，上体保持与地面垂直的姿势，下肢动作基本上同平跑，但跑的动作要求富有弹性和节奏，注意逐渐加速和保持助跑的直线性，跑时两眼平视前方。

2）投掷步阶段。投掷步阶段通常从左脚踏上第二标志线迈右腿开始，至最后一步左脚落地时止。在这一阶段，要求在较高的助跑速度中完成引枪、交叉步和超越器械等动作，不停顿地过渡到最后施力阶段。投掷步的主要任务是尽量保持已获得的速度，加快两腿的蹬摆动作，正确完成引枪和超越器械动作，为最后施力创造良好条件。

完成投掷步的形式有两种，即跳跃式投掷步和跑步式投掷步。现代标枪运动员通常采用较平的跳跃式投掷步，它有利于两腿充分地蹬摆，完成引枪和超越器械。近年来，优秀运动员完成投掷步时，表现出低、平、快的特点，即身体重心的腾起高度较低，运动轨迹较平，发挥出较快的助跑水平速度。

投掷步的步数一般是4步或6步，也有采用5步或7步的。当采用偶数步时，迈右脚开始投掷步；反之，迈左脚开始投掷步。下面介绍4步投掷步的技术。

第1步：左脚踏上第二标志线后，右脚前摆，同时上体向右转，持枪臂向后引枪，左臂在胸前自然摆动，眼睛注视前方，髋部正对投掷方向。

第2步：右脚落地后积极蹬地，左脚前摆开始投掷步的第二步。此时上体继续向右转动，形成侧对投掷方向的姿势。持枪臂继续后引，在左脚落地时右臂伸直完成引枪动作，引枪结束时，右手与右肩同高，枪头靠近右眉，标枪纵轴与髋轴和肩轴平行。在完成前两步动作中，躯干应基于地面保持垂直，以避免人体过早减速。

第 3 步（又称交叉步）：从左脚落地后右腿积极前摆开始。左脚落地后，积极蹬伸，右腿以大腿带动小腿积极有力地向前方摆出，使下肢加速向前形成良好的超越器械姿势。右脚落地时，左腿应位于右脚的前方，以加快左脚落地的时间，这时身体的后倾角为 20°～25°。

第 4 步：从助跑过渡到最后施力的衔接步。完成动作正确与否，将直接影响最后施力的效果。右脚落地后，右腿被动屈膝缓冲，当身体重心越过右脚支撑点上方时，右腿积极用力蹬地，推动髋部向前运动。左脚落地瞬间，应保持躯干的后倾角。

优秀运动员采用 4 步投掷步的步长一般是：第 1 步大，可达到 2 米，以便于完成引枪动作；第 2 步较大，通常为 1.8～2.0 米，为过渡到后两步打下良好的基础；第 3 步最大，优秀运动员可达到 2～2.2 米，以便有时间做出适宜的超越器械动作，为最后施力做好准备；第 4 步最小，通常为 1.4～1.6 米，以利于助跑和最后施力的衔接，做好左侧支撑动作。优秀运动员最后一步的时间通常为 0.18～0.20 秒。

投掷步阶段应尽量保持预跑阶段获得的速度，跑的节奏各步也有所不同，通常第 1、2 步较快，第 3 步稍慢，第 4 步最快。

世界水平的男子标枪运动员在投掷步阶段的平均速度可达到 6～8 米/秒，女子运动员的平均速度可达到 5～6 米/秒。由于助跑使人体和器械获得一定的预先速度，因而助跑投可比原地投成绩提高 20～30 米。

**知识窗**

### 标枪简介

标枪是人类历史上有据可考的历史悠久的远程兵器之一。从原始社会开始，它就被用作重要的狩猎工具。标枪一般由镖头和枪杆组成，有些装有起平衡作用的尾翼。镖头由金属打制而成，一般有锥形和长水滴形等形式，套装在枪杆上。枪杆通常用硬木、竹竿或金属制成。在战场上，标枪常常与盾牌配合使用，以弥补近身武器的不足。随着弓弩的出现，标枪的使用开始减少，但是直到 13 世纪，标枪仍然是世界许多国家军队的制式装备。

3. 最后施力

投掷步的第 3 步右脚着地后，右腿被动屈膝缓冲，身体继续向前运动，在身体重心越过右脚支撑点上方时，右腿积极蹬伸用力。左脚着地时，左腿做出有力的制动动作，可加快上体向前的运动速度。右腿继续蹬地，推动右髋加速向投掷方向运动，使髋轴超过肩轴，并带动肩轴向投掷方向转动。在肩轴向投掷方向转动的同时，投掷臂快速向上翻转，使上体转为面对投掷方向，形成“满弓”姿势。此时投掷臂处于身后，与肩同高，与躯干几乎呈直角。

形成“满弓”姿势后，胸部继续向前，将投掷臂最大限度地留在身后，右肩部的肌肉最大限度地伸展。由于向前惯性的作用，左腿被迫屈膝，但随即做迅速有力的充分蹬伸，同时以胸部和右肩带动投掷臂向前做爆发性鞭打动作，并使施力的方向通过标枪纵轴。

在最后施力时，合理的施力顺序是取得最大出手速度的关键。从右腿落地后的及时发力至右臂的快速鞭打和标枪出手，人体各环节形成一个完整的运动链。身体左侧的支撑和用力动作对于投掷成绩起着至关重要的作用。

4. 维持身体平衡

标枪出手后，保持身体平衡是全过程的结束动作，能够有效地防止人体越过投掷弧而造成犯规。标枪出手后，右腿应及时向前跨出一大步，降低身体重心，以保持平衡。为了保证最后施力时运动员可以大胆向前做动作而不犯规，最后一步左脚落地点至投掷弧的距离应在 2 米以上。

（二）掷标枪的练习方法

1. 原地正面插枪练习

面对投掷方向，两脚前后开立，左脚在前，身体呈“满弓”姿势，投掷臂伸直持枪于右肩后上方，枪尖低于枪尾，左臂微屈于体前。然后两腿蹬地，以胸带臂，沿枪尖指向掷出标枪。

2. 正面上一步插枪练习

面对投掷方向，两脚前后开立，右脚在前，右臂伸直持枪于右肩后上方。然后左腿前迈，体重移向右腿，随左脚落地右腿用力蹬地、送髋，上体和右胸积极向前，带动右臂向前下方插枪。

3. 原地侧向掷标枪练习

侧面投掷方向，两脚左右开立，体重落在弯曲的右腿上，上体向右倾斜，投掷臂伸直持枪于肩轴延长线上，枪尖约与眼同高，指向约为 30° 角的前上方，左臂微屈于左肩前，目视投掷方向。然后右腿蹬转，送髋转体，转肩翻肘，在左腿支撑、蹬伸配合下，以胸带臂鞭打掷出标枪。在练习中注意形成“满弓”姿势，如图 4-21 所示。

图 4-21　原地侧向掷标枪

4. 侧向上一步掷标枪练习

准备姿势同原地侧向掷标枪练习，但左腿靠近右腿，左脚尖在右脚跟处着地。在右腿蹬转、送髋的同时，左腿前迈下插着地，并连贯完成后续动作掷出标枪。

5. 投掷步第 3、4 步练习

侧对投掷方向，两脚左右开立，投掷臂后引伸直。然后右腿屈膝积极前摆，左腿配合蹬伸，经低腾空右脚着地，右腿弯曲，左脚下插着地，上体右倾形成最后施力准备姿势。

1）徒手、扶同伴两肩或扶支撑物做右腿屈膝前摆与左脚交叉练习。要求两腿协调配合，避免踢右小腿动作。

2）徒手、持标枪做交叉步结合左脚着地练习。要求右脚着地瞬间，左腿摆至右腿前。

3）徒手、持标枪或软树枝连续向前交叉步和交叉步跑练习。要求两腿蹬摆协调配合，上体右倾，投掷臂保持稳定。

4）侧向上两步形成“满弓”姿势练习。随着交叉步右脚着地屈膝缓冲，右腿蹬地用力，左脚下插着地，转肩翻肘形成“满弓”姿势。

5）侧向上两步掷标枪练习。开始动作同 4），“满弓”后连贯用力鞭打掷出标枪。要求交叉步后形成超越器械姿势，上步与最后用力结合，最后施力顺序正确。

6. 引枪练习

原地正面两脚前后开立，左脚在前，右臂弯曲肩上持枪；然后按投掷步第 1、2 步的技术要领完成引枪动作。

7. 全程助跑掷标枪练习

1）持枪助跑练习。面对投掷方向两脚前后开立，左脚在前，右臂弯曲肩上持枪。然后右腿前迈开始做持枪助跑练习，助跑速度由慢到快，距离 20～30 米。

2）丈量全程助跑步点。以走步或跑步的方法确定全程助跑距离和第二标志点，通过反复练习达到基本稳定。

3）8～10 步助跑掷标枪练习。要求预跑速度不要太快，引枪动作连贯，控制好标枪，投掷步结束形成超越器械姿势，并迅速进入最后施力阶段，最后施力顺序正确。

**安全提示**

1）标枪训练通常采用垒球之类的器械来替代标枪进行练习，便于初学者掌握交叉步和节奏。

2）标枪用后须放置好，不允许玩枪，或随便搁置标枪。

3）练习前应做充分的柔韧性练习，特别是肩关节、肘部、背部等位置。

4）练习者至少间隔 3 米，教师应在投掷者后部统一发令练习，等候练习者靠后待命，以免发生意外。

5）插枪练习时，如果枪离人较近，则在拔枪时应朝后拔，而不要往前，以免戳到别人。

6）不允许对投，或将标枪掷向同伴。

# 第五章 大球运动

大球是指篮球、排球和足球。本章主要介绍篮球、排球和足球运动的发展史、特点及健身价值，基本技战术和比赛规则。掌握三大球的基本技战术，有助于大学生提高运动水平，培养他们团结协作的精神，达到强健体魄的目的。

## 第一节 篮球

篮球运动是一项集体性、综合性，围绕高空展开的立体型攻守对抗的活动性游戏。本节主要介绍篮球运动的发展史、特点及健身价值，基本技战术和比赛规则。

### 一、篮球运动概述

#### （一）篮球运动的历史沿革与文化传承

1891 年，美国体育教师詹姆斯·奈史密斯先生发明了篮球运动。1940 年前，篮球运动伴随着美国的文化、宗教等的扩张，通过基督教青年会、教师、留学生之间的交往，先后向世界各地传播推广。1894 年传入我国天津。1936 年第 11 届奥运会上将男子篮球列入正式比赛项目。1950 年和 1953 年分别举行了第 1 届世界男子篮球锦标赛和第 1 届女子篮球锦标赛。1976 年第 21 届奥运会上将女子篮球列入正式比赛项目。

现代篮球运动技术的发展趋势如下。

1）高强度对抗已成为现代篮球运动发展的趋势之一。高强度对抗不仅指身体的对抗，还包括队员意志品质、力量、速度、技战术等方面的对抗。

2）篮球运动更加注重快速移动。快攻的运用越来越广泛，在断球反击形成的一对一或多对一的情况下，快攻成效显著。

3）篮球运动更加注重攻守平衡。当前篮球进攻战术的发展趋势是向快速、准确、多变、立体化、实用化的方向发展；防守战术的发展趋势是向攻击性、破坏性和综合多变的方向发展。

4）心理调节能力作用更加突出。由于篮球比赛场上的主客场因素、观众观赏球的热烈程度、比赛的重要程度等都会引发运动员的比赛焦虑，因此，只有加强心理训练才能保证运动员在临场比赛时发挥出正常水平。

#### （二）现代篮球运动的特点及锻炼价值

现代篮球运动内容丰富多彩，技战术变化多端，其特点及锻炼价值如下。

#### 1. 篮球运动的特点

1）篮球运动集体对抗性强。比赛中双方始终在有限的场地上进行着高速度、大强度的攻守争夺，有利于培养大学生勇敢顽强的意志品质和拼搏精神。

2）篮球运动的技术、战术具有复杂性和多变性。在临场比赛中，每队只有根据双方队员的技术特点，采用合理的战术，才能打出自己的风格和水平。

3）篮球运动具有健身性。经常参加篮球运动，能够促进人的力量、速度、耐力、灵敏性等身体素质的全面提高和改善内脏器官的功能，达到健身的目的。

#### 2. 篮球运动的锻炼价值

经常参加篮球运动可以提高跑、跳、投等基本活动能力，促进身心正常生长发育。篮球运动是在团体间对抗和变化条件下进行的，对提高锻炼者神经系统的灵活性、应变能力，培养团结合作精神有良好的作用。

### （三）国内外篮球赛事博览

#### 1. 中国篮球赛事博览

1）CBA。CBA（China Basketball Association，中国男子篮球职业联赛）是跨年度主客场制篮球联赛，为中国最高等级的篮球比赛。联赛于 1995 年/1996 年开始，原名为男子篮球联赛，2005 年正式更名为中国男子篮球职业联赛。CBA 自每年的 10 月或 11 月开始至次年的 4 月左右结束。

2）CUBA。1997 年 12 月，CUBA（China University Basketball Association，中国大学生篮球联赛）组委会正式成立。CUBA 拥有自己的会徽、会歌和吉祥物。CUBA 组委会在参赛资格方面做出以下规定：一是除体育院校、民办高校之外的普通高校均能组队参赛；二是不允许在中国篮球协会注册过的运动员参加，以保证联赛的纯正性。CUBA 从学校体育功能出发，提出培养“五种篮球人才”的目标，即高水平的运动员、教练员、裁判员、从事与篮球相关工作的人员和高素质球迷。经过 20 多年的创新发展，CUBA 的影响力已覆盖全国。

#### 2. 国外篮球赛事博览

1）奥运会。奥运会篮球赛每 4 年举行一次，包括男篮和女篮比赛。在奥运会上，中国女篮最好成绩是在第 25 届奥运会上取得了亚军，中国男篮最好成绩是在第 26 届和第 28 届奥运会上均取得第 8 名。

2）NBA。NBA（National Basketball Association，美国男子职业篮球联赛）是世界公认水平最高、商业运作最成功、最受欢迎的篮球联赛，共有 29 支参赛队伍参与角逐。

我国篮球运动员在 NBA 中表现最出众的是姚明，2002 年 6 月他以状元身份加盟美国休斯敦火箭队。

**知识窗**

**《篮球公园》**

《篮球公园》是由中央电视台体育频道（CCTV-5）制作的篮球节目，该节目综合报道NBA、CBA、WNBA、CUBA及相关的篮球赛事信息，并制作相应的电视专题，是国内专业的篮球节目电视播出平台。另外，有同名电影《篮球公园》。

## 二、篮球技术

### （一）移动技术及练习方法

#### 1. 移动技术

移动是篮球运动中队员为了改变位置、方向、速度和争取高度、空间所采用的各种脚步技术要领的总称。移动技术包括基本站立姿势、起动、跑、跳、急停、转身、滑步、后撤步、交叉步、攻击步等。

移动技术的分类如图5-1所示。

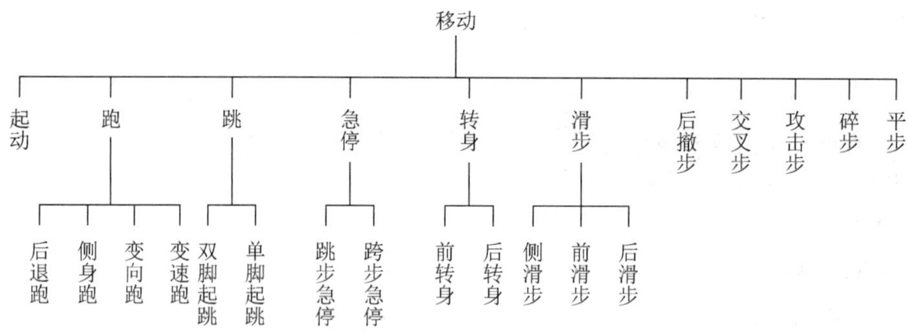


图5-1　移动技术的分类

1）起动。起动是队员在球场上由静止状态变为运动状态的一种动作，是获得位移速度的方法。进攻时，突然快速的起动，是摆脱防守的有效手段之一。防守时，突然快速的起动，可以抢占有利位置，看住对手。技术要领：从基本站立姿势开始，向前起动时以后脚、向侧起动时以异侧脚的前脚掌短促有力地蹬地，同时上体迅速前倾或侧转向跑的方向移动重心，手臂协调地摇动，充分利用蹬地的反作用力，迅速向跑的方向迈出。

2）跑。跑是为完成攻守任务争取时间的脚步动作。比赛中经常运用的跑有以下两种。

① 变向跑。变向跑是队员在跑动中突然改变方向完成攻守任务的一种方法。技术要领：从右向左变向时，最后一步用右脚前脚掌内侧用力蹬地，同时脚尖稍内扣，迅速屈膝，腰部随之左转，上体向左前倾，移重心，左脚向左前方跨出，然后加速前进。

② 侧身跑。侧身跑是指队员在跑动中为了抢位，摆脱防守接侧向或侧后方传来的球，而采用的一种跑动方法。技术要领：在跑动时，头部和上体转向侧面或有球的一侧，脚尖朝着跑动方向。跑动时，既要保持奔跑速度，又要保持身体平衡，双手自然放在腰侧，密切观察场上情况。

3）急停。急停是指队员在快速移动中突然制动速度的一种方法，是各种脚步动作衔接和变化的过渡动作。比赛中的急停多与其他技术结合在一起运用。急停分为跨步急停和跳步急停两种。

① 跨步急停。技术要领：急停时先向前跨出一大步，用脚跟着地并迅速过渡到全脚抵住地面，降低重心，身体稍后仰。第二步落地的同时，两膝深屈并内扣，身体稍侧转，两脚尖自然转向前方向，前脚掌内侧用力抵住地面制动向前的冲力，上体稍后仰，两臂屈肘自然张开，然后上体迅速自然前倾帮助控制身体平衡，如图 5-2 所示。

图 5-2　跨步急停

② 跳步急停。技术要领：跑动中用单脚或双脚起跳，使双脚稍有腾空。上体稍后仰，两脚平行或前后落地（略宽于肩），形成进攻的基本站立姿势，如图 5-3 所示。

图 5-3　跳步急停

4）转身。转身是指队员以一脚做中枢脚进行旋转，另一脚蹬地向前后跨出，改变原来身体方向的一种技术要领。它可与急停、跨步、持球突破结合运用，有效地摆脱防守以创造传球、投篮的机会。转身分为前转身和后转身。

① 前转身。移动脚向中枢脚脚尖方向跨出，改变身体方向为前转身。技术要领：转身时，中枢脚前脚掌用力碾地，移动脚蹬地并迅速跨步，同时转腰转肩并保持身体平衡，如图 5-4 所示。

② 后转身。移动脚向中枢脚脚跟方向跨出，改变身体方向为后转身。技术要领：转身时，中枢脚碾地旋转，移动脚蹬地并向自己身后撤步，同时腰胯主动用力旋转，身体重心随着转移，保持身体平衡，如图 5-5 所示。后转身可在原地或行进间运用。

5）滑步。技术要领：两脚平行站立，两膝较深弯曲，上体略前倾，两臂侧伸。向左侧滑步时，左脚向左迈出的同时，右脚蹬地滑动，向左脚靠近，两脚保持一定距离，左脚继续跨出。向后滑步时，一只脚向后撤步着地的同时，前脚紧随着向后滑动，保持前后开立姿势。向前滑步时，前脚向前迈出一步。着地的同时，后脚紧随着向前滑动，保持前后开立姿势。滑步时注意屈膝降低重心，如图 5-6 所示。

图 5-4　前转身

图 5-5　后转身

图 5-6　滑步

6）撤步。撤步是前脚向后撤步的一种方法。技术要领：做撤步时，用前脚的前脚掌内侧蹬地，同时腰部用力向后转动，后脚碾蹬地面，前脚快速后撤，紧接滑步调整防守位置，如图 5-7 所示。

图 5-7　撤步

7）跳。跳是指队员在场上争取高度及远度的一种技术要领。篮球比赛中很多技术需要队员在空中完成。队员必须能单脚、双脚起跳，会在原地、跑动中和对抗条件下向不同方向跳、连续跳等。并要求起跳快，跳得高，滞空时间长，更好地在空中完成各种攻守动作。跳有双脚起跳和单脚起跳两种方法。

① 双脚起跳。技术要领：起跳时，两膝弯曲降低重心，两脚用力蹬地，同时提腰摆臂向上起跳，跳在空中时，身体自然伸展控制平衡。落地时，前脚掌先落地，屈膝缓冲重力，注意保持身体平衡，以便衔接下一个动作。双脚起跳多在原地运用，也可在上步、并步、跳球或助跑情况下运用。

② 单脚起跳。技术要领：起跳时，踏跳脚脚跟先着地，迅速过渡到脚前掌用力蹬地，同时提腰摆臂，另一腿快速屈膝上提，当身体达到最高点时，摆动腿自然伸直与起跳腿合并。落地时，双脚要稍分开，注意屈膝缓冲，以便衔接其他动作。单脚起跳多在助跑情况下运用。

### 2. 练习方法

1）跑类技术动作练习：①原地放松跑、高抬腿、小步跑、后踢腿跑；②加速跑；③原地放松跑、高抬腿、小步跑、后踢腿跑转为加速跑。

2）起动快跑：①听信号或看信号向不同方向跑；②自己或别人抛球，球离手后起动，球未落地前快跑，将球接住；③原地运球，听信号或看信号向不同方向跑动运球。

3）球场上各种跑的练习：①听信号或看信号向不同方向做侧身跑、变速跑、变向跑、后退跑；②做直线跑、曲线跑、折线跑、折回跑；③连续交替做各种变向跑，如直线-折线跑、弧线-直线跑、变向-弧线跑等。

4）急停练习：①慢跑中跨步、跳步急停；②中速跑中跨步、跳步急停；③快跑中听信号或看信号急停；④快跑中听或看信号急停后折线跑。

5）转身练习：①原地做两脚交替转移重心、跨步、后撤步、转身等练习；②原地接球后做跨步、后撤步、转身等练习。

6）跳的练习：①原地向上方、前上方、侧上方、后上方做双脚起跳；②原地向前、侧、后跨一步做双脚起跳；③助跑两三步，双脚或单脚起跳。

7）防守步法的练习：①看手势或其他信号做向前、后、左、右方向滑步；②先快跑，接着后退跑，再侧滑步。

### （二）传球、接球及练习方法

传球与接球是篮球比赛中进攻队员之间有目的地转移球的方法，是场上队员之间相互联系和组织进攻的纽带，是实现战术配合的具体手段。

#### 1. 传球技术

1）双手胸前传球。技术要领：双手持球于胸前（两臂不要外张），手指自然分开，握在球两侧偏后，两腿屈膝前后（左右）开立。传球时两腿蹬地重心前移，两臂前伸，手腕向上翻转，利用拇指下压，中指、食指拨球协调传出，如图 5-8 所示。

2）双手头上传球。技术要领：双手举球于头上方，两肘向前，近距离传球时，前臂前摆，手腕前扣并外翻，同时拇指、食指、中指用力向前拨球。传球距离较远时，用蹬地和腰腹力带动上臂发力。前臂前挥、抖腕、拨指将球传出，如图 5-9 所示。

图 5-8　双手胸前传球

图 5-9　双手头上传球

3）单手肩上传球（以右手为例）。技术要领：右手传球时，左脚向前迈出，身体右转，重心后移，同时把球引至右肩侧上方，手指分开，手腕后仰托球的后下部。传球时右脚蹬地转体，右臂前挥，手腕前屈，用拨指力量将球传出，如图 5-10 所示。

图 5-10　单手肩上传球

4）反弹传球。技术要领：将球向斜前方地面传出，球击地点离接球人 1/3 处，球弹起高度在接球人的腹部，如图 5-11 所示。

图 5-11　反弹传球

2. 接球技术

1）双手接球。技术要领：眼视来球，两臂迎球伸出，手指自然张开，两手大拇指相对呈“八”字形，其他手指向前上方，两手呈半圆形。当手指触球时，两臂顺势后引以缓冲来球力量，两手持球于胸腹前，如图 5-12 所示。

图 5-12　双手接球

2）单手接球。技术要领：原地单手接球时，接球手向来球方向伸出，五指自然分开，掌心正对来球，腕、指放松。当手指触球时，顺球的来势迅速收臂置球于身前或体侧，另一手迅速扶球，保持身体平衡，做好下一步进攻的准备姿势，如图 5-13 所示。

图 5-13　单手接球

3. 传、接球的练习方法

1）原地传、接球练习：①两人一组一球，对面站立传、接球练习；②三人一组一球，呈三角形站立，做传、接球练习。

2）行进间传、接球练习：①两人一组一球，迎面移动中传、接球练习；②两人一组一球，全场直线跑动传、接球练习；③三人一组一球，直线跑动传、接球练习。

（三）运球技术及练习方法

1. 运球技术

1）高运球。技术要领：抬头，目视前方，上体稍前倾，以肘关节为轴，用手按拍球的后侧方，2～3 步按拍一次球，球的落点在身体侧前方，球反弹的高度在腰、胸之间，如图 5-14 所示。

图 5-14　高运球

2）低运球。技术要领：抬头，目视前方，两腿迅速弯曲，降低重心，上体前倾，用手短促地按拍球，控制球从地面反弹的高度在膝部以下，如图 5-15 所示。

图 5-15　低运球

3）运球急起、急停。技术要领：在快速运球中急停时，快速按拍球的前上方，同时两脚做跨步急停，并转入低运球。急起时，后脚用力蹬地，同时按拍球的后侧上方，向前运球，如图 5-16 所示。

图 5-16　运球急起、急停

4）体前变向换手运球。技术要领：运球队员从防守队员右侧突破时，先向对手左侧快速运球，当防守队员向左侧转移身体重心并准备堵截时，运球队员突然变换运球方向。运球队员用右手按拍球的右侧上方，并靠近身体向左侧按拍球，使球的落点靠近左脚，同时右脚向左前方跨步，上体左转侧肩，换左手按拍球的左侧上方，从对手右侧运球突破，如图 5-17 所示。

图 5-17　体前变向换手运球

2. 运球的练习方法

1）原地高、低运球：①呈体操队形原地做左、右手高运球练习；②呈体操队形原地做左、右手低运球练习；③呈体操队形原地做听鼓声左、右手高、低运球交替练习。

2）换手变向运球：①弧线运球，沿罚球圈、中圈做弧线运球到对面的端线，再沿边线直线运球返回；②圆圈运球，沿罚球圈、中圈做圆周运球到对面端线，再沿边线直线运球返回。

3）行进间运球：①直线运球，每组一个球，第一人运球至端线后，返回时换手运球至终点，然后交给下一个队员练习；②换手变向运球，场内设 3 个“之”字形的障碍物，在障碍物前变向运球。

4）运球急起、急停：①练习者排一路纵队于端线外，听到信号后，运球急起到中线时急停；再急起到端线时急停，同样的方法返回；②在场内设标志线，听信号后，运球急起到标志线时急停。重复练习。

（四）投篮技术及练习方法

1. 投篮技术

1）原地双手胸前投篮。原地双手胸前投篮主要用于远距离投篮。技术要领：投篮前将球置于胸前，目视球篮，两肘自然下垂。两脚前后或左右开立，两膝微屈，重心落在两脚掌上。投篮时，两脚蹬地，腰腹伸展，两臂向前上方伸出，两手腕同时外翻，拇指稍用力压球，使球通过拇指、食指、中指指端投出。投球出手后，脚跟提起，腿、腰、臂随出球方向自然伸展，如图 5-18 所示。

2）原地单手肩上投篮（以右手投篮为例）。原地单手肩上投篮是最基本的单手投篮方法，其他各种单手投篮方法大部分是由它演变而来的。技术要领：右脚在前，左脚稍后，两膝微屈。右手五指自然分开，用指根以上部位托球的后下部位，左手扶在球的侧下面，将球举到头部右侧上方位置，目视球篮，上臂与肩关节平行，前臂与上臂约成 90° 角。投篮时，由下肢蹬腿发力，身体随之向前上方伸展，同时抬肘向投篮方向伸臂，用手腕前屈和手指拨球动作，使球柔和地从食指、中指指端投出。球离手时，手臂要自然跟随，脚跟提起，如图 5-19 所示。

图 5-18　原地双手胸前投篮

图 5-19　原地单手肩上投篮

3）行进间单脚起跳单手低手投篮（以右手投篮为例）。行进间单脚起跳单手低手投篮主要在快速移动中超越对手并接近篮下时运用。技术要领：右脚跨大步接球，第二步较小，并向前上方跳起，持球于胸前。投篮时，右手要充分向球篮举球，用手腕上挑动作，使球从拇指、食指和中指指端出手前旋入篮，如图 5-20 所示。

图 5-20　行进间单脚起跳单手低手投篮

4）行进间单手肩上投篮（以右手投篮为例）。行进间单手肩上投篮是比赛中广泛运用的一种投篮方法。技术要领：右脚向前跨出时接球，然后迅速上左脚起跳，右腿屈膝上抬，同时举球至头右侧。腾空后，上体稍后仰。当身体跳到最高点时，右手臂伸直，用手腕前屈和手指力量将球投出，如图 5-21 所示。

图 5-21 行进间单手肩上投篮

2. 投篮的练习方法

1）原地投篮：①徒手投篮模仿练习，听信号持球—举球—投篮出手；②持球模仿练习，两人一组一球，相距一定距离，由近至远做投篮练习；③正面定点投篮练习，一纵队近距离投篮，投篮后抢篮板球，将球传给后边的人投篮。

2）行进间投篮：①行进间投篮的基本脚步动作练习，两人一组一球，一人托球，另一人在走动或慢跑中跨右脚同时拿球，然后跨左脚并起跳，右手肩上投篮；②一纵队在与球篮呈 45° 角的位置运球投篮。

3）跳起投篮：①原地跳起投篮模仿练习，两人一组一球，相距一定距离，做原地跳起投篮练习；②运球急停跳起投篮练习，半场运球，到限制区附近，急停跳起投篮；③移动接球急停跳投练习，两人一组，一人做两点移动接球急停跳投，另一人传球。

（五）持球突破技术及练习方法

持球突破由蹬跨、转体探肩、放球、加速几个技术环节组成。

1. 持球突破技术

1）同侧步持球突破（以向右突破为例）。技术要领：接球急停后，以左脚为中枢脚步，并用前脚掌向内侧蹬地，右脚向右前方跨出一步。上体左转，左肩前压，重心前移。在右脚落地前，右手在右脚侧前运球。右脚落地后，接着左脚向前跨出一步超越对手，如图 5-22 所示。向左突破动作相同，方向相反。

图 5-22 同侧步持球突破

2）交叉步持球突破（以向右突破为例）。技术要领：以右脚为轴，用左脚前脚掌内侧蹬地，向右移重心，左脚向右方跨一大步贴近对手。上体右转，左肩前压。右手在右前方运球，然后右脚蹬地，快速上前超越对手，如图 5-23 所示。向左突破动作相同，方向相反。

图 5-23　交叉步持球突破

2. 持球突破的练习方法

1）无球的情况下持球突破：①徒手模仿突破的各种脚步动作；②原地持球前转身或后转身突破练习。

2）有球的情况下持球突破：①原地持球突破，两人一球，相距 1 米左右相对站立，做原地同侧步或交叉步持球突破动作练习；②突破急停跳投练习，分成两组，分别在两个半场进行练习，将球传给站在罚球线上的队员，立即快速跑动上前接球急停后，做突破上篮。

（六）个人防守技术及练习方法

个人防守是全队防守的基础，有防守持球队员和防守无球队员两种。防守持球队员的方法有防传球、防运球、防投篮、抢球、打球、断球 6 种；防守无球队员有防接球、防摆脱和防切入。

1. 个人防守技术

1）防守持球队员。

① 防传球。防传球首先要选择正确的位置，判断对方持球队员的意图，挥臂干扰，重点是不让对手把球传向内线区域；其次，当球成为死球时，应立刻逼近封其出手的路线；最后，当对手传球出手后，切忌看球不看人，要防止其摆脱切入。

② 防运球。一般采用双脚左、右开立，两手左、右伸出摆动，屈膝、重心下降的方法，与持球人保持一步半距离，根据对手脚步移动采用左、右滑步或后撤步堵截突破，重点是防投篮。采用两脚前后开立屈膝，重心下降，前脚的同侧手臂前伸并上下摆动，用前后滑步的方法阻挠投篮。

③ 防投篮。防守队员一般采用斜步防守贴近对手，约一臂距离，并举臂挥动，干扰进攻队员投篮，同时另一臂伸向侧方，防对手运突或传球。防投篮的关键是，在对手投出手的瞬间，用手臂及时干扰或封盖，反应要快。

④ 抢球。抢球首先要接近持球队员，在持球队员注意力分散、转身、由空中获球下落、运球停止的瞬间，看准持球的空隙部分，双手突然抓住球，用拉、转或拖的方法将球抢到手中。动作要快、准、突然。

⑤ 打球。打球首先要接近持球队员，根据持球队员持球部位的高低和走势、运球时球反弹的方向和速度、投篮举球到出手前的过程等，分别由下向上、由上向下或从侧面快速伸出前臂用腕、指的力量拍击球，动作要快而短促。

⑥ 断球。断球有横断球、纵断球和封断球 3 种。断球的关键是准确判断传球队员出手的瞬间，步伐要合理、快速有力，手臂拦截动作要迅速，用身体将接球对手挡在后面。获球后要注意维持好身体的平衡，迅速反守为攻。

2）防守无球队员。

① 防接球。防守无球队员接球应站在对手和球之间并偏向有球一侧，同时伸出同侧手臂挡住传向自己的球，另一只手臂要伸向对手可能切入的方向。

② 防摆脱。防摆脱有两种；防进攻队员在后场的摆脱与在阵地防守进攻队员。防进攻队员在后场的摆脱，要积极追防、注意传向自己对手的球，在近球侧的路线上准备堵截。在阵地防守进攻队员时，及时运用各种步伐抢前防守，用手臂干扰其接球。

③ 防切入。防切入遵循“防人为主，人球兼顾”的原则。如果对手从迎球方向切入，则主动堵前防守；对手从背对球方向切入，则防其后。

#### 2. 个人防守技术的练习方法

1）选择防守位置练习。进攻队员在外围传球，可做摆脱接球动作，但不能穿插、掩护。防守队员根据球的位置做相应选位，积极防守摆脱接球，反复练习数次后，攻守交换。

2）防守纵切练习。进攻队员传球后进行空切，防守队员及时向球侧调整防守位置，进行堵截。

### （七）抢篮板球技术及练习方法

#### 1. 抢篮板球技术

在篮球比赛中，抢得篮板球是获得控球权的重要手段。抢篮板球由判断与抢位、起跳、空中抢球和获球后动作组成。进攻队员和防守队员抢篮板球要求不同。进攻队员要突出的是摆脱防守“冲”抢篮板球；防守队员突出的是将进攻队员“挡”在外侧。

#### 2. 抢篮板球的练习方法

1）前后转身抢位练习。两人一组，相距一步，对面站立。听到教练员的信号后，转身抢位。

2）单、双人空中托球练习。个人或两人持球位于篮下站立，向篮板抛球或互抛球后跳起，用单手、双手托球碰篮板。

3）一对一抢篮板球练习。两人一组一球，一人传球给对方，对方投篮后，两人抢篮板球。

## 三、篮球战术

篮球战术是篮球比赛中队员所运用的攻守方法的总称，是队员个人技术的合理运用和队员之间相互协同配合的组织形式。比赛的胜利很大程度上取决于战略的正确运用。

### （一）进攻战术的配合

1）传切配合。传切配合是由两三名队员利用传球和切入技术动作组成的简单配合。一传一切，如图 5-24 所示；空切，如图 5-25 所示。

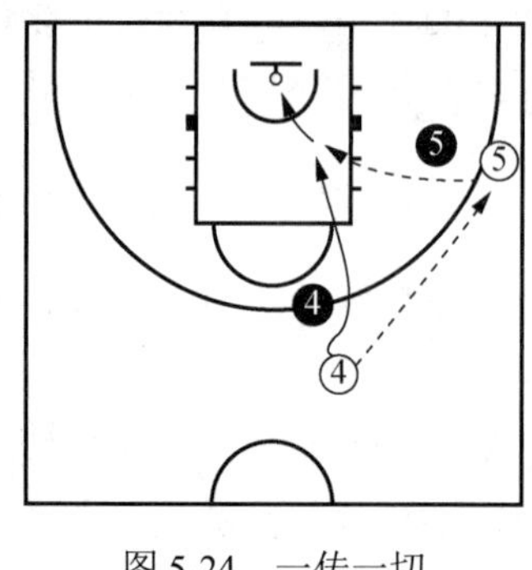

图 5-24　一传一切

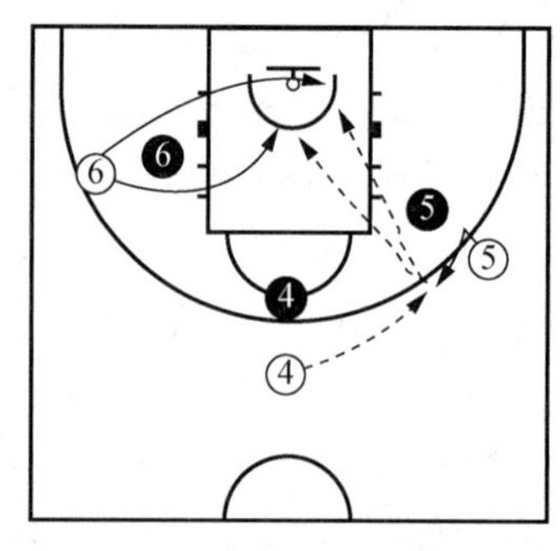

图 5-25　空切

2）掩护配合。掩护配合是进攻队员选择合理的位置，运用合理的技术，以身体挡住同伴的防守队员的移动路线，使同伴借以摆脱防守的一种配合。给持球队员做侧掩护，如图 5-26 所示；给无球队员做侧掩护，如图 5-27 所示。

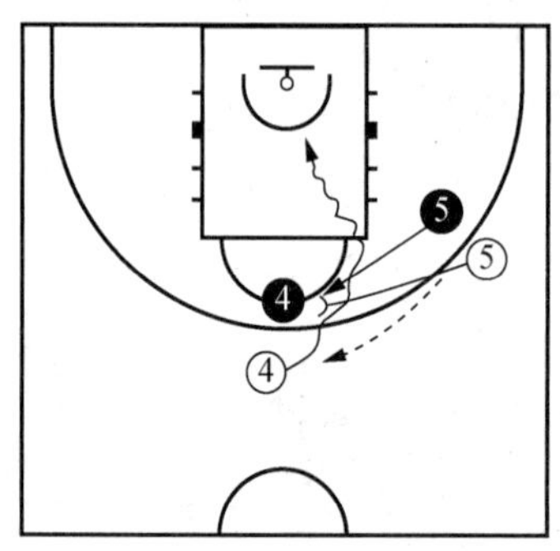

图 5-26　给持球队员做侧掩护

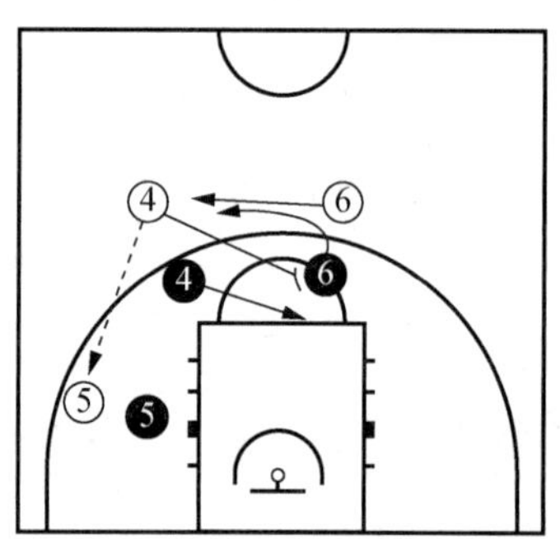

图 5-27　给无球队员做侧掩护

### （二）防守战术基础配合

防守战术基础配合是防守队员之间为破坏对方进攻配合，或当同伴防守出现困难时，及时互相协作和帮助的行为方法。

1）交换配合。交换配合是为了破坏进攻队员的掩护配合，防守队员之间及时地呼应交换自己所防守的对手的一种配合方法。

2）补防配合。补防配合是指防守队员在同伴漏防时，立即放弃自己的对手，去补防那个威胁最大的进攻者，而漏防的防守队员及时换防的一种协同防守方法。

### （三）快攻与防守快攻

1）快攻。快攻是由防守转入进攻时，进攻队员以最快的速度将球推进至前场，争取造成人数上和位置上的优势与主动，果断合理进行攻击的一种进攻战术。

① 长传快攻。这是队员在后场获得球后，立即把球长传给迅速摆脱对手的快下队员的一种进攻形式。

② 短传快攻。这是防守队员获球后，立即以快速的短传推进和快速跑动获得投篮机会的一种进攻形式。

2）防守快攻。防守快攻是指在比赛中由进攻转入防守时，用于阻止和破坏对方使用快攻的防守战术。它是在由攻转守的瞬间，快速地、有组织地制约对方的反击速度和破坏对方快攻路线的配合方法。

### （四）半场人盯人防守战术

半场人盯人防守战术是指由攻转守时，全队以最快的速度退回后场，每个防守队员盯住一个进攻队员，同时协助同伴完成集体防守任务的全队防守战术。

1）半场扩大人盯人防守。半场扩大人盯人防守是一种带有紧逼性的防守阵形，主要以夺球为目的，是“制外防内”，多用于对方外围攻击力较强及全队的整体进攻配合质量较差的球队。对有球队员采用紧逼防守，阻止其运球突破。防无球队员时应及时选位，以防止对手接球或切入，如图 5-28 所示。

2）半场缩小人盯人防守。半场缩小人盯人防守是一种对有球队员紧、对无球队员松，并根据球的位置来掌握松紧度的防守形式。强侧防守时，对持球人要紧逼防守，对进球人要错位防守；弱侧防守时，要回撤篮下保护、协防，如图 5-29 所示。

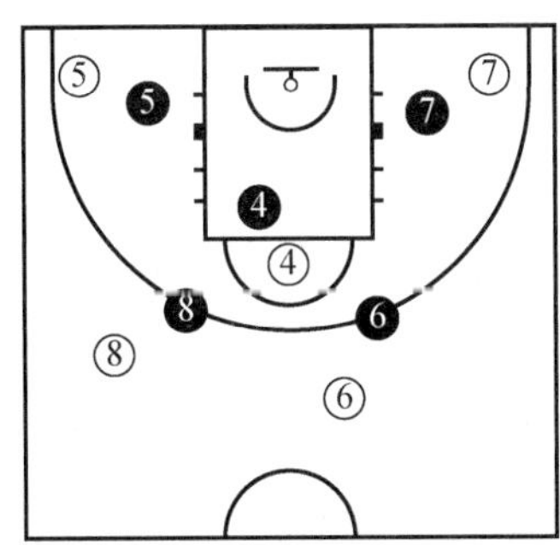


图 5-28　半场扩大人盯人防守

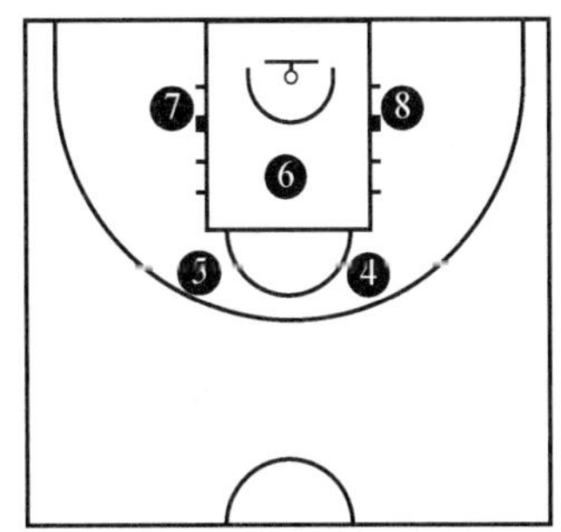


图 5-29　半场缩小人盯人防守

### （五）区域联防

区域联防是指由攻转守时，全队队员迅速退回后场，按区分工，各自负责防守一定区域的进攻对手，形成一定的防守阵势，把每个防守区域有机地联合起来，并随球进行协同移动防守的一种全队防守战术，也是篮球两大防守战术系统之一。常用的阵形有 2-1-2、2-3、3-2。

## 四、篮球运动比赛场地与设备及主要比赛规则

### （一）比赛场地与设备

1）比赛场地。国际篮球联和会举办的正式比赛球场尺寸为长 28 米，宽 15 米，球场的丈量从界线内沿量起。

2）设备。篮板横宽 1.80 米，竖高 1.05 米，篮板下沿距地面 2.90 米，篮圈水平面距地面 3.05 米。篮球的圆周不得小于 0.749 米，不得大于 0.78 米，重量为 567～650 克。

### （二）比赛、暂停、替换

1）每场篮球比赛由两个队参加，每队出场 5 名队员。比赛应由 4 节组成，每节 10 分钟，在第 1 节和第 2 节之间、第 3 节和第 4 节之间及每一决胜期之前应有 2 分钟的休息时间，半场的休息时间为 15 分钟。第 4 节时间终了时，如两队得分相等，则延续 5 分钟进行决胜期

比赛，得分仍相等，再延续 5 分钟，直至分出胜负。

比赛中，除在 3 分投篮区投球中篮得 3 分外，其他位置投篮得 2 分，罚球中篮得 1 分。在比赛时间内，得分多的队为胜。

2）暂停。每队第 1、2、3 节准许暂停 1 次，第 4 节准许暂停 2 次，每次 1 分钟，每一决胜期准许 1 次。

3）替换。替补队员进场前应向记录员报告，并须立即做好比赛的准备。请求替换的时机：①球成死球并停止比赛计时；②违例后，只有掷界外球的非违例队可要求替换。被允许后，对方也可要求替换。

### （三）违例及罚则

比赛中常见的违例有带球跑、非法运球、脚踢球、拳击球、掷界外球违例、3 秒违例、5 秒违例、8 秒违例、24 秒违例、球回后场违例、干扰球等。出现违例时，均由对方掷界外球。

### （四）犯规及罚则

1）侵人犯规。侵人犯规是在球进入比赛状态、活球或死球时的队员犯规，含有对方队员的接触。

2）故意犯规。裁判员认为队员蓄意地对持球或不持球的对方队员造成侵人犯规的，为故意犯规。

3）技术犯规。有意的、不道德的或违反规定的带来不正当利益的技术性犯规，应立即判罚为技术犯规。

4）双方犯规。双方队员同时互相犯规为双方犯规。

5）队员 5 次犯规。一个队员不论侵人犯规或技术犯规共达 5 次，必须自动退出比赛。

6）全队 4 次犯规。比赛的每一节，一个队的队员侵人犯规和技术犯规已达 4 次，此后发生的所有队员犯规，均执行两次罚球。

### （五）决胜期

下半时终了得分相等时，应延长 5 分钟作为决胜期继续比赛。必要时可延长数个这样的 5 分钟，直到分出胜负为止，在所有的决胜期中，球队应朝向第 3 节和第 4 节中相同的球篮继续比赛。每次决胜期前，给予 2 分钟的休息时间和 1 次暂停，每次决胜期开始时，应在中圈跳球继续比赛，若第 4 节某队全队犯规已满 4 次再犯规，由对方执行两次罚球的权力一直延续到决胜期。

## 第二节　足　　球

足球运动是以脚为主支配球的一项球类运动。本节主要介绍足球运动的发展史、特点及健身价值，基本技战术和比赛规则。

## 一、足球运动概述

### （一）足球运动的历史沿革与文化传承

足球起源于中国，我国的战国时代就有古代足球运动，古代称之为“蹴鞠”或“踏鞠”，“蹴鞠”运动至唐、宋时期开展最盛。现代足球起源于英国。1863 年 10 月 26 日，英国人在伦敦成立了世界上第一个足球运动组织——英格兰足球协会，并统一了足球规则。

1900 年，足球被正式列为奥运会的比赛项目。1904 年 5 月 21 日，在巴黎成立了国际足球联合会（Fédération Internationale de Football Association，FIFA），其会员国和地区已达 200 多个，成为世界上最大的单项体育组织。

现代足球运动是在 19 世纪中期鸦片战争后传入我国并逐渐发展起来的。1955 年，中国足球协会成立，举办了全国足球甲、乙级联赛，足球运动技术水平有了迅速提高。1994 年起开始实行以俱乐部为主的全国甲级 A 组联赛，并确立新赛制。2001 年 10 月 7 日，通过全体足球工作者的共同努力，我国取得了 2002 年韩日世界杯的参赛资格，实现了几代人的夙愿。由于我国足球在发展过程中几经波折，其运动水平仍处于不断向前摸索的阶段。

### （二）现代足球运动的特点及锻炼价值

#### 1. 足球运动的特点

1）比赛人数多，场地大，时间长，体力消耗大。足球比赛在所有球类比赛中，人数最多，场地面积最大，耗时最长，一场比赛中队员的能量消耗很大，体重下降 3～4 千克。

2）技战术复杂多样，拼抢凶狠，对抗激烈。足球比赛是在不停地快速奔跑中来完成复杂的技术动作和战术配合的，而且为了把球踢入对方球门，双方力争控球权，在规则允许的范围内，进行激烈而合理的拼抢和身体对抗。

3）设备简单，易于开展，参与的适应性很强。除正规比赛外，参与者只需一块空场和球便可以进行颠球、传球、抢球或者足球比赛，活动量可大可小，并且对身体条件没有特殊要求，男女均可参加。

4）足球比赛具有较高的观赏性及诸多的文化内涵。一场高水平的比赛，由于胜负难料、变化莫测、对抗激烈，因此极具观赏性。此外，不同国家和地区的队员的不同民族文化特点不同，他们的比赛风格也就有所不同。

#### 2. 足球运动的锻炼价值

1）增强体质，增进健康。足球运动能促进人体的骨骼和肌肉组织发育，有效提高人体各系统的功能，增强人体抵抗疾病和适应外界环境的能力，从而提高学习和工作效率。

2）培养品德，陶冶情操。足球比赛是一项集体项目，因此要求每个队员不仅具有团结合作、顾全大局、尊重裁判、胜不骄败不馁的良好思想品德，还要具有勇敢、顽强、拼搏的敬业精神。

3）振奋精神，增进友谊。足球运动能激发人们的爱国热情，振奋民族精神，培养社会公德；增进人与人之间、队员与观众之间的感情交流，以及不同国家、不同民族之间的友谊；激励参与者的荣誉感、责任心、集体观念、民族意识和奋发向上的进取精神。

### （三）国内外足球赛事博览

#### 1. 国内足球赛事博览

1）中国足球协会超级联赛。中国足球协会超级联赛（Chinese Super League，CSL）是由中国足球协会组织的，由中国最优秀的职业足球俱乐部参加的全国最高水平的足球职业联赛，仿照英格兰足球超级联赛，简称为中超联赛。该联赛开始于 2004 年，前身为中国足球甲级 A 组联赛。第一届有 12 支球队参加，首两届暂停降级制度，于 2006 年恢复升降级制度。

2）中国足球甲级联赛。中国足球甲级联赛是由中国足球协会组织的，由国内职业足球俱乐部参加的全国次高水平的足球职业联赛，简称为“中甲”。该联赛开始于 2004 年，前身为中国足球甲级 B 组联赛。第 1 届有 17 支球队参加，原则上实行升 2 降 2 的升降级制度。

#### 2. 国外足球赛事博览

1）世界杯足球赛。1904 年国际足球联合会（以下简称国际足联）成立。国际足联第 3 任主席米尔 • 里梅是世界杯足球赛的创始人。1930 年在乌拉圭举办了第 1 届世界杯足球赛，以后每 4 年举行一届。世界杯赛程分为预选赛阶段和决赛阶段两个阶段。世界杯预选赛阶段分别在欧洲、南美洲、亚洲、非洲、北美洲和大洋洲 6 个赛区进行。世界杯决赛阶段的名额目前是 32 个，决赛阶段主办国可以直接获得决赛阶段名额。决赛阶段 32 支球队通过抽签被分成 8 个小组，每个小组 4 支球队，进行分组积分赛。各个小组的前两名共 16 支球队将获得出线资格，然后进行单淘汰赛，直至决出冠军。

2）奥运会足球赛。奥运会足球赛始于1900 年的法国巴黎奥运会。1908 年英国伦敦奥运会上，足球成为正式比赛项目。国际足联为了对职业足球运动员参加奥运会进行一些限制，1984 年做出如下决定：欧洲和南美洲参加过世界杯决赛的球员不得参加奥运会足球赛。1988 年国际足联在此基础上又做出如下规定：奥运会足球运动员年龄限制在 23 岁以下，每队允许有 3 名超龄球员。

3）世界女子足球锦标赛。1988 年 6 月，国际足联在中国广州市举办了一届试验性国际女子足球锦标赛。中国队在 12 队中列第 4 位。1991 年 11 月，第 1 届世界女子足球锦标赛在中国广东举行，共有 12 支队参赛。美国队、挪威队、瑞典队分别获得第 1、2、3 名，中国队获得第 5 名。世界女子足球锦标赛同男子比赛一样，每 4 年举行一次，进入决赛的 16 支队伍必须由各大洲预选产生。

**知识窗**

**世界杯进球最多的队员**

罗纳尔多（巴西）共 15 球，1998 年 4 球，2002 年 8 球，2006 年 3 球；盖德 · 穆勒（德国）、克洛泽（德国）14 球；方丹（法国）、贝利（巴西）13 球；柯奇士（匈牙利）、克林斯曼（德国）12 球；拉托（波兰）、拉恩（德国）、莱因克尔（英国）、库比拉斯（秘鲁）、巴蒂斯图塔（阿根廷）10 球。

## 二、足球技术

### （一）踢球技术及练习方法

#### 1. 踢球技术

踢球主要用于传球和射门。踢球动作按脚击球的部位可分为脚内侧踢球、脚背正面踢球、脚背内侧踢球、脚背外侧踢球、脚尖踢球和脚跟踢球等几种方法。

1）脚内侧踢球。脚内侧踢球是短距离传球和射门常用的脚法。技术要领：踢定位球时，直线助跑；支撑脚在球侧后方 10～15 厘米处，支撑脚脚尖正对击球方向；踢球腿以髋关节为轴，由后向前摆动，脚踝外展，脚尖稍翘；脚内侧部位对准来球，如图 5-30 所示。

图 5-30 脚内侧踢球

2）脚背正面踢球。脚背正面踢球适用于远距离的传球和大力射门。技术要领：踢定位球时，直线助跑；支撑脚在球侧后方 25 厘米左右处，脚尖正对出球方向；踢球脚背绷直，击球的后下部。踢地滚球时，脚趾对准出球方向，如图 5-31 所示。

图 5-31 脚背正面踢球

3）脚背内侧踢球。脚背内侧踢球是中远距离射门和传球常用的脚法。技术要领：踢定位球时，斜线助跑，助跑方向和出球方向约呈 45° 角；支撑脚在球侧后方 25 厘米左右，脚尖正对出球方向；用脚背内侧踢球的后下方。踢球时脚背要绷直，脚趾紧扣，脚尖指向斜下方，如图 5-32 所示。踢地滚球时，助跑最后一步略带跨跳动作；支撑脚的脚趾和膝关节尽可能转向出球方向；击球点应在球的侧前部，并利用腰的扭转协助完成摆踢动作。

图 5-32　脚背内侧踢球

2. 踢球的练习方法

1）脚内侧踢球：①向前跨一步，做踢球模仿练习；②两人一组，一人脚踩球，另一人做向前跨一步、慢速助跑踢球练习；③两人相距 15 米，面对面做踢球练习。

2）脚背正面踢球：①双手将球抛起，球落至脚背上方时，用脚背将球向上踢起，体会脚背击球动作；②两人一组，一人自抛球后，用正脚背将球踢给对方，对方接球后用同样的方法将球踢回。

3）脚背内侧踢球：①两人一组相距 5～10 米，面对面踢球；②对墙踢球，开始时距墙 5～10 米，踢球力量小些，然后逐渐加长距离，加大踢球力量。

（二）接球技术及练习方法

接球常用的方法有脚内侧接球、脚底接球、胸部接球、脚背外侧接球、脚背正面接球、腹部接球和大腿接球等。

1. 接球技术

1）脚内侧接球。脚内侧接球技术多用来停地滚球、反弹球和空中球。技术要领：停地滚球时，接球腿屈膝外转并前迎，脚尖稍翘起；在脚与球接触前的瞬间后撤并用脚内侧接触球，缓冲来球力量，把球控制在衔接下一个动作所需要的位置上，如图 5-33（a）所示。

停反弹球时，支撑脚踏在球落点的侧前方；接球腿提起，踝关节放松，脚内侧对准来球的反弹路线；当球落地反弹刚离地面时，用脚内侧接球的中上部，如图 5-33（b）所示。

停空中球时，接球脚抬起前迎，脚内侧对准来球路线，在脚与球接触前的瞬间后撤；在后撤过程中用脚内侧触球，缓冲来球力量，把球控制在下一个动作所需要的位置上，如图 5-33（c）所示。

（a）停地滚球时

（b）停反弹球时

（c）停空中球时

图 5-33　脚内侧接球

2）脚底接球。技术要领：停地滚球时，支撑脚站在球的侧后方；接球脚提起，脚尖翘起高过脚跟；用前脚掌触球的中上部。停反弹球时，支撑脚踏在球落点的侧后方；在球着地的瞬间，用前脚掌对准球的反弹路线，触球的后上部，如图 5-34 所示。

图 5-34　脚底接球

3）胸部接球。胸部接球技术多用于停高球和平直球。技术要领：面对来球，两脚开立，两臂自然张开，下巴内收；接球时，蹬地挺胸，上体后仰；将球向前上方弹起并落于体前；如果来球比较低平，则收腹含胸，将球向下挡压，如图 5-35 所示。

图 5-35　胸部接球

2. 接球的练习方法

1）脚内侧及脚底接球：①两人一组，有球队员向对方抛高低不同的球，另一方进行接球练习，然后双方交换练习；②对墙踢各种不同力量、弧线的球，用以上的方法接反弹回来的球；③两人一组，相距 15 米，进行传接球练习。

2）胸部接球：①双手将球抛起，练习胸部接球；②两人一组，一人向对方抛不同高度的球，对方练习胸部接球，接球后将球抛回。

（三）运球技术及练习方法

运球常用的方法有脚背外侧运球、脚背内侧运球、脚背正面运球、脚内侧运球等。

1. 运球技术

1）脚背外侧运球。技术要领：直线运球时，运球腿屈膝提起前摆至球体上方时，用脚背外侧推拨球的后中部，重心随球跟进，如图 5-36 所示。变向运球时，及时调整支撑脚的位置、触球部位及运球脚的用力方向，以保证蹬摆用力与推拨球动作协调一致。

2）脚背内侧运球。技术要领：上体稍前倾并向球侧稍转，运球腿屈膝提起，脚尖稍外转，前摆用脚背内侧部位将球向侧前推拨，如图 5-37 所示。

图 5-36　脚背外侧运球

图 5-37　脚背内侧运球

3）脚背正面运球。技术要领：运球腿屈膝提起前摆，脚背绷紧，脚跟提起，脚趾下指，用脚背正面推拨球后自然落步，如图 5-38 所示。

图 5-38　脚背正面运球

4）脚内侧运球。技术要领：支撑脚落在球的侧前方，上体稍前倾侧向球，随重心前移，运球腿膝关节外转，用脚内侧部位推运球前进，如图 5-39 所示。

图 5-39　脚内侧运球

### 2. 运球的练习方法

1）在步行或慢跑中进行各种运球练习，体会运球时的推拨动作。

2）沿足球场中圈进行各种运球练习。

## （四）头顶球技术及练习方法

### 1. 头顶球技术

头顶球技术按顶球部位可分为前额正面头顶球技术和前额侧面头顶球技术。

1）前额正面头顶球。技术要领：原地顶球时，正对来球，两腿自然开立，上体稍后仰；当球运行到头前上方时，蹬地收腹，颈部垂直，用前额正面顶球的后中部，如图 5-40 所示。

图 5-40　前额正面头顶球

2）前额侧面头顶球。技术要领：原地顶球时，两脚前后开立，重心落在后腰上，两臂自然张开，眼睛注视来球；顶球时，后脚向出球方向猛力蹬伸，身体随之向出球方向转动侧摆，同时颈部侧甩发力，用前额侧部将球击出，如图 5-41 所示。

图 5-41　前额侧面头顶球

2. 头顶球的练习方法

1）两人一组，一人双手将球向斜上方托起，另一人站在球的下方，用前额正面顶球。

2）进行自抛自顶练习。

3）3 人一组，呈三角形站立，一人抛球，一人顶球，一人接球，练习 10 次后再轮换。

（五）抢截球技术及练习方法

抢截球技术包括正面抢球、侧面抢球和侧后抢球等。

1. 抢截球技术

1）正面抢球。正面抢球技术适用于抢截从正面运球前进的对手的球。技术要领：在控球队员触球的瞬间，支撑脚前跨将球控住。如果双方对脚触球，则应顺势向上做提拉动作，将球从对方脚背上带出，如图 5-42 所示。

图 5-42　正面抢球

2）侧面抢球。技术要领：在对手近侧脚离地瞬间，用肩以下、肘以上的部位猛力冲撞对手的相应部位，使其重心失去控制，乘机伸脚将球控在脚下，如图 5-43 所示。

图 5-43　侧面抢球

3）侧后抢球。侧后抢球多是在对手突破情境下进行的回追反抢。技术要领：与侧面抢球相似，注意不要利用非体育道德行为进行抢球。

2. 抢截球的练习方法

1）正面抢球：①两人一球，做拼抢球的模仿练习；一人做脚内侧运球，另一个人做正面跨步抢球；②两人一球相对站立，距离 3～4 米，将球放在中间，听到哨声后，两人立即上前进行正面跨步抢球，不许从正面冲撞，注意安全；③两人一球，相距 6～8 米，运球人先慢速向前运球，待抢球人抢球动作掌握后积极运球过人。

2）侧面抢球：①两人一组，一人正常走动配合另一人体会合理冲撞的正确动作和时机，返回时，交换角色进行练习；②分两队，分别站在教师两侧，每组两人，当教师将球踢出时迅速启动，运用合理冲撞的技术将球抢下。

### （六）守门员技术及练习方法

守门员技术包括位置选择、准备姿势、移动、接球、扑球、拳击球、托球、手掷球和踢球等。

#### 1. 守门员技术

技术要领：两腿微屈左右开立，两臂在体前自然弯曲，两眼注视来球；移动主要采用滑步、交叉步和跪步等步法，根据来球的不同情况将球接住。

接球手形、原地接球、守门员跳起接球及倒地侧扑接球，分别如图 5-44～图 5-47 所示。

图 5-44 接球手形

图 5-45 原地接球

图 5-46 守门员跳起接球

图 5-47　倒地侧扑接球

2. 练习方法

1）两人一组，一人用手抛地滚球、半高球或高球，另一人练接球。

2）侧扑固定球。

3）结合射门，进行接球手形及快速移动练习。

## 三、足球战术

足球战术是指在足球比赛中为了战胜对手，根据主观情况所采取的个人和集体配合的组织方式和组织形式。

### （一）比赛阵形

比赛阵形是指比赛场上队员的位置排列、攻守力量搭配和职责分工的形式。足球阵形的序列一般是从后卫排向前锋。守门员的人数、职责固定，一般不予计算。

1）常用阵形：4-3-3、4-4-2、4-2-1-3、3-5-2。

2）进攻型阵形：4-3-3、4-2-1-3、3-5-2。

3）防守型阵形：4-4-2。

例如，4-3-3 阵形从后至前分为 3 条线，后卫线 4 名队员，前卫线 3 名队员，前锋线 3 名队员。比赛阵形在比赛中不是一成不变的，它只是队员在场上活动的大体安排。场上每个队员都应在明确自己基本位置和职责的前提下，根据临场情况不断变化，进行创造性的活动。现代足球比赛规则的变化，运动员技战术、身体素质等因素的不断提高，促进了比赛阵形的演变与发展。

### （二）比赛队形

比赛队形是阵形在不同比赛场区（前场、中场、后场）更具体、更严谨、更灵活的运用，它是根据赛事随机变化协调而有序的人员组合。良好的队形使攻防各线纵深层次分明，左右横向联系紧密，全队整体衔接紧凑而有序。这不仅使局部与整体攻防力量的搭配更趋合理，而且有利于根据场上比赛形式的变化及时调动攻防力量，保持攻守的动态平衡或在局部区域尽快形成以多打少、以多防少的局面，从而有利于进攻时创造和利用时间与空间；防守时控制时间和空间，封锁空间，最大限度地保证本队战术顺利实现。

### （三）进攻战术

1. 个人进攻战术

个人进攻战术是指在比赛中为了战胜对手而采取的符合整体进攻目的的个人行为，是构成局部和整体进攻战术的环节。个人进攻战术行动水平的高低直接影响局部和整体进攻战术的质量。个人进攻战术包括传球、射门、运球突破和摆脱跑位等。

### 2. 局部进攻战术

局部进攻战术是指场地范围不大、参与人数不多的攻、防配合行动，是两个或两个以上队员的战术配合行动。它可以丰富和完善全队的进攻战术，是整体攻、防战术的基础。其基本配合形式有传切配合、交叉掩护配合和二过一配合。

1）传切配合。传切配合是指控球队员将球传给切入的进攻队员的配合方法，是局部进攻战术中运用最多的方法。其基本形式有局部传切和转移长传切入。

2）交叉掩护配合。交叉掩护配合是指在局部地区两名进攻队员在运球交叉换位时，以自己的身体掩护同伴越过防守队员的配合方法。

3）二过一配合。①斜传直插二过一。甲队员运球过对方乙队员后，横传给丙队员，丙队员向前斜传，甲队员直线插入接球。②直传斜插二过一。这种配合是在对方基本站好位置的情况下采取的渗透性传球。甲队员接乙队员横传球，向前直传空当，乙队员斜线插入接球。③踢墙式二过一。它是两名进攻队员通过两次传球越过一名防守队员的配合方法。甲队员传球给乙队员，乙队员直接出球，球好像碰在墙上一样，反弹到防守队员丙背后的空档，甲快速切入接球。

### 3. 整体进攻战术

整体进攻战术是指为了完成进攻战术任务所采用的全局性的配合方法。其涉及的人员比较多，是全队协调一致的行动，体现了一个队伍的进攻实力和配合能力。根据进攻的区域，整体进攻战术可分为边路进攻、中路进攻、转移进攻、快速反击、层次进攻和密集防守的进攻。

1）边路进攻。边路进攻是指进攻的最后阶段发生在前场罚球区域以外靠近边线区域的进攻。它的发起、推进通道有两种渠道：一是进攻过程始终沿边路而行；二是通过中路转移至边路。边路进攻打法的主要目的在于充分利用“宽度”原则，拉开防守面，削弱中路防守力量，创造中路破门得分的有利战机。

2）中路进攻。中路进攻是指进攻最后阶段发生在前场中间区域的配合，一般有中路直线推进和边中转移两种形式。一般来说，中路进攻比边路进攻更具有威胁性和直接性。由于中路防守人员密集，所以进攻的难度很大，但一旦成功，则威胁效果很大。

3）转移进攻。转移进攻是指由一个区域转向另一个区域的进攻配合，一般有中路进攻受阻时转移到边路的进攻，或边路进攻受阻时转移到中路的进攻，或一侧边路转移到另一侧边路的进攻。转移进攻的特点是，充分利用场地的空间和足球比赛进攻没有时间和传球次数限制的规则，及时转移攻击点，迫使对方防线横向扯动，出现空档，从而成功地突破防线。

4）快速反击。快速反击是指防守方在获得控球权后，在对方尚未形成稳固防守态势时，快速攻击对方，从而创造射门得分机会的配合。

5）层次进攻。层次进攻是指有组织、有步骤、层层推进的一种进攻方式，一般发生在对方已组织好防守的情况下，是一种比快速反击更谨慎的进攻打法。如果速度和冒险是快速反击的基础，那么准确和稳妥用以描述层次进攻则更为合适。层次进攻对进攻方运用宽度、渗透的原则和控制比赛节奏的意识及能力，以及跑位和传球配合要求更高。

6）密集防守的进攻。密集防守的进攻是针对对方全队收缩在后场，防守人员密集情况的进攻配合。破密集防守的进攻的方法有拉开进攻的宽度、传切配合、运球突破、二过一配合、外围吊中、插上远射和任意球配合射门。

### （四）防守战术

防守战术是指比赛中为了阻止对方进攻和重新获得控球权所采取的个人和集体配合的方法。进攻与防守是矛盾的两个方面，二者相互制约、相互促进。没有稳固的防守，再锐利的进攻也不能获得比赛的胜利，而只守不攻亦不能胜利。

#### 1. 个人防守战术

个人防守战术是指为了控制对手所采用的个人战术行动。个人战术行动体现着整体战术的特征，是整体战术的基础，包括选位与盯人、断球、抢球等。

1）选位与盯人。选位时防守队员一般应处于球门与对手之间的直线上。盯人时应采用“有球紧，无球松”和“远松近紧”的方法。

2）断球。断球是指将对方的传球从途中截下来或破坏掉的战术行动，是转守为攻最主要、最有效的战术行动，能在对方来不及反抢的状态下进行快速反击。

3）抢球。抢球是指将对方控运的球抢过来或破坏掉的战术行动，是重要的个人战术，是个人防守能力的重要标志。

#### 2. 局部防守战术

局部防守战术是指两个或两个以上防守队员之间的配合方法，是集体防守战术的基础。其基本配合形式有保护与补位、围抢。

1）保护与补位。保护是补位的前提，没有保护就不可能有效地补位，队员之间适当的斜线站位是保护的选位要求和后卫防守站位的基本原则。一种是队员去补空档，如后卫插上助攻时，就由另一队员暂时补他的位置；另一种是队员间的相互补位，即交换防守。

2）围抢。围抢是指两个以上的防守队员从多方位夹击对方的控球队员，把球抢夺回来或破坏掉的战术配合。

#### 3. 整体防守战术

整体防守战术是指全队所采取的防守配合。按形式分为人盯人打法、区域盯人打法和混合盯人打法；按打法分为向前逼压式打法、层次回撤式打法和快速密集式打法。

1）人盯人打法。人盯人打法是一种除自由人以外，其他队员都有固定盯人对象的防守形式。这种打法突出的特点是，在全场攻守的每一个时间和空间，两两对垒的情况总是使每一个进攻队员始终处于压力之中。

2）区域盯人打法。区域盯人打法是指每个防守队员占据一定的活动区域，当进攻者进入该防区时，区域防守队员实施严密盯人，以控制进攻者在此区域的一切有效行动。区域盯人打法规定了每一个防守者的明确任务，但同伴之间仍需必要的协作。当某一区域盯人防守失败时邻近队员应及时补位，被突破防守队员应及时与他换位，以求整体防守的有效性。此打法要特别注意各区域间交界处的防守，因为这些交界处常常由于防守职责不明确而给进攻者带来可乘之机。

3）混合盯人打法。混合盯人打法是指将人盯人打法与区域盯人打法两种形式交织在一起的防守打法。它的最大特点是能根据对手情况，灵活地将人盯人打法和区域盯人打法的优点充分运用，以提高全队防守的能力。

4）向前逼压式打法。向前逼压式打法是指丢失控球权后，不是回撤防守而是立即对球、对空间进行逼压，降低对方的进攻速度迫使对手犯错误，将球破坏或夺回来。

5）层次回撤式打法。层次回撤式打法既不同于消极回撤防守，又不同于向前逼压式打法，而是分层次、有步骤、有组织的防守打法。

6）快速密集式打法。快速密集式打法是一种缩小防守区域、集中主要防守力量于门前危险地带，仅留 1～2 名队员于中场附近的防守形式。其主要防守特点是防守人数多，可利用的空隙较小，渗透性进攻配合较难。

#### （五）定位球战术

定位球战术是指比赛成死球时所采用的攻守战术方法，包括球门球、中圈开球、界外球、角球、任意球、点球的配合方法。定位球在比赛中的地位极为重要，它已成为决定比赛胜负的重要组成部分，尤其在势均力敌的比赛中，关键性的进球常常是定位球。此外，定位球有其特定的优势：在规定的 9.15 米范围内没有对手阻碍，可投入较多队员在预定的位置上进攻；定位球战术在开球前有充分的准备时间，进攻队员可以根据对手情况随意灵活地选位和商量进攻对策。

### 四、足球运动比赛场地及主要比赛规则

#### （一）比赛场地

##### 1. 场地面积

比赛场地应为长方形，其长度不得多于 120 米或少于 90 米，宽度不得多于 90 米或少于 45 米（国际比赛的场地长度不得多于 110 米或少于 100 米，宽度不得多于 75 米或少于 64 米）。在任何情况下，长度必须超过宽度。

##### 2. 画线

比赛场地应按照平面图画出清晰的线条，线宽不得超过 12 厘米。不得做成“V”形凹槽，较长的两条线叫边线，较短的线叫球门线。场地中间横穿球场的线叫中线。场地中央应当做一个明显的标记，以此点为圆心、以 9.15 米为半径画的圆圈叫中圈。场地每个角上应各插一面不低于 1.50 米高的平顶旗杆，上系小旗一面。相似的旗和旗杆可以各插一面在场地两侧正对中线的边线外至少 1 米处。

##### 3. 球门区

在比赛场地两端距球门柱内侧 5.50 米处的球门线上，向场地内各画一条长 5.50 米与球门线垂直的线，一端与球门线相接，另一端连接线与球门线平行，这 3 条线与球门线范围内的地区叫球门区。

4. 罚球区

在比赛场地两端距球门柱内侧 16.50 米处的球门线上，向场内各画一条长 16.50 米与球门线垂直的线，一端与球门线相接，另一端与球门线平行，这三条线与球门线范围内的地区叫罚球区。在两球门线中点垂直向场内量 11 米处各做一个清晰的标记，叫罚球点。以罚球点为圆心，以 9.15 米为半径，在罚球区外画的弧线叫罚球弧。

5. 角球区

以边线和球门线的交叉点为圆心，以 1 米为半径，向场内各画一段 1/4 的圆弧，这个弧内区域叫角球区。

6. 球门

球门应设在球门线的中央，由两根相距 7.32 米、与两面角旗点相等距离、直立门柱与一根下沿离地面 2.44 米的水平横木连接组成，为确保安全，无论是固定球门还是可移动球门，都必须固定在场地上。门柱及横木的宽度与厚度均应对称相等。

（二）球

比赛用球应为圆形，它的外壳应用皮革或其他许可材料制成，在它的结构中不得使用可能伤害运动员的材料。

球的圆周不得多于 71 厘米或少于 68 厘米。在比赛开始时，球的重量不得多于 453 克或少于 396 克。充气后其压力应相等于 0.6～1.1 个大气压（海平面上），即等于 600～1100 克/平方厘米。在比赛中，未经裁判员许可，不得更换比赛用球。国际比赛用球还要有特殊的“标志”要求。

（三）队员

1）每队上场队员不得超过 11 人，其中必须有一名守门员。当一个队不足 7 人时不得继续比赛。

2）更换守门员必须经裁判员同意。

3）替补队员须在死球时，经裁判员同意方可上场，被换下的队员不得重新上场，正式比赛（除规程另有规定外）每队最多可以使用 3 名替补队员。

4）教练员可以在比赛中向队员传达战术指示，但必须在指定的技术区域内。

（四）装备

1）运动员必须穿运动上衣、短裤（如果穿紧身内裤，必须与短裤的主色一致）、护袜、足球鞋。

2）同队队员的服装颜色必须一致，守门员的服装颜色必须有别于其他队员、裁判员和助理裁判员。

3）队员要带护腿板，必须有护袜全部包住。

4）队员不得穿戴有可能伤害他人及自己的任何物件。

（五）比赛时间

上、下半场各 45 分钟，中场休息不得超过 15 分钟。因故损失的时间应以补足。

（六）比赛开始及重新开始

1）进行投币，猜中的队决定进攻方向，另一队开球。
2）开球可以直接进球得分。
3）当球被踢出时比赛即为开始。

（七）比赛进行及死球

1）比赛进行：球从门柱、横梁或角旗弹回场内；球从裁判员或助理裁判员身上弹回场内。
2）死球：当球从地面或空中全部越过球门或边线时；当比赛被裁判员停止时。

（八）计胜方法

1）球的整体从球门门柱间及横梁下越过球门线，而此前未违反规则，即为进球得分，进球多的队为胜队，进球数相等或均未进球则为平局。
2）若比赛结束为平局，须按规则采用决胜期（加时赛）或其他步骤决定胜者。

（九）越位

1. 判罚越位的必备条件

1）在对方半场。
2）在球的前面。
3）在控球队员与对方球门线之间不足两名防守队员。
4）进攻队员干扰了比赛，干扰了对方队员或其取得利益，那么在同队队员踢或触及一瞬间（传球），则判其越位。

2. 不判罚越位

1）队员平行于对方倒数第 2 位防守的队员或平行对方最后两名以上的（含两名）防守队员时。
2）队员仅处于越位位置。
3）队员直接得球门球、角界外掷球都不判罚越位。

（十）犯规与不正当行为

1. 直接任意球

下列 10 种犯规将被判罚直接任意球：①踢或企图踢对方队员；②绊摔或企图绊摔对方队员；③跳向对方队员；④冲撞对方队员；⑤打或企图打对方队员；⑥推对方队员；⑦拉扯对方队员；⑧为了得到对球的控制而抢截对方队员时，触球及对方队员；⑨向对方吐唾沫；⑩故意手球。

2. 间接任意球

下列7种犯规将被判罚间接任意球：①危险动作；②阻挡守门员发球；③阻挡对方队员；④守门员用手控球在发出球之前持球超过6秒、两次持球、接回传球、接同队的界外掷球；⑤擅自进、退场；⑥连踢犯规（角球、开球、点球、球门球、任意球、掷界外球时连踢）；⑦越位犯规。

3. 警告

下列7种犯规将被警告：①非体育道德行为；②以语言行动表示不满；③连续违反规则；④延误时间；⑤不退出9.15米；⑥未经许可进入或重新进入场地；⑦未经许可离开场地。

4. 罚令出场

下列7种犯规将被罚令出场：①严重犯规；②暴力行为；③向对方或其他人吐唾沫；④故意手球破坏对方进球及明显的得分机会；⑤用其他犯规破坏对方明显的得分机会；⑥辱骂对方或裁判；⑦同一场比赛第2次被黄牌警告。

（十一）任意球

1）直接任意球可直接踢入对方球门得分。

2）间接任意球不可直接踢入对方球门得分，除非球在进球门之前触及了场上其他队员。

3）罚任意球时对方队员必须退出9.15米。

4）球被踢并移动时比赛即为进行，但在本方罚球区内必须直接踢出罚球区，比赛方可进行。在对方球门区内踢间接任意球，应在距犯规发生地最近的、与球门线平行的球门区线上执行。

（十二）罚球点球

在比赛进行中，一个队在本方罚球区内由于违反了可判为直接任意球的10种犯规之一而被判罚的任意球，应执行罚球点球。罚球点球时除主罚队员和防守方守门员外，其他队员都应在比赛场内、罚球区外、罚球点后及罚球弧外。

（十三）掷界外球

球出边线都由最后触球队员的对方在出界地点掷界外球，不得违例，不得直接得分，不得连踢。

（十四）球门球

1）球门球可以直接射入对方球门得分。

2）攻方队员将球踢出对方的球门线（不是进球），则由守方踢球门球。

（十五）角球

1）角球可以直接射入对方球门得分。

2）守方队员将球踢出本方球门线，则由对方踢角球。

**安全提示**

1）守门员扑球时，手臂支撑要保持手指向前，避免反关节支撑而造成手腕、肘关节损伤。

2）在踢球的过程中，合理冲撞避免踢伤。

# 第三节　排 球 运 动

排球运动是隔网对抗的集体项目。本节主要介绍排球运动的发展史、特点及健身价值，基本技战术和比赛规则。

## 一、排球运动概述

### （一）排球运动的历史沿革与文化传承

1895 年，威廉 •莫根发明了排球运动。最初的排球运动被称为“米诺奈特（mintonette）”，即小网子运动。最初的米诺奈特运动使用的是篮球内胆，经过反复试验后制成了与现代排球相似的用球。在霍尔斯泰德教授的建议下，将米诺奈特改名为“volleyball（排球）”，并沿用至今。

排球运动伴随着美国的传教士、驻外军队传播到世界各地。由于排球运动传入世界各地的时间不同、规则不同、参加人数不同，呈现出世界排球运动多样化的局面。排球于 1905 年传入中国，先后经历了 16 人制、12 人制、9 人制、6 人制的演变过程。

1947 年国际排球联合会成立。1964 年的东京奥运会上，排球正式成为比赛项目。1965 年和 1973 年又分别举办了男、女世界杯的比赛。1981～1986 年，中国女排以全攻全守、快速反击的独特打法，连续 5 次获得世界冠军，极大地鼓舞了人们参与排球运动的热情。

现代排球发展的趋势：一是以健身、休闲娱乐为目的的大众化趋势。排球运动以隔网对抗、组织形式多样等独特的魅力吸引了各个年龄阶段的人，已经成为广大群众喜爱并积极参与的健身娱乐项目之一；二是以市场经济为基础的职业化趋势，排球运动员的职业化对全世界高水平运动员具有强烈的吸引力，使排球的竞技化水平不断提高。

### （二）现代排球运动的特点及锻炼价值

#### 1. 排球运动的特点

现代排球在各国各队的激烈竞争中，其技战术体系及水平已达到了一个新的高度，形成了各种各样的技战术方法。现代排球运动的特点体现在以下几个方面：一是形式多样性和群众基础广泛性；二是集体对抗性强和安全性高；三是技术的全面性和攻守的平衡性。

### 2. 排球运动的锻炼价值

一是增强弹跳力。通过排球运动的跳发球、扣球和拦网等技术动作的练习，达到提高弹跳素质的目的。二是提高速度素质。通过快速移动实现接发球、传球、扣球、拦网等技术动作，达到快速移动的目的。三是提高耐力素质。30 分钟以上的排球练习和比赛过程中，人们的耐力素质得到了提高。四是提高灵敏素质。通过前、后、左、右等不同方位的快速而准确的移动，可以锻炼练习者的灵敏素质。

## （三）国内外排球赛事博览

### 1. 国内排球赛事

国内排球赛事主要包括全国男女排联赛、全国男女排大奖赛，这两项赛事促进了排球运动在我国的发展。

1）全国男女排联赛。全国男女排联赛是职业化比赛。1996 年 4 月原国家体育运动委员会（现为国家体育总局）在天津召开了全国排球竞赛工作会议，中国排球协会推出了主客场制和跨年度的双循环赛制改革。由于我国排球联赛于 1998～1999 年赛季开始采用“每球得分制”，是当时各国排球联赛最早采用的，因此受到了国际排球界的赞赏和关注，促成了 1999 年世界男排锦标赛中对“每球得分制”的采用。

2）全国男女排大奖赛。2004 年中国排球协会首次推出全国男子排球大奖赛和全国女子排球大奖赛，比赛的冠军、亚军、季军将分别获得 20 万元、10 万元和 8 万元的奖金，比赛的总奖金额达 100 多万元人民币。只有在上个赛季获得全国联赛前 8 名的男、女排球队拥有参赛资格。各参赛队转会将不受人数、时间和国籍的限制。

### 2. 国际排球赛事

国际排球联合会（以下简称国际排联）的主要赛事有世界排球锦标赛、奥运会排球赛。

1）世界排球锦标赛。世界排球锦标赛是由国际排联主办的国际排球比赛，是最早的、规模最大的世界性排球比赛。每 4 年举行一届，原与奥运会同年举行，1962 年起改在奥运会后第 2 年举行（女子第 5 届除外）。冠军获得者可直接参加下届奥运会。第 1 届世界排球锦标赛始于 1949 年，最初只有男子比赛，女子比赛始于 1952 年。最开始的比赛并不受洲际人数的限制，但从 1986 年开始，国际排联规定只允许 16 个队参加世界排球锦标赛。具体参赛资格为上一届比赛获得第 1～7 名的 7 支球队、举办国 1 个队、五大洲锦标赛 5 个冠军队、最后资格预定赛（巡回优胜杯）的前 3 名共 16 支参赛队伍。

2）奥运会排球赛。1964 年，在日本东京的第 18 届奥运会上排球正式成为比赛项目。自 1964 年的东京奥运会至 2008 年的北京奥运会，奥运会排球赛共举行了 12 次。1984 年，袁伟民率领中国女排首次参加美国洛杉矶奥运会。中国女排姑娘在小组赛里以 1∶3 不敌东道主美国队，但是在决赛中以 3∶0 领先对方，获得第 1 个奥运会冠军。2004 年，陈忠和带领中国女排赢得第 2 个奥运会冠军。2016 年，时隔 12 年之后，郎平带领中国女排再一次获得奥运会冠军。

**知识窗**

### 娱乐排球的种类

我们通常将排球称为硬式排球。除了硬式排球、沙滩排球、软式排球外，还有7种排球，它们分别是适合中青年妇女打的妈妈排球；适合小学生打的小排球；利用墙的反弹打的墙排球；雪地排球；专为双下肢残疾的人设计的坐式排球；专为单下肢残疾的人设计的站式排球；球中装有响铃的盲人排球。

## 二、排球技术

排球技术是运动员在比赛中，运用符合排球规则的移动及攻防动作的总称，可分为无球技术和有球技术两大类。无球技术包括准备姿势、移动、起跳、倒地及各种掩护动作。有球技术包括垫球、传球、发球、扣球、拦网。

### （一）无球技术及练习方法

#### 1. 准备姿势

准备姿势分为稍蹲准备姿势、半蹲准备姿势、低蹲准备姿势。这3种准备姿势的技术要领相似，主要区别在于身体重心的高低，依次为身体重心高、中、低。稍蹲准备姿势一般用于对方正在组织进攻和我方运动员助跑扣球时；半蹲准备姿势一般用于接发球、拦网和传球；低蹲准备姿势用于防守和保护动作。技术要领：两脚左右或前后开立，比肩稍宽；屈膝，脚尖朝前或稍内扣，身体重心落在前脚掌上；两臂自然弯曲于腹前；全身适当放松，处于灵活的平衡状态。

#### 2. 移动

移动常用的步伐有以下几种：并步、滑步、交叉步、跑步、跨步和后退步等。

1）并步、滑步。移动时，脚向移动方跨出一步，另一脚迅速蹬地并上呈准备姿势。当球距身体一步左右时采用并步移动。当来球稍远时，可重复连续并步。连续并步称为滑步，主要用于左右移动。

2）交叉步。采用向右侧交叉步时，上体稍右倾，左脚从右脚前面交叉迈出一步，然后右脚向右跨出一大步，同时身体转向来球方向，保持击球前的姿势。当来球在体侧3米左右时，可采用交叉步移动。

3）跑步。采用跑步时，两臂要配合摆动，球离身体较远时需用跑步。

4）跨步。采用跨步移动时，如向前移动，则后脚用力蹬地，前脚向前跨出一大步，身体重心移至前脚上。当来球较低，离身体2米左右时，采用跨步移动。

5）后退步。当击球者预判来球将会落在离自己的后方、侧后方两三步时，两脚依次迅速后退，重心后移。

#### 3. 准备姿势和移动的练习方法

1）根据教师或同伴手势，向前、后、左、右等各方位做各种移动步伐徒手练习。

2）在排球场，徒手做五米三向折回跑。

3）两人一组结合球，分别做并步、交叉步、跑步、跨步、后退步的练习。

## （二）有球技术及练习方法

### 1. 垫球技术及练习方法

1）垫球技术。

① 垫球手形。垫球常用手形有两种，一是包拳法，二是叠指法。包拳法是两手抱拳互握，两拇指平行朝前的手形，如图 5-48（a）所示。叠指法是两手手指上下相叠，掌根紧靠，合掌互握，两拇指朝前，如图 5-48（b）所示。

② 正面双手垫球。技术要领：插、夹、提，如图 5-49 所示。插——两臂前伸，插到球下；夹——两臂夹紧，前臂击球，同时压腕；提——蹬腿提肩抬臂，重心跟球上前。

（a）包拳法

（b）叠指法

图 5-48　垫球手形

图 5-49　正面双手垫球

③ 体侧垫球。技术要领：以左侧来球为例，左脚向左跨出一步，同时两臂夹紧向左侧伸出，击球瞬间向右蹬地转腰，如图 5-50 所示。

图 5-50　体侧垫球

④ 单手垫球。技术要领：以右手垫球为例，当球飞向右侧远处时，迅速跑步接近球；最后右脚跨出一大步，伸右臂，用右手虎口或掌根击球，如图 5-51 所示。

图 5-51　单手垫球

2）垫球的练习方法：① 两人一组，一人持球，一人做垫击固定球练习；②两人一组，一人抛球，一人垫击抛来的球；③对墙连续自垫球练习，离墙距离由近到远；④两人一组对垫球。

2. 传球技术及练习方法

（1）传球技术

传球技术有正面双手传球、背传球、侧面双手传球、跳传球和单手传球等。

1）传球手形。技术要领：双手手指自然弯曲呈瓢状［图 5-52（a）]，两手的拇指、食指组成三角形［图 5-52（b）]。传球时用拇指的内侧，食指的全部，中指的二、三指节触球［图 5-52（c）]，无名指或小指在球的两侧辅助控制球的方向。两肘适当分开，以保证正确手形。

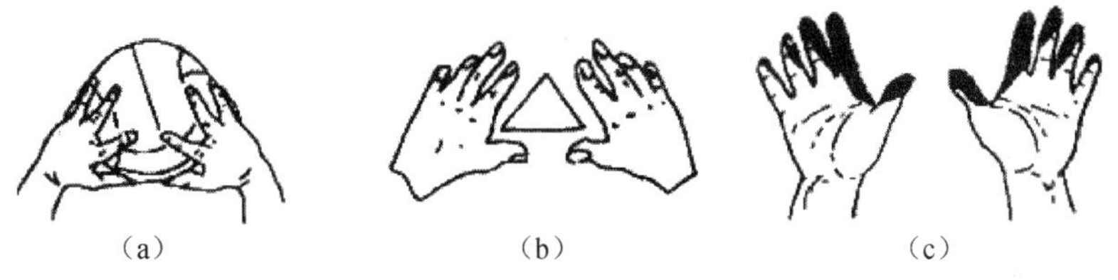


图 5-52　传球手形

2）正面双手传球。技术要领：两脚左右开立，两手置于脸前，十指张开呈半球形。当来球接近额前时，蹬地、伸膝、伸臂，两手微张，向前上方迎球，如图 5-53 所示。击球点保持在额前上方约一球距离处，击球部位一般在球的后下方，依靠伸臂、蹬地的力量将球传出。

图 5-53　正面双手传球

3）侧面双手传球。技术要领：身体侧对传球目标，传球时依靠身体及手臂向侧方用力，其中异侧臂的伸展、用力幅度更大，将球传出。

4）背传球。技术要领：背对传球目标，上体稍后仰；在额前上方触球，手腕后仰，击球点在球的底部；用蹬腿、展腹、抬臂的力量将球传出，如图 5-54 所示。

（2）传球的练习方法

1）原地做正面双手传球的徒手练习。体会正确的传球动作和正确的击球点。

2）原地向上做抛接球练习。体会正确的传球手形和正确的击球点。

3）原地自传。每人一球，连续向上自传，传出球的高度由低到高。主要体会传球动作、击球点、手形，提高控制球的能力。

4）一抛一传。两人间隔 4 米，相对站立，一人抛出带有弧度的球，另一人传球给抛球人，然后两人互换。着重体会全身协调用力，建立正确的动作概念。

5）两人对传。两人一组，相距 4 米站立对传球。要求提高每人的控球能力，能连续传球。

6）自传与对传。两人一组，相距 4 米左右对传球，在接到对方传来球时，先自传一次，再将球传给对方。要求提高控球能力，注意传球方向的变化和全身协调用力。

7）左右跑动传球。两人一组，一人将球抛到另一人的左右两侧，另一人左右跑动到位后传球，然后两人互换。要求移动速度要快，传球时面对抛球人，做到正面迎送来球。

8）隔低网传球。两人一组，分别站在低网两边 3 米线以内对传球。要求控制传球弧度，进一步体会全身协调用力。

9）三角传球。3 人一球，呈正三角形站立，按不同方向传球。要求面对出球方向，保持正面传球。

### 3. 发球技术及练习方法

1）发球技术。

① 正面下手发球（以右手发球为例）。适合初学者。技术要领：面对球网，两脚开立；左手抛球，同时右臂后摆；右臂伸直，以肩为轴，向前摆到腹前，以虎口、掌根或手掌击球的后下部，如图 5-55 所示。

图 5-54　背传球　　图 5-55　正面下手发球

② 侧面下手发球（以右手发球为例）。适合力量较小的女生。技术要领：侧对球网，两脚开立；左手将球抛起，距身体约一臂；右臂伸直，由后向前摆到腹前，以虎口、掌根或手掌击球的后下部，如图 5-56 所示。

③ 正面上手发球（以右手发球为例）。技术要领：面对球网，两脚前后开立；左手抛球至右肩上方；右臂屈肘后引，上体稍向右转，身体重心移至右脚；迅速挥右臂，用全掌击球的下中部，如图 5-57 所示。

图 5-56　侧面下手发球

图 5-57　正面上手发球

2）发球的练习方法：①固定球，注意选择好站立位置和击球点；②墙发球；③离网 3～4 米发球；④球区发球。

### 4. 扣球技术及练习方法

1）扣球技术。

① 正面扣球（以右手为例）。技术要领：两步或三步助跑；双脚起跳；挺胸展腹，身体

呈反弓形；右臂以肩带肘、腕呈鞭甩动作，向前上方挥动并迅速转体；击球时，以全掌包满球，击球的后中部；击球点在右肩的前上方；落地时，以前脚掌先着地过渡到全脚掌着地，如图 5-58 所示。

② 近体扣球。技术要领：随一传队员的球同时助跑到网前；二传队员将球传至体前或体侧约 50 厘米处，扣球队员助跑的角度与网呈 45° 左右；当二传队员传球时，扣球队员在二传队员体前近网处迅速起跳、快速挥臂，将刚传出网口的球扣过网，如图 5-59 所示。

2）扣球的练习方法：①学习徒手扣球动作，挥臂击球和助跑练习；②扣固定球，5 人一组，其中一人站在高台上，一手托球于网上沿，其余学生助跑起跳扣固定球；③学习 2、4 号位扣一般高球，体会不同方向、不同位置扣球的区别；④根据二传队员的水平，学习扣 3 号位近体快球。

图 5-58　正面扣球

图 5-59　近体扣球

### 5. 拦网技术及练习方法

1）拦网技术。

① 单人拦网。技术要领：两脚左右开立，距球网 30～40 厘米，两臂放松屈于两肩前方，眼注视球；对准扣球点，与网平行移动；两臂以大臂为半径弧形摆动，蹬地起跳；拦强攻时，在扣球者挥臂时起跳；拦快球时，应与扣球者同时起跳［图 5-60（a）］。

拦网时，两手距离以不漏球为宜；当手触球时，五指张开并张紧，手腕用力下压，盖住球的前上方［图 5-60（b）］。落地时屈膝缓冲，并做好连接下一个动作的准备姿势。

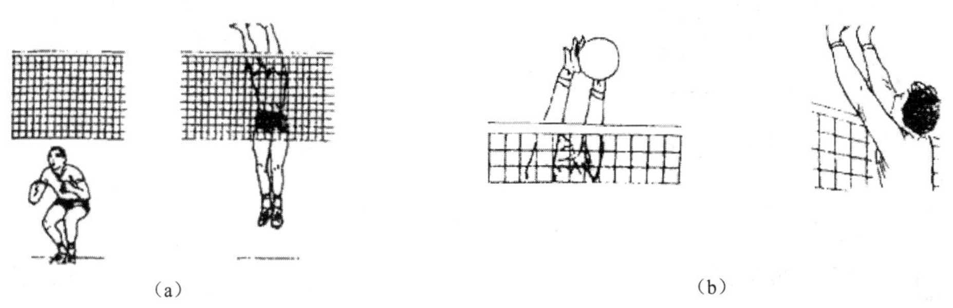
(a)　(b)

图 5-60　单人拦网

② 集体拦网。双人拦网：双人拦网以 2、3 号位队员或 3、4 号位队员组成。拦网以离攻手最近的拦网队员为主。如果球集中在 3 号位附近，则 3 号位为主拦网，其他 2 号位（或

4 号位）队员配合拦网［图 5-61（a）］。3 人拦网：以 3 号位队员为主，两边队员主动配合拦网，多在对方进行高点强攻的情况下运用［图 5-61（b）］。

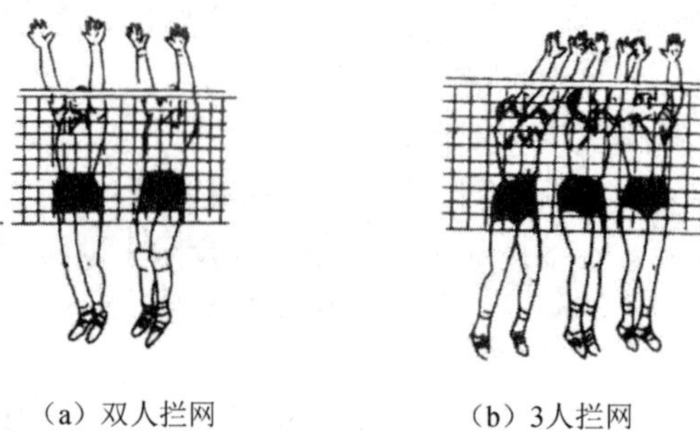

（a）双人拦网　　（b）3人拦网

图 5-61　集体拦网

2）拦网的练习方法：①原地做拦网的徒手练习；②原地做起跳的徒手练习；③一人向网口抛球，一人拦网，掌握起跳时间；④完整拦网技术练习；⑤双人拦网的配合；⑥3 人拦网的配合。

## 三、排球战术

排球战术是指运动员在比赛中根据临场情况的变化和发展，灵活运用合理技术，并按照一定的形式组织的有目的的、有针对性的集体配合行动。

### （一）阵容配备

1）“四二”配备。将 4 名进攻队员（两名主攻和两名副攻）、两名二传安排在相对应的位置上，保证每一个轮次都有一名二传、一名主攻和一名副攻，如图 5-62 所示。

2）“五一”配备。由 5 名进攻队员和一名二传组成的上场阵容，将二传与担任接应二传的进攻队员安排在对角位置，如图 5-63 所示。

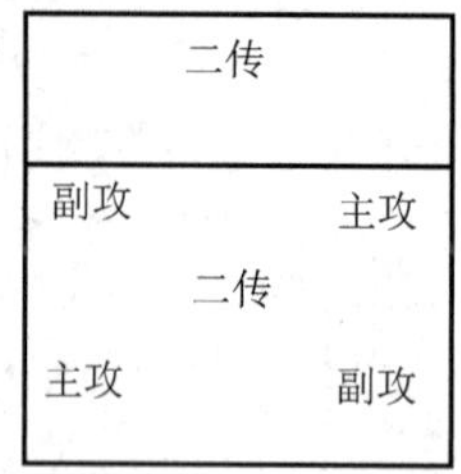


图 5-62　“四二”配备

图 5-63　“五一”配备

### （二）进攻战术

1）“中一二”进攻战术。由前排 3 号位队员担任二传，其他 5 名队员将球传（垫）给 3 号位队员，再由 3 号位队员传给 2 号位或 4 号位队员进攻，这种进攻配合方法称为“中一二”进攻战术。它是进攻战术中最基础、最简单的一种进攻战术形式。

2）“边一二”进攻战术。由前排 2 号位或 4 号位队员担任二传，其他 5 名队员将球传（垫）给 2 号位或 4 号位队员，再由 2 号位或 4 号位队员传给 3 号位、4（2）号位队员进攻，这种进攻配合方法称为“边一二”进攻战术。这种进攻战术具有变化多、应用广的特点，快球、掩护、拉开球都可以采用。

3）“后排插上”进攻战术。“后排插上”进攻战术是由后排任一队员插上担任二传，前排 3 名队员参与进攻的战术。这种进攻战术具有进攻性强、打法快速多变的特点。

### （三）防守战术

#### 1. 接发球阵形

1）5 人接发球阵形：①“W”站位阵形，也称“一三二”站位，5 名队员分布均衡，前排 3 名队员接前场区的球，后排 2 名队员接后场区的球；②“M”站位阵形，也称“一二一二”站位，前面 2 名队员接前区球，中间队员负责接中区球，后面队员负责接后区球。

2）4 人接发球阵形：①“浅盆”形站位阵形，主要是接对方落在靠后或速度平快的发球；②“深盆”形站位阵形，主要是接对方下沉飘球及长距离飘球。

#### 2. 接扣球防守阵形

1）单人拦网时的防守阵形：①与对方扣球队员相对应位置队员拦网的防守阵形；②固定 3 号位队员拦网的防守阵形。

2）双人拦网时的防守阵形：①“边跟进”防守阵形，在对方进攻能力比较强、战术变化多、吊球少时采用，主要由后排的 1 号位、5 号位队员跟进；②“心跟进”防守阵形，这种阵形也称为“6 号位跟进”防守阵形。当对方经常运用打吊结合，而本方拦网能力较强时可采用 6 号位队员跟进防吊球及接应落入中场的球。

### （四）排球战术的练习方法

#### 1. 排球进攻战术的练习方法

1）“中一二”进攻阵形练习。教师在 6 号位抛球，3 号位队员将来球分别传给 2 号位、4 号位队员进攻。

2）“边一二”进攻阵形练习。教师在 6 号位抛球，二传在 2 号位或 4 号位分别将来球传给 3 号位、4 号位或 2 号位队员进攻。

3）“后排插上”进攻阵形练习。教师在 2 号位抛球，二传在 5 号位或 6 号位分别将来球传给 2 号位、3 号位、4 号位队员进攻。

4）结合接发球进行“中一二”“边一二”“后排插上”的进攻战术练习。

5）结合比赛进行“中一二”“边一二”“后排插上”的进攻战术练习。

#### 2. 排球防守战术的练习方法

1）接发球防守及其阵形的练习方法：教师抛球结合 5 人或 4 人接发球阵形练习；发球区发球结合 5 人或 4 人接发球阵形练习。

2）接扣球防守阵形的练习方法：①单人拦网练习，教师站在高台上隔网扣球，其中一个前排队员上前拦网；②双人拦网练习，教师站在高台上隔网扣球，其中两个离教师最近的前排队员上前拦网。

## 四、排球运动比赛场地与设备及主要比赛规则

### （一）比赛场地与设备

#### 1. 比赛场地

排球比赛场地包括比赛场区和无障碍区。比赛场区为长 18 米、宽 9 米的长方形，其四周至少有 3 米宽呈长方形对称的无障碍区，从地面量起至少有 7 米的无障碍空间。国际比赛的场区边线外的障碍区至少 5 米，端线后至少 9 米，上空的无障碍空间至少 12.5 米。

#### 2. 比赛场地的区域

1）比赛场区。由中线分为长 9 米、宽 9 米的两个相等的场区。每个场区各画一条距离中线 3 米的进攻线（其宽度包括在内）。中线与进攻线之间为前场区。

2）换人区。两条进攻线的延长线之间，记录台一侧边线外的范围为换人区。

3）发球区。在两边的端线外，两条边线的延长线上，各画两条长 15 厘米、垂直并距离端线 20 厘米的短线，两条短线之间为发球区。发球区的深度延至无障碍区的终端。

#### 3. 比赛场地的要求

1）地面。场地的地面必须是平坦、水平、划一的，不得有任何可能伤害队员的隐患，不得用任何坚硬的物体作为场地的界线，不得在粗糙、湿滑的场地上进行比赛。世界性比赛的场地地面只能是木质或合成物的。

2）界线。场地所有的界线宽均为 5 厘米，其宽度包括在各个场区内。

3）球网和球柱。成年男子网高 2.43 米，女子网高 2.24 米；少年比赛男子网高 2.35 米，女子网高 2.15 米。网柱为两根高 2.55 米的光滑圆柱，固定在边线外 0.5～1 米处，周围的一切障碍物及危险设施必须清除。

4）标志杆。标志杆为两根有韧性的杆子，长 1.8 米，直径 10 毫米，分别设在标志带外沿球网的两侧，高出球网 80 厘米，高出部分每隔 10 厘米涂有明显对比的颜色，最好为红白相间。标志杆被认为是球网的一部分，并视为过网区的边界。

5）球。比赛用球的颜色可为一色的浅色或国际排联批准的多色球，圆周为 65～67 厘米，重量为 260～280 克，气压为 0.30～0.325 千克/平方厘米。

### （二）非技术性规定

#### 1. 队员的替换

每一局每队最多可替换 6 人次，一名队员离开比赛场地，而由另一名队员上场占据他的位置为一人次替换。在一次换人中可以同时替换一人或多人。

#### 2. 比赛间断

正常的比赛间断为暂停和换人。在比赛成死球时，裁判员鸣哨发球前，教练员或场上队长用相应的手势请求间断。一次暂停的时间为 30 秒，但在世界比赛中，采用技术暂停的方法，即比赛中，当比分至 5 分和 10 分时，便为技术暂停，时间为 1 分钟。在每局中，球队

还有一次暂停的机会，时间为30秒。

（三）技术性规定

1. 发球犯规与判罚

1）发球击球时的犯规：①发球次序错误，某队未按照记分表上所登记的发球次序发球为发球次序错误；②发球区外发球，队员发球击球时或跳起发球起跳时，踏及场区或发球区外地面为发球区外发球犯规；③发球击球时，球未抛起或持球手未撤离；④发球8秒，第一裁判员鸣哨发球后8秒之内，发球队员未将球击出，为发球8秒犯规。

2）发球击球后的犯规：①发出的球触及发球队队员和未能通过球网垂直面，由第一裁判员判定，判犯规队失1分。②界外球，以下4种情况被判定为界外球：球的落点完全在场区界线以外的地面上；球触及场外物体、天花板或非比赛成员等；球触及标志杆、网绳、网柱或球网标志杆以外部分；发球时，球的整体或部分从过网区以外过网。

3）发球掩护。任何一名或两名发球队的队员，以挥臂、跳跃或左右晃动等动作妨碍对方接发球，而且发出的球从他们的上空飞过，则构成发球掩护。

4）位置错误。发球击球瞬间，双方任何一名队员不在规则规定的位置上，则构成位置错误犯规。判断位置错误必须明确以下几点：①位置错误犯规只在发球击球瞬间才有可能造成，发球击球前、后两队队员可在本场区任意移动或交换位置，不受任何限制；②队员的场上位置应根据脚的着地部位来确定。

5）击球时的犯规：①连击，队员连续击球两次或球连续触及身体的不同部位为连击犯规（拦网一次除外）；②持球，如果没有将球击出，而造成接住或抛出，则判为持球犯规；③4次击球，一个队连续触球4次（拦网一次除外）为4次击球犯规；④借助击球，队员在比赛场地以内借助同伴或任何物体的支持进行击球，为借助击球犯规。

2. 队员在球网附近的犯规

1）过网击球。对方进行进攻性击球前或击球时，在对方空间触及球或对方队员为过网击球犯规。判断过网击球犯规的依据是击球点是否在对方场区空间。

2）过中线。比赛进行中，队员整个脚、整个手或身体其他任何部分越过中线并接触对方场区时，为过中线犯规。判断时必须注意区分以下情况：如果队员一只脚或两只脚、一只手或双手越过中线触及对方场区的同时，其余部分还接触中线或置于中线上空是允许的，不判为犯规。

3）触网。比赛进行中，进攻队员触网算犯规。在不妨碍对方队员进攻的情况下，触网不算犯规。

3. 拦网犯规

1）过网拦网。在对方进攻性击球前或击球时，在对方空间拦网触球为过网拦网犯规。

2）后排队员拦网。后排队员靠近球网，将手伸向高于球网处阻拦对方来球并触及球，为后排队员拦网犯规。判断后排队员拦网犯规必须同时具备3个条件：第一，后排队员在靠近球网处；第二，手在高于球网上沿处阻拦对方来球；第三，手触及球。

3）拦发球。拦对方发过来的球为拦发球犯规。不论拦起、拦死，只要触球即为犯规。

4）从标志杆外伸入对方空间拦网。从标志杆外伸入对方空间拦网并触球为犯规。

4. 进攻性击球犯规

1）后排队员在前场区内，或踏及进攻线或其延长线，击整体高于球网上沿水平面的球，并使球的整体由过网区通过球网垂直面或触及对方拦网队员，则为后排队员进攻性击球犯规。

2）在前场区对发过来的并且整体高于球网的球，完成进攻性击球（如扣发球、吊发球等）为犯规。但在后场区起跳，击球后仍在后场区落地的不算犯规。

5. 暂停与换人犯规处理

1）超过规定次数请求自由暂停。规则规定：第1～4局，每局有两次技术暂停，各为1分钟，每当领先队达到8分或16分时自动执行。每个比赛队每局还有一次机会请求30秒的普通暂停。第5局中各队有两次请求30秒的普通暂停。如超过规定次数请求普通暂停属不符合规定的请求间断，应给予拒绝。若同一局中再次提出不符合规定的暂停请求，要给予“延误警告”，第一裁判员出示黄牌。同一场比赛中若某队再次延误比赛，则给予“延误判罚”，第一裁判员出示红牌，判犯规队失1分。

2）超过规定次数请求换人。每局比赛中，每队最多允许请求6人次换人。一名队员上场、一名队员下场为一人次换人。某队超过规定次数请求7人次换人属不符合规定的请求间断，应予拒绝，再犯给予“延误警告”。

3）不合法换人。每局比赛中，主力队员可以换下场和再次上场，但再上场时只能换原来替换他的替补队员；替补队员只可以替换主力队员上场比赛一次，再由该主力队员替换他下场。凡不符合上述规定的替换为不合法替换，某队请求不合法替换应给予“延误警告”。

4）换人延误时间和拖延暂停时间。判该队延误时间，给予“延误警告”，再犯给予“延误判罚”，判犯规队失1分。

6. 胜1分、胜1局和胜1场

1）比赛采用每球得分制，胜1球即胜1分。

2）比赛前4局以先得25分，并超出对方2分为胜1局。当比分为24∶24时，比赛继续进行，直至某队领先2分为胜1局。如26∶24或27∶25，决胜局以先得15分，并超出对方2分为胜1局。

3）正式比赛采用五局三胜制，最多比赛5局，先胜3局为胜1场。

**安全提示**

排球运动中常见的运动伤害及预防方法如下：

1）手指挫伤。预防方法：做好充分的准备活动，拉伸手指的韧带；传球技术动作正确，大拇指不要朝前，避免手指挫伤。

2）脚或腰扭伤。预防方法：做好充分的准备活动，拉伸踝关节、腰背部周围的韧带；扣球过程中，脚下无球，避免脚和腰扭伤。

3）腿拉伤。预防方法：做好充分的准备活动，拉伸腿部的韧带，避免拉伤。

# 第四节 气排球运动

气排球运动是由我国自创的一种衍生项目，是集健身、娱乐、休闲为一体的大众性运动，以其独特的魅力而受到不同年龄群众的喜爱。

1984 年，气排球运动首先在我国呼和浩特铁路局集宁分局组织的老年人体育活动中开展，最初是将两个气球套在一起，后逐渐用塑料球取代了气球，参照 6 人制排球规则制定了简单的比赛规则，人们将这种活动命名为“气排球运动”。

1991 年，在北京举行的全国铁路老年体育工作会议上，决定在全系统老年人中推广气排球。火车头老年体育协会依据排球规则，编写了第一本《气排球竞赛规则》，并在上海特制了比赛用的气排球。

1992 年 3 月，在石家庄举办了第一期全国铁路气排球学习班。同年 11 月，在武汉举行了首届全国铁路老年人气排球比赛，共有 7 支男队和 6 支女队参赛。

1993 年 3 月，火车头老年人气排球协会在北京正式成立。同年 7 月全国铁路第 2 届老年人气排球赛分别在齐齐哈尔和锦州举行。从此，一年一届的老年气排球赛在全国铁路系统正式形成。

近年来，气排球运动以席卷之势在全国铺开，蔚然成风。

## 一、运动特点

1）球质软、手感舒适、不易受伤。

2）球体运行速度慢、场地小而便于组织活动。

3）技术、技巧多样化，易掌握。

4）参与者易于掌握运动量，娱乐性更强。

## 二、场地器材

气排球由圆周为 78～80 厘米，重量为 110～125 克，质地柔软的塑料制成。其比赛场地如图 5-64 所示。

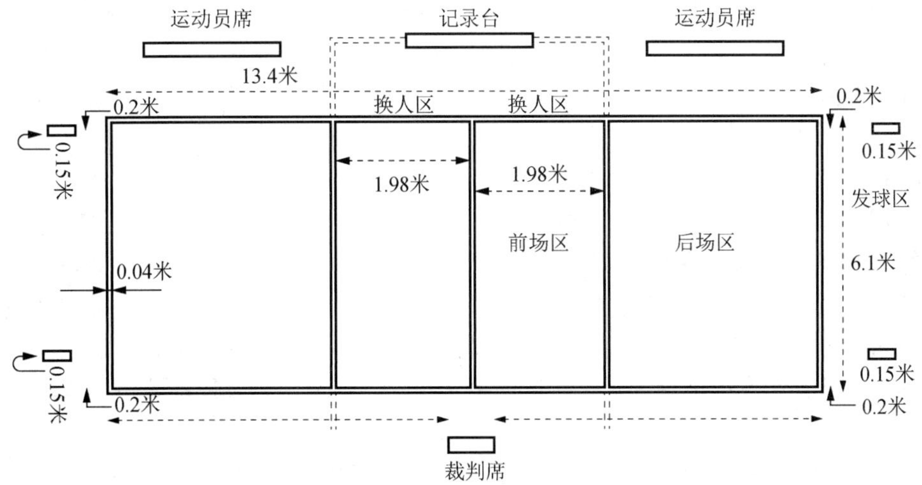


图 5-64 气排球比赛场地

## 三、基本技术

气排球运动的基本技术与排球的基本技术相似，也包括准备姿势、移动、发球、垫球、传球、扣球、拦网等技术。在大众体育比赛中，参与者更多地采用“捞”“捧”等技术来进行接球和传球，从而形成气排球技术的一个主要特点，增强了该运动的娱乐性与实用性。

## 四、主要比赛规则

1）第 1 局与第 2 局休息时间为 3 分钟，第 2 局与第 3 局休息时间为 5 分钟。第 1 局结束后两队交换场区。决胜局某队先得 8 分时，两队交换场区，不得进行指导和休息，队员位置不得变动，由交换场区前最后一次发球的队轮转发球。场上队员一旦发生病伤，第一裁判员应立即鸣响中止比赛，该球重打，并令该队换人。如不能合法换人，则准许特殊的不合法换人或给予受伤队员 3 分钟的恢复时间，如仍不能继续参加比赛，则算该队该场失败，保留其所胜的分数和局数。

2）场上每队必须保持 5 名队员在场进行比赛，缺一不可，否则判阵容不齐，做弃权论处。双方队员各分为前排 3 名，后排 2 名。前排左边为 4 号位，中间为 3 号位，右边为 2 号位；后排左边为 5 号位，右边为 1 号位。每局比赛开始，场上队员必须按位置表排定的次序站位，在该局中不得调换。在球发出后，队员可以在本方场区内的任何位置上，不受限制。在每一局开始前，每个队上场队员的位置均可重新安排。登记在记分表上的队员都可被列入新的上场阵容。

3）在比赛中只有成死球时经教练员或场上队长向裁判员请求后才准予暂停。每局比赛中，每个队可请求两次暂停，每次暂停时间为 30 秒。暂停结束后裁判员鸣哨示意，比赛应立即继续进行。当某队请求第 3 次暂停时，应予拒绝，并提出警告。在同一局中如再次发生则判该队失控球权或对方得分。

4）每局每队最多可替换 5 人次，可以同时替换一人或多人。换人时不得进行指导。每局开始上场阵容的队员在同一局中可以退出比赛和再次上场各一次，而且只能回到原阵容的位置上。替补队员每局只有一次上场机会，他可以替换任何一个开始上场的队员。同一局中，他只能由被他替换下场的队员替换。

5）比赛采用三局两胜每球得分制，非决胜局先得 21 分为胜 1 局，决胜局先得 15 分为胜 1 场（不规定需领先对手 2 分）。无正当理由而未准时到场比赛的队，判为弃权。对方则以每局 15∶0 的比分和 2∶0 的比局取胜。当出现两队或多队积分相等时，则计算本队的总得分数之和与总失分数之和的比值，比值大者名次列前；如比值再相等，进而计算总胜局数与总负局数之比，比值大者名次列前。

6）发球队员必须在端线发球区内发球，可以自由移动或起跳，但发球击球时不得踏及场区及端线和发球区以外的地面，跳发球击球后身体任何部位也不能落在比赛场区内；发球队胜一球或接发球队取得发球权时，该队队员必须按顺时针方向轮转一个位置，由轮转到 1 号位的队员发球，如没有按发球次序轮转发球，则为轮转错误被判失分，必须立即纠正，由对方发球。球被抛起发或撤离手后，发球队员未击球，球也未触及发球队员而落地，应判发球犯规。

7）凡是把球接住或把球顺势缓冲至停留后再将球送出或顺球方向将球抛出的击球动作，则应判持球犯规。本队 2、3 名队员同时去击球只计一次，触到球的队员不能再去击球。双方队员在球网上空同时击球，球落在某方，某方仍可击球 3 次，如球落在界外则判对方击球出界。若双方队员将球按住，球落在哪方场区，该方还可以击球 3 次。

8）过中线和触网。在比赛中队员越过中线踏入对方场区则判过中线犯规；比赛进行中，队员身体任何部位触及球网，均被判触网犯规。

9）进攻性击球。除发球和拦网外，所有直接击向对方的扣球、吊球、传球、垫球、顶球和挑球都是进攻性击球。任何队员在后场区可以对任何高度的球做进攻性击球，扣球起跳时不得踏及或超越进攻线及其延长线，否则即为犯规；队员在前场区对高于球网上沿的球不准扣球，不准高压吊球，不准快抹球，不准携带球和凿球。只允许正常吊球、传球（单手或双手均可）、顶球及挑球进入对方场区。后排队员也可以在前场区完成进攻性击球，但触球时球的一部分必须低于球网上沿。

10）任何队员不得拦对方的发球。拦网队员可将手或手臂伸过球网进行拦网，但不得妨碍对方击球。后排两名队员不准到网前进行拦网。拦网不算第一次击球，拦网触球后还可再击球 3 次。

# 第六章 小球运动

小球是指乒乓球、羽毛球和网球。本章主要介绍乒乓球、羽毛球和网球运动的发展史、特点及健身价值，基本技战术和比赛规则。掌握小球的基本技战术，有助于大学生提高运动水平，培养他们团结协作的精神，达到强健体魄的目的。

## 第一节 乒乓球运动

乒乓球运动是我们的国球，也是一项老少皆宜的健身运动，进行乒乓球运动不仅有助于提高锻炼者的身体健康水平，还能培养其顽强拼搏和团结协作的精神。

### 一、乒乓球运动概述

#### （一）乒乓球运动的起源和发展概况

乒乓球运动最早起源于英国，是由网球运动派生出来的。19 世纪后期，英国一些大学生以酒瓶软木塞为球在桌上推来挡去。大约在 1890 年，有位名叫詹姆斯·吉布的人用硝化纤维塑料制成空心弹跳力球，人们用这种球代替了软木塞。由于打球时发出“乒乓”的声音，因此人们就将它命名为乒乓球。

乒乓球运动自诞生后，逐渐被人们所熟悉和喜爱。1926 年 12 月，国际乒乓球联合会在英国伦敦正式成立。1988 年，乒乓球被国际奥林匹克委员会（以下简称国际奥委会）列为奥运会正式比赛项目，引起了世界各国的极大重视。

#### （二）乒乓球运动的特点及锻炼价值

##### 1. 乒乓球运动的特点

乒乓球运动的特点是球体积小、速度快、旋转性强、变化多，在室内外都可以进行，运动量可大可小，不同年龄、性别、身体条件的人均可参加。它可由两人组成单打比赛，也可由 4 人组成双打比赛，还可由不同性别的人组成男女混合双打比赛。因此，乒乓球运动是我国广大人民群众和少年儿童所喜爱的体育项目之一，具有广泛的群众性。

##### 2. 乒乓球运动的锻炼价值

1）经常参加乒乓球运动，可增强体质，促进身体的全面发展。打乒乓球时，球在空中飞行的速度是很快的，要求运动员根据来球的方向、速度、旋转、落点迅速做出判断和对策。为了适应各种复杂的变化，运动员必须集中注意力，视觉神经要处于良好的兴奋状态。因此，经常参加乒乓球运动，能有效地提高中枢神经系统的反应能力，提高人的协调性和灵敏性。

2）乒乓球运动对增强体质、改善心血管系统功能有很重要的作用。在紧张的乒乓球比赛中，运动员一天挥拍击球可达上万次，两腿移动距离可达千米左右。因此经常参加乒乓球运动不仅可以增强练习者的上肢、下肢、腰部、腹部等肌肉群的力量，还可以增强耐久力，改善内脏器官和心血管的功能，促进身体健康。

3）乒乓球运动可以培养人们机智果断、沉着冷静、勇敢顽强的优良品质及互相配合、互相帮助、团结友爱的集体主义精神。

### （三）乒乓球赛事博览

#### 1. 世乒赛

1926 年在英国伦敦举行了第 1 届世界乒乓球锦标赛（以下简称世乒赛），只有男子团体、男子单打、女子单打、男子双打、混合双打和男子安慰赛 6 个项目。1928 年举行的第 2 届世乒赛增设了女子双打比赛，1933 年举行的第 8 届世乒赛增设了女子团体比赛。1928～1939 年、1947～1957 年，世乒赛每年举行一次。从 1959 年的第 25 届开始改为每两年举行一次。

#### 2. 奥运会乒乓球比赛

1988 年 9 月 17 日第 24 届奥运会在韩国举行，在该届奥运会上乒乓球被列入正式比赛项目，设有男子单打、男子双打、女子单打、女子双打 4 个项目。

## 二、乒乓球技术

乒乓球技术是初学者必须掌握的入门技术，也是乒乓球爱好者参与锻炼健身所必备的基本功。

### （一）球拍握拍法

球拍的握拍方法主要分为两种，即直拍握拍法和横拍握拍法。

#### 1. 直拍握拍法（以右手握拍为例）

1）直拍快攻式握拍法。握拍时，虎口向下卡住拍柄。在拍的正面以拇指第一指节和食指第二指节扣住球拍两肩，拇指与食指之间的距离约 2 厘米，其余三指自然弯曲重叠，以中指第一指节偏左侧部位抵于拍背。击球时，五指应随击球动作的需要做适当改变，以保证击球的方向、旋转及力度等，如图 6-1 所示。

2）直拍弧圈球式握拍法。握拍时虎口向下，以拇指紧贴球拍的左侧，食指从拍柄右侧扣住拍柄，形成一个小环，紧握拍柄和球拍背面，其余三指自然伸直，以中指末节抵住拍背约 1/3 处，如图 6-2 所示。

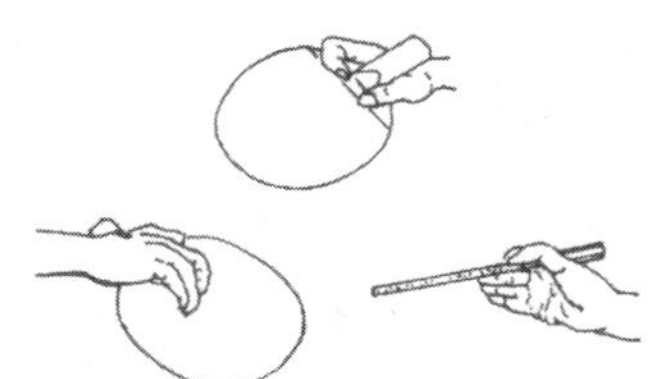

图 6-1　直拍快攻式握拍

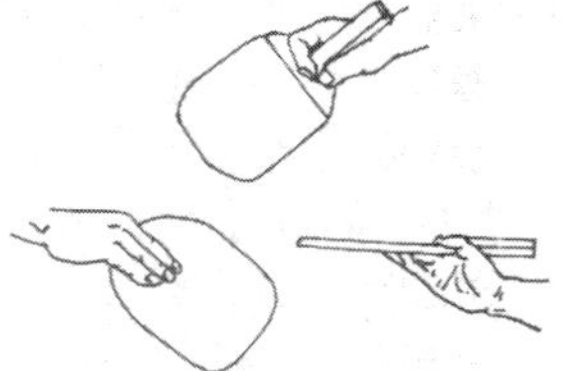

图 6-2　直拍弧圈球式握拍

3）直拍削球式握拍法。握拍时，将大拇指弯曲紧贴在正面拍柄的左侧，用力下压，其余四指自然分开呈扇形，托住球拍背面。正、反手削球时以手臂、手指的变化调节拍形，如图 6-3 所示。

2. 横拍握拍法（以右手握拍为例）

横拍的握拍方法，是以中指、无名指、小指自然地握住拍柄，虎口压在球拍的右侧肩部，大拇指轻贴在球拍正面中指下方，食指自然伸直斜贴在球拍的背面。正、反手攻球时，手指做适当的配合变化，如图 6-4 所示。

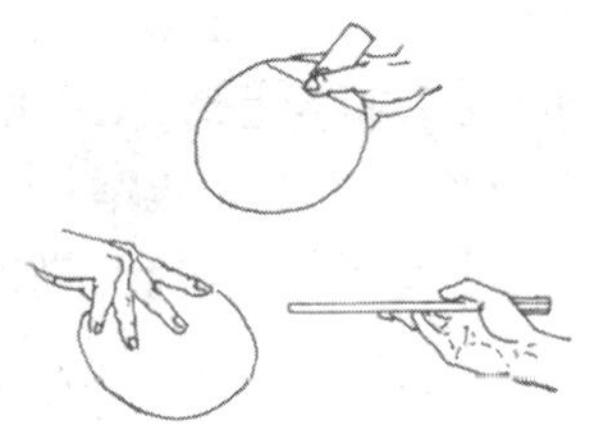

图 6-3　直拍削球式握拍

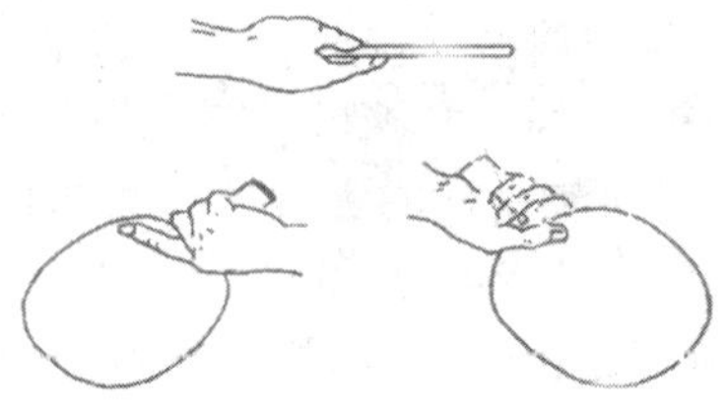

图 6-4　横拍握拍

**知识窗**

### 乒乓球拍的保养

乒乓球拍的保养要做到“三防”：一防底板受潮；二防胶皮老化；三防摔拍。即球拍使用后用干毛巾拭去拍子上的汗渍，胶皮用绞干的湿毛巾擦净皮面上的污物，反胶趁皮面未完全干透覆上涤纶纸，正胶须待皮面干燥后收藏。球拍收藏时应置于通风干燥处，远离热源，避免阳光暴晒，更不能在球拍上堆压重物。

（二）基本步法及练习方法

1. 基本步法

1）单步。单步一般在来球离身体较近、角度不大时采用。动作方法：以一脚为轴稍转动，另一脚向来球方向移动一步，身体重心随之落到移动脚上，挥拍击球，如图 6-5 所示。

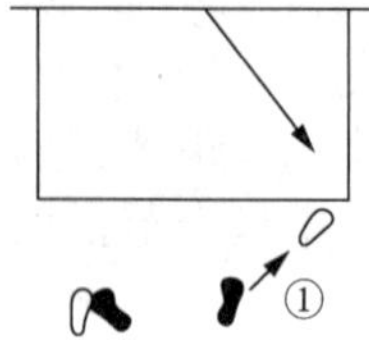


（a）单步向右前方移动

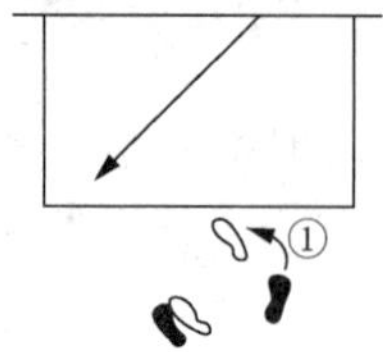


（b）单步向左前方移动

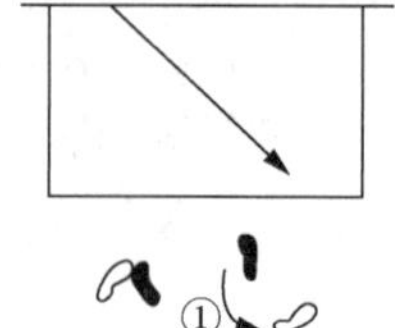


（c）单步向右后方移动

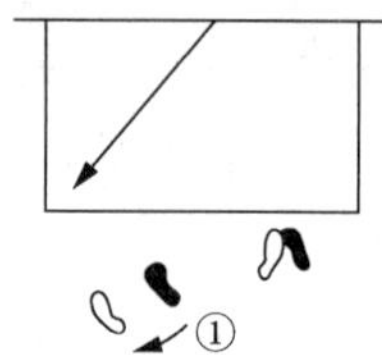


（d）单步向左后方移动

图 6-5　单步

2）跨步。跨步一般在来球离身体较远，采用单步不能取得合适的击球位置时使用，适于借力还击。动作方法：以远离来球方向的脚前脚掌起动蹬地，同侧脚向来球方向跨出一大步，身体重心随即移到同侧脚，异侧脚迅速跟上，如图 6-6 所示。

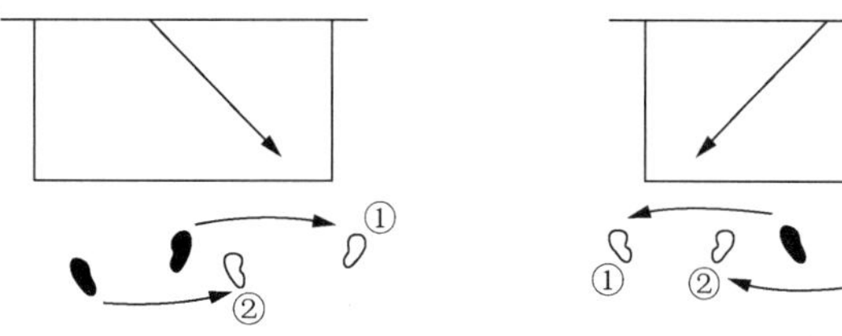


图 6-6　跨步

3）跳步。跳步一般在来球离身体较远较急时采用。动作方法：远离来球方向脚的前脚掌用力蹬地，两脚同时离地向来球方向移动，异侧脚先落地，另一脚随即着地，挥拍击球，如图 6-7 所示。

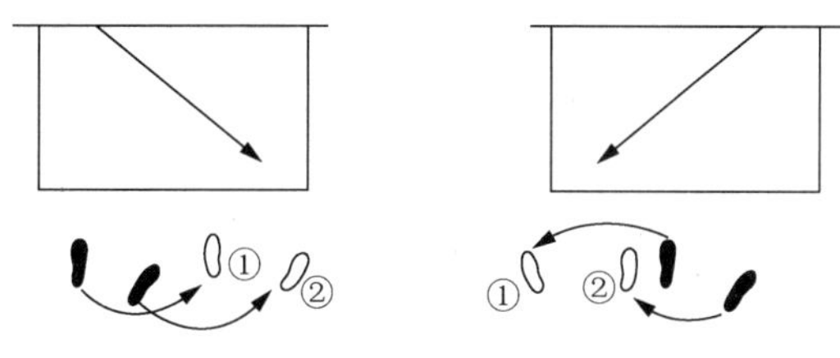


图 6-7　跳步

4）交叉步。交叉步一般在来球距身体较远时采用。动作方法：以来球方向的同侧脚发力蹬地，异侧脚迅速由身后向来球方向跨出一大步，两脚交叉，然后同侧脚迅速跟上还原成准备姿势，挥拍击球，如图 6-8 所示。

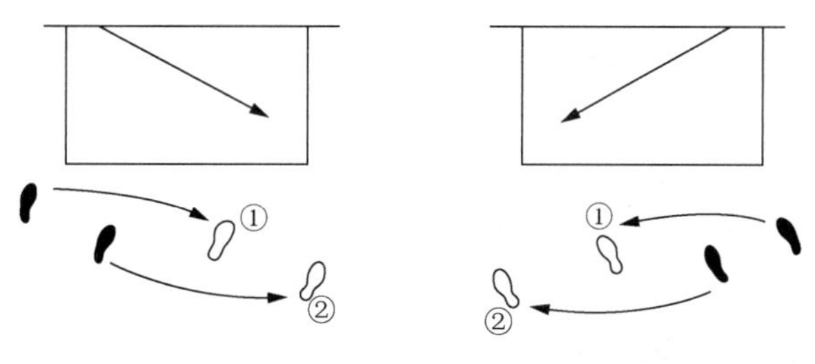


图 6-8　交叉步

2. 基本步法的练习方法

1）听口令做单个步法和组合步法的徒手模仿练习。
2）看手势，在球台端线附近做前、后、左、右的移动练习。
3）站在台后看信号，结合击球动作进行各种步法的练习。
4）采用多球练习，逐渐增加击球的难度，调动练习者进行各种步法的练习。

（三）发球技术及练习方法

1. 发球技术

1）平击发球。
① 正手发平击球，如图 6-9 所示。
击球前：左脚稍前，身体略向右转，左掌心托球置于身体右侧前方，右手持拍于身体右

侧；向上抛球的同时，右臂内旋，使拍面角度前倾呈半横状，并向右侧后上方引拍。

击球时：当球下落时，身体重心移到左脚，由腰带动上臂，上臂带动前臂向前挥动；在球的下降期挥拍轻击球的中部偏上，球击出后第一落点在球台中间。

击球后：还原成准备姿势。

② 反手发平击球，如图 6-10 所示。

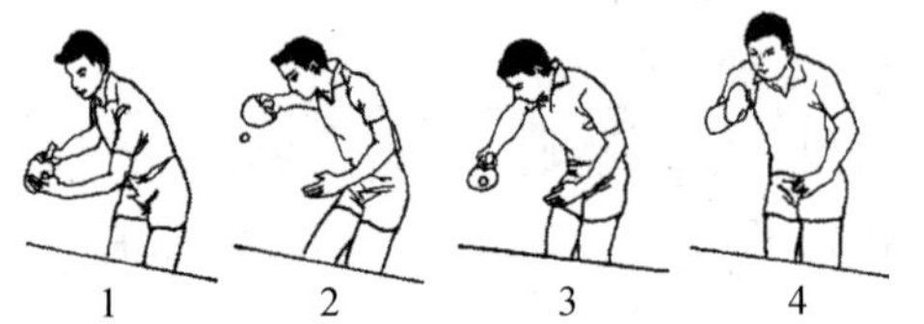


图 6-9　正手发平击球

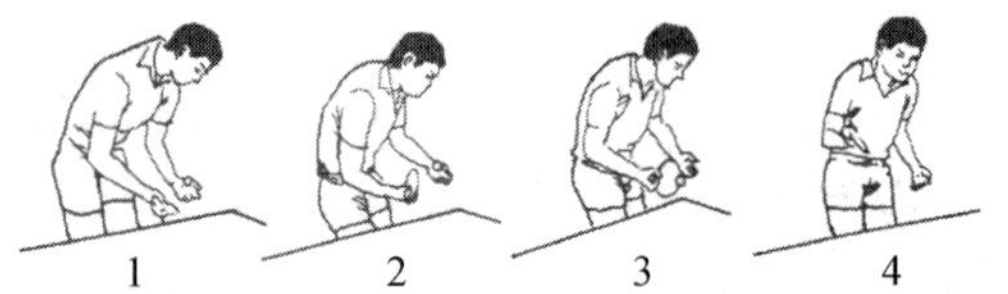


图 6-10　反手发平击球

击球前：右脚稍前，身体略向左转，左手掌心托球置于身体左侧前方，膝关节微屈，左手将球向上抛起，同时右臂外旋，并向身体左侧后上方呈半横状引拍。

击球时：当球下落时，持拍手臂从身体左侧后方向右前方挥动；以腰腹带动手臂击球，击球点在中上部并向右前方发力；球击出后的第一落点在球台中央。

击球后：还原成准备姿势。

2）正、反手发急球。

① 正手发急球，如图 6-11 所示。

图 6-11　正手发急球

击球前：左脚稍前，身体略向右转，左手掌心托球置于体前右侧；将球向上抛起时，右臂内旋，使拍面呈半横状，持拍手腕自然放松，肘关节高于前臂，向身体右侧后上方引拍。

击球时：在球的下落期，以腰带上臂、上臂带前臂发力，迅速由后向左前方挥动；击球的右侧中部并向中上方摩擦击球，击球瞬间，拇指扣拍；球击出后第一落点在本方球台的端线附近。

击球后：还原成准备姿势。

② 反手发急球，如图 6-12 所示。

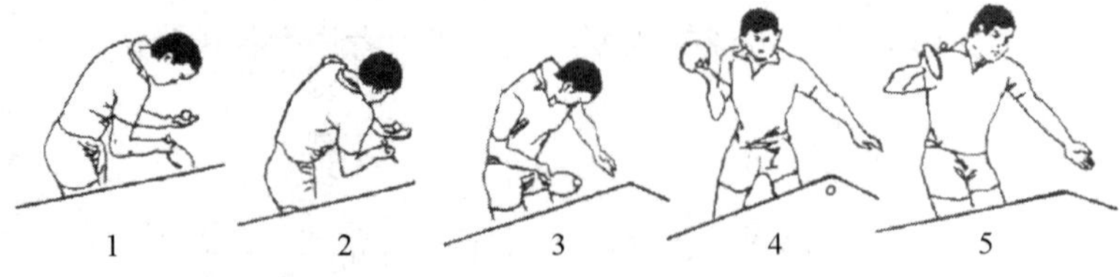


图 6-12　反手发急球

击球前：右脚稍前，身体略向左转，左手掌心托球置于身前左侧；将球向上抛起时，持拍右臂外旋，拍面呈半横状，向身体左后方引拍。

击球时：球下落时，腰部带动持拍手臂并以肘关节为轴心，使前臂向前横摆，击球左侧中上部；触球时前臂加速向前上方横摆，抖动手腕使拍面摩擦球；球第一落点在本方球台的端线附近。

击球后：手臂继续随势向右前上方挥动，迅速还原成准备姿势。

3）正手发转球与不转球。

① 正手发转球，如图 6-13 所示。

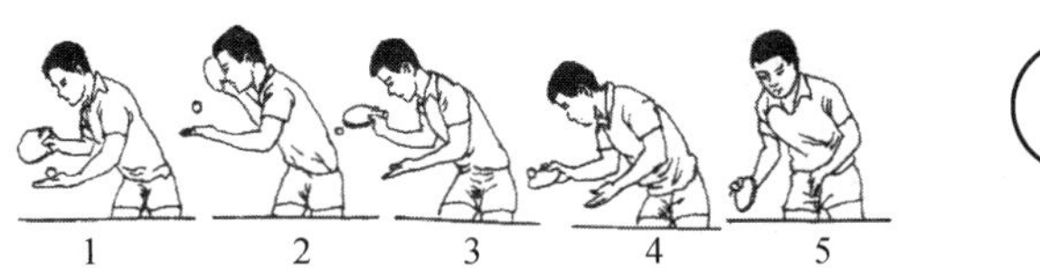


图 6-13　正手发转球

击球前：左脚稍前，身体略向右转，左手掌心托球置于身体右前方；向上抛球时，右臂持拍向身体右上后方引拍。

击球时：球下落时，腰部带动右臂，从身体右后上方向前下方挥摆；当球落至约与网同高时，前臂加速向前下方做切击动作发力，同时持拍手以拇指压拍，用球拍的左侧偏下部位摩擦击球。

击球后：手臂继续向前下方随势挥动后迅速还原成准备姿势。

② 正手发不转球，如图 6-14 所示。

图 6-14　正手发不转球

正手发不转球的动作方法与发转球基本相同，主要区别在于：击球部位不同，发不转球时，应击球的中部或中上部，否则会产生旋转；发力方法不同，发不转球时，应让球拍以近似摩擦球的动作去撞击球，使球产生微弱的旋转。

4）正手发左侧上（下）旋球。

① 正手发左侧上旋球，如图 6-15 所示。

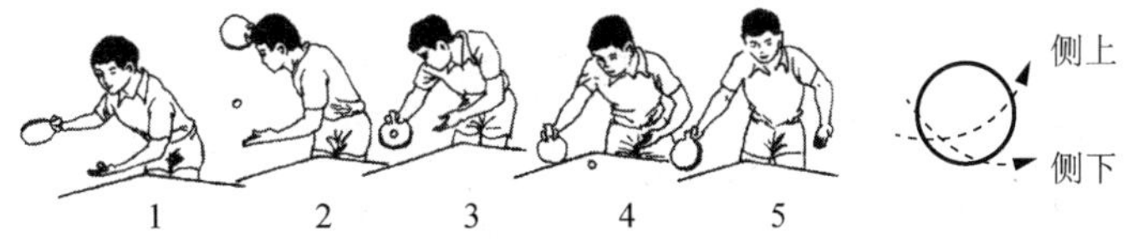


图 6-15　正手发左侧上旋球

击球前：站位在左半台，左脚稍前，身体略向右转，左手掌心托球于身体右前方；向上抛球时，右臂外旋并向身体右侧后上方引拍。

击球时：球下落时，持拍手从右后上方向左前下方挥拍，当球落至网高时，持拍手臂加速挥摆，切击球的中部并向左侧上方摩擦；触球瞬间，以前臂发力为主，配合手腕动作增强球的旋转。

击球后：持拍手臂随势向左方挥动后迅速还原成准备姿势。

② 正手发左侧下旋球。其动作方法与正手发左侧上旋球的动作方法大致相同，区别仅在于挥拍击球时，切击球的中下部并向左侧下方摩擦球。

5）反手发右侧上（下）旋球。

① 反手发右侧上旋球，如图 6-16 所示。

图 6-16　反手发右侧上旋球

击球前：站位在左半台，右脚稍前或平站，身体略向左转，左手掌心托球于身体左前方；向上抛球时，持拍手向左后上方引拍。

击球时：球下落时，手臂内旋，从身体左后上方向右前下方挥拍，当球落至与网同高时，转体配合前臂和手腕同时发力挥拍击球，击球点在球的右侧中部略偏下位置；触球瞬间，手腕快速向右上方摩擦击球；根据发长球或短球来调整第一落点的远近。

击球后：持拍手臂随势向右上方挥动后迅速还原成准备姿势。

② 反手发右侧下旋球。其动作方法与反手发右侧上旋球的动作方法相似，区别仅在于挥拍击球时，手腕向右下方转动，切击球的中下部并向右侧下方摩擦球。

6）正、反手发高抛球。发高抛球与发低抛球的动作方法基本相同，区别仅在于高抛球下落的时间较长，因此可以加大引拍的幅度和充分利用身体的转动来增强发球的力量。发高抛球时要注意抛球要稳，尽量使球接近垂直向上抛起，如图 6-17 所示。

图 6-17　发高抛球

#### 2. 发球的练习方法

1）持拍做抛球、引拍与挥拍击球动作模仿练习。

2）两人一组在台上进行单一发球练习。

3）进行先斜线后直线、先不定点后定点的发球练习。

4）单一旋转性能的发球练习。

5）不同旋转性能的发球练习。

### （四）接发球技术及练习方法

#### 1. 接发球技术

接发球技术由点、拨、带、拉、攻、推、搓、削、摆短等技术组成。

1）接左侧上（下）旋球。①左侧上旋球是左侧旋与上旋结合的旋转球，接这种球一般采用推、攻技术。回接时，拍面角度要稍前倾，拍面向左偏斜以抵消球的侧旋力，触球的中上部，适当下压，防止球触拍时向自己右上方反弹。在拍触球时，要利用手腕、手指来调节用力方向。②左侧下旋球是左侧旋与下旋结合的旋转球，接这种球一般采用搓、削技术。回接时，拍面角度要稍后仰，拍面所朝方向向左偏斜以抵消来球的侧旋力，触球时应以手腕发力为主，向前下方发力摩擦球。若采用攻球方法回接，拍触球时应向上向前摩擦球。

2）接右侧上（下）旋球。右侧上（下）旋球是右侧旋与上（下）旋结合的旋转球，接右侧上旋球一般采用推、搓、攻技术。回接时，拍面角度要稍前倾，拍面向右偏斜以抵消来球的侧旋，触球的中上部，适当下压，防止球触拍时向自己右下方反弹。如用搓、削回接，除注意拍面角度和所朝方向外，还要加大向下摩擦的力量。右侧下旋球是右侧旋与下旋结合的旋转球，接这种球一般采用搓、削技术，回接时，拍面角度要稍向后仰，拍面向右偏斜以抵消来球的侧旋力，触球时应以手腕发力为主，向前下方发力摩擦球。若采用攻球方法回接，拍触球时应向上向前摩擦球。

3）接短球。由于对方发来的球是台内近网短球，回接时最重要的是移动及时，以获得最适合的击球位置。同时要控制好身体的重心，接发球后要迅速还原，准备下一拍击球。无论采用何种方法回接短球，都应特别注意来球的位置，充分依靠前臂和手腕发力，同时根据来球的旋转性能调节拍面角度、击球部位、击球时间和用力方向。

#### 2. 接发球的练习方法

1）回接对方平击发球练习。

2）练习接对方用近似手法发出的两种不同旋转的来球，以提高适应能力。

3）逐步掌握用不同的技术方法回接对方发来的旋转球，以提高适应能力。

4）先进行定点定性能的接发球练习，然后过渡到不定点不定性能的接发球练习。

5）多球接发练习。

### （五）推挡球技术及练习方法

#### 1. 推挡球技术

推挡球可分为挡球、减力挡、快推、加力推、推挤和推下旋等技术动作。

1）挡球，如图 6-18 所示。

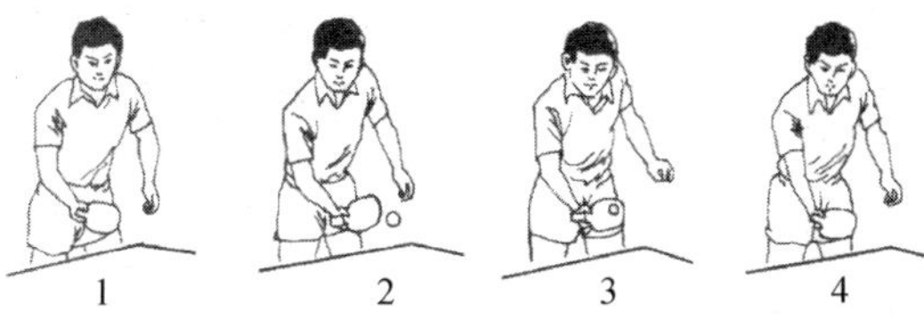


图 6-18　挡球

击球前：两脚平行或左脚稍前站位，两膝微屈，身体靠近球台，球拍置于腹前，略高于台而呈半横状，拍面近乎垂直。

击球时：上臂带动前臂沿台面向前移动，调整好拍形，在来球上升前期触球中部或中上部，借来球的反弹力将球挡回。

击球后：迅速还原，准备下次击球。

2）减力挡，如图 6-19 所示。

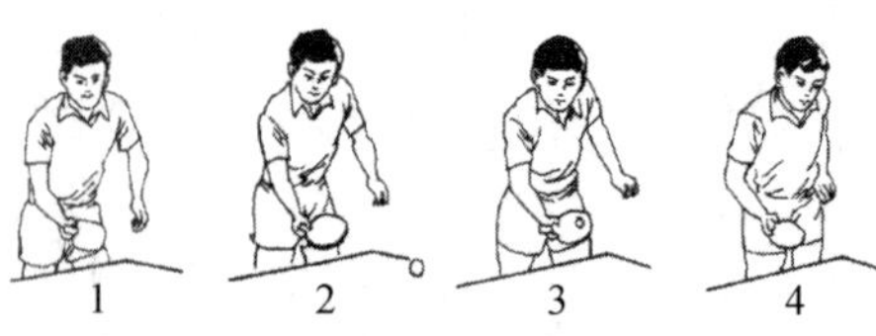

图 6-19　减力挡

击球前：站位与挡球时大致相同。

击球时：在触球的瞬间手臂、手腕做稍微回收，以缓冲来球的反弹力。

击球后：迅速还原，准备下次击球。

3）快推，如图 6-20 所示。

图 6-20　快推

击球前：站位近台偏左，两脚平行或右脚稍后站立，上臂和肘关节靠近身体右侧，前臂稍向后引。

击球时：上臂带动前臂向前推出，同时配合手臂外旋动作，使拍面前倾，在来球的上升前期击球的中上部。

击球后：手臂顺势前送，迅速还原。

4）加力推，如图 6-21 所示。

图 6-21　加力推

击球前：手臂向后上方引拍，球拍位置高于击球点，拍面稍前倾。

击球时：配合转髋的动作，执拍手由后向前发力推压，在来球上升后期或最高点时击球中上部。

击球后：手臂随势前进，迅速还原。

### 2. 推挡球的练习方法

1）熟悉球性，做球拍颠球和对墙击球的练习。

2）挥拍模仿推挡练习，体会击球的动作要领。

3）挡平击发球练习。

4）对推练习。

5）各种推挡球方法的结合练习。

（六）攻球技术及练习方法

1. 攻球技术

攻球技术主要分为正手攻球、反手攻球与侧身攻球。

1）正手近台快攻，如图 6-22 所示。

击球前：右脚稍后，站位近台偏左，身体离台 40～50 厘米，两膝微屈，上体略前倾，两眼注视来球。

击球时：手臂向后引拍，引至身体右侧稍后上方，手臂自然弯曲并做内旋，拍面稍前倾呈半横状；在来球上升期，持拍手迅速向左前方挥拍，手腕内收，拍面稍前倾，击球的中上部。

击球后：球拍随势挥至额前左侧，身体重心转移至左脚，然后快速还原成准备姿势。

2）正手拉攻，如图 6-23 所示。

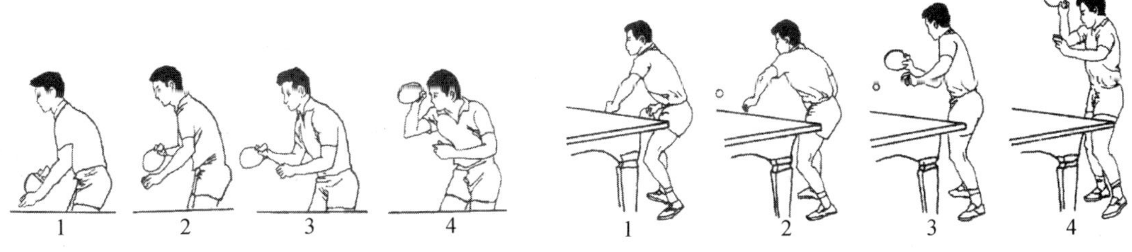


图 6-22　正手近台快攻　　图 6-23　正手拉攻

击球前：站位和准备姿势与正手快攻相同。引拍时，身体重心转移至右脚，前臂随腰、腿右转向右后方引拍，拍形稍前倾。

击球时：前臂由右后上方向左前上方挥拍迎球，在来球下降前期，上臂带动前臂向左前上方快速挥动，以前臂发力为主，结合手腕力量，摩擦球的中下部或中部。

击球后：球拍随势挥至额前，身体重心移到左脚后迅速还原成准备姿势。

3）正手中远台攻球，如图 6-24 所示。

击球前：准备姿势与拉攻基本相同，左脚稍前，身体离台约 1 厘米；引拍时，手臂自然弯曲，拍面稍前倾，手臂随腰、腿右转动作大幅度向后移动，将球拍引至身体右后方。

击球时：上臂带动前臂向左前上方挥拍发力，协调腰、腿转动的力量，在来球至下降前期或后期击球的中部或中上部。

击球后：手臂放松前移，重心亦移至左脚，然后迅速还原成准备姿势。

4）正手扣杀，如图 6-25 所示。

图 6-24　正手中远台攻球

图 6-25　正手扣杀

击球前：两脚开立，左脚在前，重心落右脚，根据对方来球调整站位；引拍时，手臂弯曲并内旋使拍面前倾，以腰部转动带动手臂向右后上方引拍。

击球时：当球升至最高点时，上臂带动前臂加速向左前下方挥动，配合腰、腿同时发力，拍面稍前倾，击打球的中上部。

击球后：手臂放松随势挥至左肩前，然后迅速还原成准备姿势。

5）反手拉攻，如图 6-26 所示。

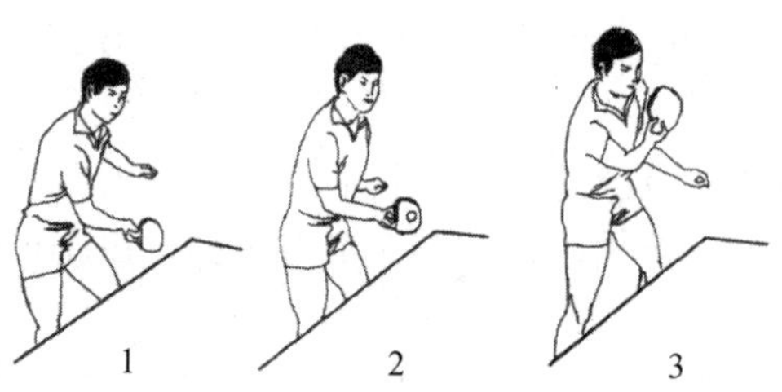


图 6-26　反手拉攻

击球前：准备姿势与反手快攻基本相同。引拍时，手臂自然弯曲并内旋使拍面稍后仰，手臂配合转体动作略向左转，前臂平行于台面，手腕弯曲内收将球拍引至身体左侧下方。

击球时：腰、髋向右转，手臂、手腕放松，主动向前迎球；当球从高点下降时，肘关节内收，上臂带动前臂向前向上加速挥动，并利用手腕外旋摩擦球的中部或中下部。

击球后：球拍随势前送至身体右上方，身体重心移至右脚，然后迅速还原成准备姿势。

#### 2. 攻球的练习方法

1）徒手模仿练习。体会击球时的动作要点及身体各部位的协调配合。

2）攻一板练习。规定一人发球一人练习攻球，攻一球后再重新发球。

3）在原地做徒手模仿动作的基础上，结合步法做台下徒手练习。

4）一推一攻练习。

5）对攻练习。

6）左推和右攻定点练习。陪练者快推斜线和直线至对方左、右两点，练习者采用反手快推左方斜线、正手快攻右方直线至对方左半台的一点练习。

7）发球抢攻练习。发球员在对方接发球后伺机抢攻，提高前三板的进攻能力。

8）接发球抢攻练习。陪练者先发固定落点、单一性能的球，逐渐增加发球的难度，练习者进行接发球抢攻。

9）拉攻练习。

### （七）搓球技术及练习方法

搓球技术按搓球时间可分为快搓和慢搓。

#### 1. 搓球技术

1）快搓。

① 正手快搓，如图 6-27 所示。

图 6-27　正手快搓

击球前：两脚开立，左脚稍前，两膝微屈，站位近台；引拍时手臂外旋使拍面稍后仰，前臂向右后上方移动，将球拍引至身体右侧上方。

击球时：在来球上升期，持拍手臂由上方向前下方挥动。此时，手腕、手指配合使拍面稍后仰，击球瞬间向前发力摩擦球的中下部。

击球后：手臂顺势挥摆，迅速还原成准备姿势。

② 反手快搓，如图 6-28 所示。

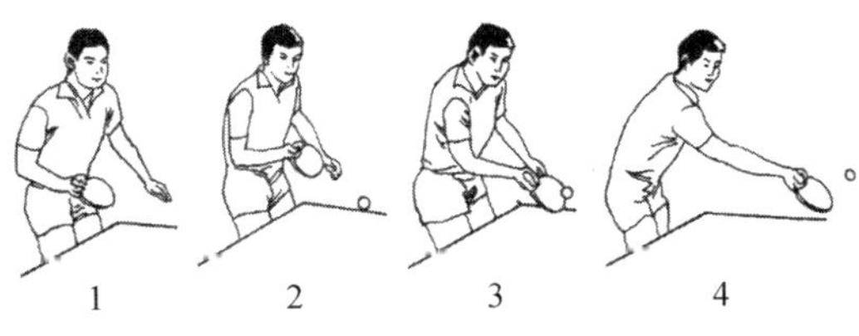


图 6-28　反手快搓

击球前：两脚开立，右脚稍前，两膝微屈，站位近台；引拍时，手臂自然弯曲，拍面稍后仰，前臂内收将球拍引至身体左侧胸前。

击球时：在来球上升期，持拍手臂向前下挥动；此时拇指压拍，拍面稍后仰，利用手腕外旋动作切击，摩擦球的中下部。

击球后：手臂顺势挥摆，迅速还原成准备姿势。

2）慢搓。

① 正手慢搓，如图 6-29 所示。

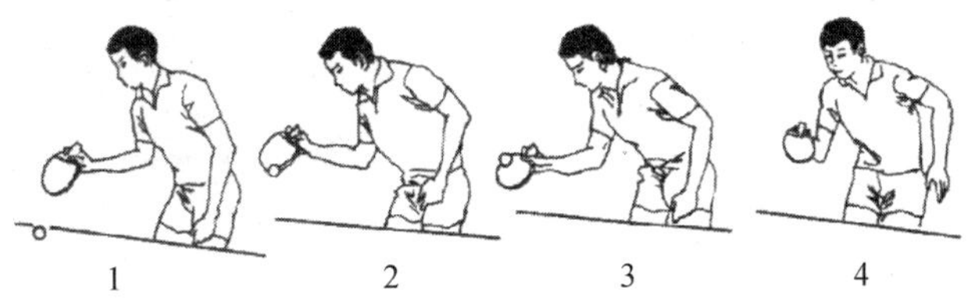


图 6-29　正手慢搓

击球前：两脚开立，右脚稍后，两膝微屈，站位近台；引拍时，手臂外旋使拍面稍后仰，前臂向右上方移动，将拍引至身体右侧上方。

击球时：在来球下降前期，上臂带动前臂快速向左前下方挥摆，手腕、手指配合用力，摩擦球的中下部。

击球后：前臂顺势挥摆后，迅速还原成准备姿势。

② 反手慢搓，如图 6-30 所示。

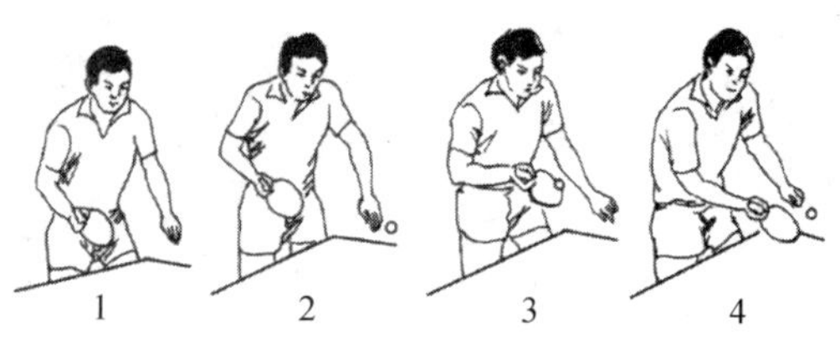


图 6-30　反手慢搓

击球前：两脚开立，右脚稍前，两膝微屈，站位近台；引拍时，手臂自然弯曲，食指扣拍，使拍面角度稍后仰，前臂向左上方抬起，手腕内收，将球拍引至左胸前上方。

击球时：在来球下降前期，前臂以肘关节为轴，快速向前下方用力挥摆，手腕、手指配合用力，摩擦球的中下部。

击球后：手臂顺势向前挥摆，然后迅速还原成准备姿势。

### 2. 搓球的练习方法

1）徒手做模仿搓球动作的练习，形成各种搓球动作的正确概念。

2）自己向球台抛球，并将球搓回对方球台。

3）一人发下旋球，一人搓球练习。发球员逐渐增大发球的旋转强度，提高练习者搓球的稳定性。

4）不定点的发下旋球与搓球练习。

5）对搓练习。先固定路线，再不定点的无规律练习。

6）两点搓一点和一点搓多点练习。

7）慢搓与快搓相结合的练习。

## （八）弧圈球技术及练习方法

### 1. 弧圈球技术

弧圈球技术可分为加转弧圈球技术、前冲弧圈球技术、侧旋弧圈球技术和反手拉弧圈球技术等。这里主要介绍加转弧圈球技术，如图 6-31 所示。

图 6-31　加转弧圈球

击球前：两脚左右开立，比肩稍宽，左脚稍前，身体离台稍远，两膝微屈；引拍时，向右侧转体，重心转移至右腿，手臂稍内旋使拍面稍前倾，前臂自然下垂，将球拍引至身体右侧后下方。

击球时：右腿蹬地转体，带动手臂从右下方向前上方挥动迎球，身体重心向左脚移动；在来球下降前期，上臂带前臂加速向前上方挥动，球拍略前倾，击球瞬间球拍速度达到最快，手腕、手指加速发力，摩擦球的中部偏上位置。

击球后：球拍顺势挥至头部附近，重心移至左脚，然后迅速还原成准备姿势。

2. 弧圈球的练习方法

1）徒手模仿拉弧圈球的动作。在全身协调发力的基础上，体会手臂及手腕的发力动作。

2）对墙自抛自拉的练习，体会拉弧圈球的动作要点。

3）一人推挡，另一人连续拉弧圈球。先定点后不定点的练习，在移动中完成动作。

4）两人对搓，固定一人搓中转拉。

5）一人发定点下旋球，另一人练习拉弧圈球。

6）两人对拉弧圈球练习。

（九）削球技术及练习方法

1. 削球技术

1）近台削球。

① 正手近台削球，如图 6-32 所示。

图 6-32　正手近台削球

击球前：两脚开立略平行，身体离台约 60 厘米，两膝微屈，重心偏左脚；引拍时，持拍手臂略微外展使拍面角度稍后仰，前臂上提使球拍位置约与肩同高，肘关节自然弯曲，将拍引至身体右侧上方。

击球时：当来球至最高点时，随着身体向左转动，重心向右脚转移，持拍手臂略外旋向左前下方快速发力迎球，手腕随前臂摩擦球的右侧中下部。

击球后：持拍手臂顺势向左前下方挥动，然后迅速还原成准备姿势。

② 反手近台削球，如图 6-33 所示。

击球前：右脚稍前，身体离台约 60 厘米，两膝微屈，重心偏左脚；引拍时，持拍手臂略微外展使拍面角度稍后仰，前臂上提使球拍位置约与肩同高，肘关节自然弯曲，将拍引至身体左侧上方。

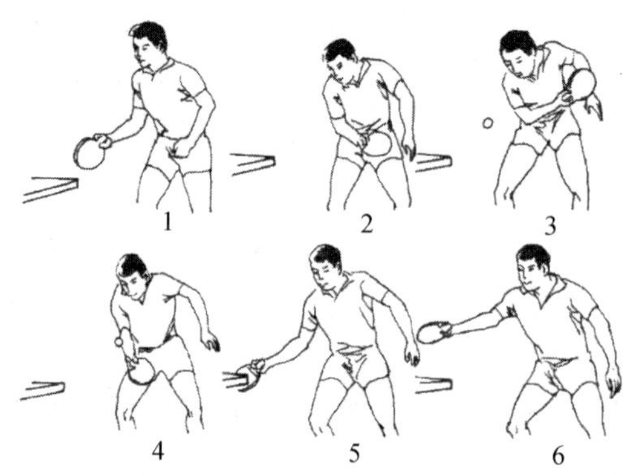


图 6-33　反手近台削球

击球时：当来球至最高点时，随着身体向右转动，重心向左脚转移，持拍手臂略内旋向左前下方快速发力迎球，手腕随前臂前伸摩擦球的左侧中下部。

击球后：持拍手臂顺势挥动，然后迅速还原成准备姿势。

2）远台削球。

① 正手远台削球，如图 6-34 所示。

图 6-34　正手远台削球

击球前：左脚在前，身体离台 1 米以外，两膝微屈，收腹，重心置于两脚之间偏右；引拍时，肘关节自然弯曲，手臂上提使球拍置于身体右侧上方，拍形稍后仰。

击球时：当来球在下降后期，身体向左转，重心转移至左脚，手臂向左前下方迅速发力并外旋，带动手腕前送摩擦球的中下部。

击球后：持拍手顺势前送，然后迅速还原成准备姿势。

② 反手远台削球，如图 6-35 所示。

图 6-35　反手远台削球

击球前：右脚在前，身体离台 1 米以外，两膝微屈，收腹，重心置于两脚之间偏左；引拍时，肘关节自然弯曲，手臂上提手腕内旋使球拍置于身体左侧上方，拍形稍后仰。

击球时：当来球至下降后期，持拍手向右前下方挥拍，随之身体向右转，上臂带前臂发力，直握拍手腕外伸，横握拍手腕内收，拍面后仰切击球的后中下部。击球时要加大力量并向前送。

击球后：身体重心向前向右移，持拍手随势前送，然后迅速还原成准备姿势。

#### 2. 削球的练习方法

1）模仿挥拍练习。

2）用正、反手削对方发球的练习。

3）用正、反手连续削对方回球的练习。

4）斜线与直线的削球练习。

5）削、攻结合练习。

## 三、乒乓球战术

### （一）发球抢攻

发球抢攻是快攻类打法力争主动、先发制人的一项主要战术，是比赛的重要得分手段。

1）侧身用正手（高抛或低抛）发左侧上、下旋长球到对方左角底线，角度要大，配合近网轻球和直线长球后侧身抢攻。

2）反手发右侧上、下旋球到对方正手近网处，配合发反手底线长球，侧身抢攻（两面攻选手运用较多）。

3）反手发急球、急下旋长球到对方反手或中路，配合近网轻球，迫使对方打对攻或后退削球（擅长推挡的选手运用较多）。

4）正手发右侧上旋急球（“奔球”）、急下旋长球到对方中路或正手，配合近网轻球，迫使对方打对攻或后退削球。

5）正手发转与不转短球，配合发长球伺机抢攻。

### （二）对攻

对攻是进攻类打法在相互对抗时，力争主动的一种重要手段。主要是发挥其快速多变的特点来调动对方。

1）紧压反手、结合变线、伺机抢攻。这是具有左半台技术特长的快攻运动员常用的对攻战术。

2）调右压左。这是对付对方具有推攻（反手攻）和侧身攻特长的一种战术。

3）加、减力推压中路及两角，伺机抢攻。这是对付两面拉弧圈打法的主要对攻战术。

4）连压中路或正手，伺机抢攻。这是对付两面攻或横拍反手球较强时所采用的一种战术。

5）被动防御和“打回头”。在被动时，可采用正、反手远台对攻，宜打相反球路，还可采用放高球战术来防守，并准备随时打回头，变被动为主动。

### （三）拉攻

拉攻是对付削球打法的主要战术。

1）拉反手后侧身突击斜线，然后扣杀中路或两角。这是拉攻的常用战术。侧身斜线是直拍快攻类打法的特长。

2）拉不同落点突击中路或直线，然后扣杀两大角。中路防守是削球选手的普遍弱点，直线线路短削球手也较难还击。

3）拉对方中路左、右，伺机突击两角再杀空档。这是对付以逼角为主或控制落点较好的削球手所采用的战术。

4）拉对方正手找机会突击中路后连续扣杀两角。当对方反手削球控制较好或自己不太适应时可用此战术。

5）长短球和拉搓相结合伺机扣杀。对付稳削打法，一般站位较远时常用此战术。

6）攻中防御。在拉攻时，遇到对方的反攻，必须加强积极的防御，随时做好对攻的准备。

#### （四）搓攻

搓攻是快攻类打法对付攻球和削球打法的辅助战术，主要利用搓球的旋转和落点变化，为进攻创造机会。在对付弧圈球时，搓球还要加上速度才能控制对方，使自己抢先拉起或突击，若对方抢先拉起，就会造成被动。

1）以快搓加转短球为主，结合快搓转与不转长球至对方的反手或突然搓正手大角，伺机突击或抢先拉起。这是对付攻球打法的搓攻战术。

2）快搓转与不转球至不同落点，伺机突击中路或两角。这是对付削球打法的搓攻战术。

#### （五）双打战术

双打战术的运用，应当根据双打配对的特点来确定，尽量做到各施所长，而且要通过两人的共同合作来实现。这里介绍几种常用的双打战术。

1）发球抢攻。发球时，根据同伴抢攻的需要和对方接发球的能力，可用手势暗示自己发球的意图，使同伴预先做好准备，争取发球抢攻战术成功。

2）交叉攻两角或长短结合。让对方在左右或前后移动中击球伺机突击其空档。

3）紧盯一角突击另一角。把对方两人挤在一边后，再杀相反方向。

此外，根据双打的击球次序规定和双方的技术特点，选准主攻对象，确定谁先接发球，是双打比赛中的一种战略性安排。最好能做到控制较强者，主攻较弱者。

### 四、乒乓球运动场地器材及主要比赛规则

#### （一）场地器材

##### 1. 球台

1）球台的上层表面叫比赛台面，应为与水平面平行的长方形，长 2.74 米，宽 1.525 米，离地面高 0.76 米。

2）比赛台面不包括球台台面的侧面。

3）比赛台面可用任何材料制成，应具有一致的弹性，即当标准球从离台面 30 厘米高处落至台面时，弹起高度应约为 23 厘米。

4）比赛台面应呈均匀的暗色，无光泽，沿每个 2.74 米的比赛台面边缘各有一条 2 厘米宽的白色边线，沿每个 1.525 米的比赛台面边缘各有一条 2 厘米宽的白色端线。

5）比赛台面由一个与端线平行的垂直的球网划分为两个相等的台区，各台区的整个面积应是一个整体。

6）双打时，各台区应由一条3毫米宽的白色中线划分为两个相等的“半区”。中线与边线平行，并应视为右半区的一部分。

### 2. 球网装置

1）球网装置包括球网、悬网绳、网柱及将它们固定在球台上的夹钳部分。

2）球网应悬挂在一根绳子上，绳子两端系在高15.25厘米的直立网柱上，网柱外缘离开边线外缘的距离为15.25厘米。

3）整个球网的顶端距离比赛台面15.25厘米。

4）整个球网的底边应尽量贴近比赛台面，其两端应尽量贴近网柱。

### 3. 球的要求

1）球应为圆球体，直径为40毫米。

2）球重2.7克。

3）传统乒乓球用硝化纤维塑料或类似的材料制成，呈白色、黄色或橙色，且无光泽。球的材料也在不断革新中（例如，高弹环保、价廉物美、耐用好打的无缝球已经风靡全球，受到越来越多的球迷的欢迎和喜爱）。

### 4. 球拍的要求

1）球拍的大小、形状和重量不限，但底板应平整、坚硬。

2）底板厚度至少应有85%的天然木料，加强底板的黏合层可用碳纤维、玻璃纤维或压缩纸等纤维材料，每层黏合层不超过底板总厚度的7.5%或0.35毫米。

3）用来击球的拍面应用一层颗粒向外的普通颗粒胶覆盖，连同黏合剂厚度不超过2毫米；或用颗粒向内或向外的海绵胶覆盖，连同黏合剂厚度不超过4毫米。

① 普通颗粒胶，是一层无泡沫的天然橡胶或合成橡胶，其颗粒必须以每平方厘米不少于10颗且不多于50颗的平均密度分布整个表面。

② 海绵胶，即在一层泡沫橡胶上覆盖一层普通颗粒胶，普遍颗粒胶的厚度不超过2毫米。

4）覆盖物应覆盖整个拍面，但不得超过其边缘。靠近拍柄部分及手指执握部分可不予以覆盖，也可用任何材料覆盖。

5）底板、底板中的任何夹层、覆盖物及黏合层均应为厚度均匀的一个整体。

6）球拍两面不论是否有覆盖物，必须无光泽，且一面为鲜红色，另一面为黑色。拍身边缘上的包边应无光泽，不得呈白色。

7）由于意外的损坏、磨损或褪色造成拍面的整体性和颜色上的一致性出现轻微的差异，只要未明显改变拍面的性能，可以允许使用。

8）比赛开始时及比赛过程中运动员需要更换球拍时，必须向对方和裁判员展示他将要使用的球拍，并允许他们检查。

### （二）主要比赛规则

#### 1. 合法发球

1）发球开始时，球自然地置于不持拍手的手掌上，手掌张开，保持静止。

2）发球员须用手将球几乎垂直地向上抛起，不得使球旋转，并使球在离开不执拍手的手掌之后上升不少于 16 厘米，球下降到被击出前不能碰到任何物体。

3）当球从抛起的最高点下降时，发球员方可击球，使球首先触及本方台区，然后越过或绕过球网装置，再触及接发球员的台区。在双打中，球应先后触及发球员和接发球员的右半区。

4）从发球开始到球被击出，球要始终在比赛台面的水平面以上和发球员的端线以外，并且不能被发球员或其双打同伴的身体或衣服的任何部分挡住。球一旦被抛起，发球员的不执拍手应立即从发球员的身体和球网之间的区域移开。

5）运动员发球时，应让裁判员或副裁判员看清他是否按照合法发球的规定发球。

6）如果裁判员对运动员发球的合法性有怀疑，在一场比赛中第一次出现时，判重发球，并警告发球方。此后，裁判员对该运动员或其双打同伴发球动作的合法性再次怀疑，将判接发球方得 1 分。

7）无论是否第一次或任何时候，只要发球员明显没有按照合法发球的规定发球，无须警告，应判接发球方得 1 分。

8）运动员因身体伤病而不能严格遵守合法发球的某些规定时，可由裁判员做出决定免于执行。

#### 2. 合法还击

对方发球或还击后，本方运动员必须击球，使球直接越过或绕过球网装置，或触及球网装置后再触及对方台区。

#### 3. 比赛次序

1）在单打中，首先由发球员合法发球，再由接发球员合法还击，然后两者交替合法还击。

2）在双打中，首先由发球员合法发球，再由接发球员合法还击，然后由发球员的同伴合法还击，再由接发球员的同伴合法还击。此后，运动员按此次序轮流合法还击。

#### 4. 重发球

1）回合中出现下列情况应判重发球：①如果发球员发出的球在越过或绕过球网装置时触及球网装置，此后成为合法发球或被接发球员或其同伴阻挡；②如果接发球员或接发球方未准备好时球已发出，而且接发球员或接发球方没有企图击球；③由于发生了运动员无法控制的干扰，而使运动员未能合法发球、合法还击或遵守规则，裁判员或副裁判员暂停比赛。

2）可以在下列情况下暂停比赛：①由于要纠正发球、接发球次序或方位错误；②由于要实行轮换发球法；③由于警告或处罚运动员；④由于比赛环境受到干扰，以致该回合结果有可能受到影响。

5. 1 分

除被判重发球的回合，下列情况运动员得 1 分：①对方运动员未能合法发球；②对方运动员未能合法还击；③运动员在合法发球或合法还击后，对方运动员在击球前，球触及除球网装置以外的任何东西；④对方击球后，该球没有触及本方台区而越过本方端线；⑤对方阻挡；⑥对方连击；⑦对方用不符合条款的拍面击球；⑧对方运动员或他穿戴的任何东西使球台移动；⑨对方运动员或他穿戴的任何东西触及球网装置；⑩对方运动员不执拍手触及比赛台面；⑪双打时，对方运动员击球次序错误；⑫执行轮换发球法时，接发球方完成了 13 次合法还击。

6. 一局比赛

在一局比赛中，先得 11 分的一方为胜方。10 平后，先多得 2 分的一方为胜方。

7. 一场比赛

一场比赛由奇数局组成，采用五局三胜制或七局四胜制。

8. 发球、接发球、方位的次序

1）选择发球、接发球和方位的权力应由抽签来决定。中签者可以选择先发球或先接发球，或选择先在某一方位。

2）当一方运动员选择了先发球或先接发球或选择了先在某一方位后，另一方运动员必须有另一个选择。

3）在获得每 2 分之后，接发球方即成为发球方，以此类推，直至该局比赛结束，或者直至双方比分都达到 10 分或实行轮换发球法。这时，发球和接发球次序仍然不变，但每人只轮发 1 分球。

4）在双打的第一局比赛中，先发球方确定第一发球员，再由先接发球方确定第一接发球员。在以后的各局比赛中，第一发球员确定后，第一接发球员应是前一局发球给他的运动员。

5）在双打中，每次换发球时，前面的接发球员应成为发球员，前面的发球员的同伴应成为接发球员。

6）一局中首先发球的一方，在该场下一局应首先接发球。在双打决胜局中，当一方先得 5 分时，接发球方应交换接发球次序。

7）一局中，在某一方位比赛的一方，在该场下一局应换到另一方位。在决胜局中，一方先得 5 分时，双方应交换方位。

9. 轮换发球法

如果一局比赛进行到 10 分钟仍未结束（双方都已获得至少 9 分时除外），或者在此之前任何时间应双方运动员要求，应实行轮换发球法。

1）当时限到时，球仍处于比赛状态，裁判员应立即暂停比赛。由被暂停回合的发球员发球，继续比赛。

2）当时限到时，球未处于比赛状态，应由前一回合的接发球员发球，继续比赛。

3）此后，每位运动员都轮发 1 分球，直至该局结束。如果接发球方进行了 13 次合法还击，则判接发球方得 1 分。

4）轮换发球法一经实行，将一直使用到该场比赛结束。

# 第二节　羽毛球运动

羽毛球运动是一项隔着球网，使用长柄网状球拍击打平口端扎有一圈羽毛的半球状软木的室内全身性运动项目。它不仅具有健身、娱乐功能，还能调节心理，培养合作精神。

## 一、羽毛球运动概述

### （一）羽毛球运动的起源和发展概况

#### 1. 羽毛球运动的起源

现代羽毛球运动起源于英国。1873 年在英国格拉斯哥附近的鲍弗特公爵的伯明顿庄园里举办了一次游园活动。由于下雨，大家只好聚在室内。当时有位退役的军官将“浦那游戏”介绍给了大家，由于这项游戏的趣味性强，参与者个个尽兴而归，于是这项游戏活动便逐渐风行起来，并以“伯明顿”命名。英语中的羽毛球运动名称“badminton”便由此而来。

#### 2. 世界羽毛球运动的发展概况

1875 年，世界上第一部羽毛球规则在印度的浦那拟定，但由于世界各地的人们对这项运动的见解不一，因此各地的规则和场地也不一样。1878 年，英国人制定了渐趋完善和统一的比赛规则。1899 年，英国羽毛球协会举办了首届全英羽毛球锦标赛。此后，每年 3 月在伦敦举办一次，一直沿袭至今。

20 世纪 20 年代初，羽毛球运动传入中国。中华人民共和国成立前，只在上海、广州、北京、天津等城市的教会学校开展过羽毛球运动。1954 年，我国组建了国家羽毛球队。1959 年 9 月，在第 1 届全国运动会上羽毛球被列为正式比赛项目。

在羽毛球健儿的共同努力下，我国的羽毛球事业取得了令世界瞩目的辉煌成绩。在 1978 年第 8 届亚洲运动会上，我国羽毛球运动员获得了男子团体第 2 名和女子团体冠军。次年，在杭州举办的第 1 届世界杯羽毛球比赛和第 2 届世界羽毛球锦标赛上，我国运动员取得了男、女团体，男、女单打和男子双打 5 项冠军。

此后在国际比赛中，我国羽毛球队在团体、单项赛上均取得优异的成绩，展示了中国羽毛球队的实力，充分证明了中国羽毛球运动已进入世界强者的行列。

### （二）羽毛球运动的特点及锻炼价值

#### 1. 羽毛球运动的特点

羽毛球运动的特点是球轻、速度快、变化多，在室内外都可以进行，运动量可大可小，不同年龄、性别、身体条件的人均可参加。它可由两人组成单打比赛，也可由 4 人组成双打比赛，还可由不同性别组成男女混合双打比赛。因此，羽毛球运动是我国广大人民群众和少年儿童所喜爱的体育项目之一，具有广泛的群众基础。

### 2. 羽毛球运动的锻炼价值

1）提高人的耐力、协调性和灵敏性。无论是进行羽毛球比赛还是一般性的健身活动，参与者都要在场地上不停地进行脚步移动、跳跃、转体、挥拍，合理地运用各种击球技术和步法将球在场上往返对击。因此，增大了上肢、下肢和腰部肌肉的力量，加快了锻炼者全身的血液循环，增强了心血管系统和呼吸系统的功能。所以，羽毛球运动能提高人的耐力、协调性和灵敏性。

2）通过调节运动量，达到不同的健身目的。羽毛球运动适合男女老幼，运动量可根据个人年龄、体质、运动水平和场地环境的特点来调节。青少年可将其作为促进生长发育、提高身体机能的有效手段进行锻炼，运动量宜为中强度，活动时间以 40～50 分钟为宜。老年人和体弱者运动量宜较小，活动时间以 20～30 分钟为宜，达到增强心血管和神经系统功能，预防和治疗老年心血管和神经系统疾病的目的。

3）改善人体的血液循环。在户外进行羽毛球运动时，可使锻炼者吸入新鲜空气，受到阳光照射，改善人体的血液循环和新陈代谢，同时感受大自然的美丽，在运动中怡心健体。

## （三）羽毛球赛事博览

### 1. 汤姆斯杯

1939 年，国际羽毛球联合会（以下简称国际羽联）理事会决定举行世界男子羽毛球团体比赛。时任国际羽联主席的乔治·汤姆斯向赛事委员会捐赠了一只奖杯，因此将此杯命名为“汤姆斯杯”。从 1984 年起，此赛事改为每两年举行一届。比赛分为预赛、半决赛和决赛 3 个阶段。

汤姆斯杯比赛曾经采用九场五胜制，即 5 场单打、4 场双打，分两天进行。1984 年后比赛办法改为五场三胜制，即 3 场单打、2 场双打。

### 2. 尤伯杯

尤伯全名为贝蒂·尤伯夫人，是英国 20 世纪 30 年代著名的女子羽毛球选手。她在 1956 年的国际羽联理事会上，正式向国际羽联捐赠纪念杯，即现在的尤伯杯（Uber cup）。尤伯杯比赛又称为“世界女子羽毛球团体锦标赛”。尤伯杯赛制同汤姆斯杯赛制一样，在 1982 年以前是每 3 年举行一次，比赛采用七场四胜制；自 1984 年开始，改为每两年举行一次，采用五场三胜制。

1981 年国际羽联和世界羽联合并为国际羽联，决定将尤伯杯比赛与汤姆斯杯比赛在同时同地举行，并相应改为每两年举行一届。

### 3. 世界羽毛球锦标赛

世界羽毛球锦标赛是国际羽联在继汤姆斯杯、尤伯杯后，为了适应世界羽毛球运动日益发展的需要而设立的个人单项赛事。此项赛事只进行 5 个单项的比赛，即男女单打、男女双打和混合双打。所有项目的冠军都将获得金牌，亚军得银牌，半决赛的负者得铜牌。

1988 年国际羽联决定世界羽毛球锦标赛与新设立的苏迪曼杯比赛同时同地举行。国际羽联根据当时的世界排名，邀请每个项目中的前 16 名（对）运动员直接参加比赛。

4. 苏迪曼杯

苏迪曼杯是印度尼西亚的羽毛球协会代表本国人民向国际羽联捐赠的一座奖杯。1986年，在国际羽联召开的理事会上第一次提出了举行混合团体赛的建议。1988 年，国际羽联接受并指定了混合团体赛与单项锦标赛同时举行的事宜，并决定将苏迪曼杯作为混合团体赛的冠军奖杯。1989 年，在印度尼西亚同时举行了第 1 届苏迪曼杯比赛和第 6 届世界羽毛球锦标赛，同时规定此项比赛每两年举行一届，逢双数年是汤姆斯杯比赛、尤伯杯比赛，单数年为苏迪曼杯比赛。

**知识窗**

**如何检验羽毛球质量**

站在端线外，用低手向前上方全力击球，球的飞行方向须与边线平行。一个具有正常速度的球，应落在离对方端线 530～990 毫米的区域内。

## 二、羽毛球技术

（一）握拍法（以右手握拍为例）

羽毛球拍的握拍方法有两种：正手握拍法和反手握拍法。

1. 正手握拍法

正手握拍法又称为握手式握拍法。握拍时先用左手拿住球拍杆，使拍面与地面垂直，再张开右手，使虎口对着球拍框的内侧，手掌小鱼际肌靠在球拍柄端，小指、无名指、中指自然并拢，食指和中指稍分开，大拇指的内侧和食指贴在拍柄的两个宽面，将球拍柄握住。握拍时掌心不要贴紧拍柄，要使掌心与拍柄保持一定的空隙，如图 6-36 所示。

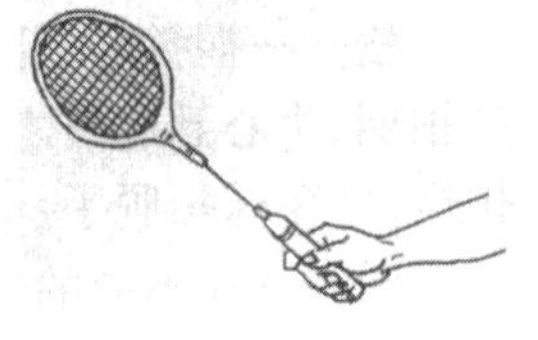

图 6-36　正手握拍

正手发球、身体右侧的放网前球、击肩下球和肩上球及头顶击球等一般采用正手握拍法。

2. 反手握拍法

反手握拍法是在正手握拍的基础上，将大拇指伸直，用其第一指节内侧顶点贴在拍柄内侧的宽面（图 6-37）上，食指收回，与拇指同（或略）高，用大拇指和食指将球拍稍向外转，中指、无名指、小指紧握拍柄，拍柄端靠近小指根部。握拍手心与拍柄之间留有空隙，以便能充分利用手腕力量和大拇指的内侧压力击球，如图 6-38 所示。

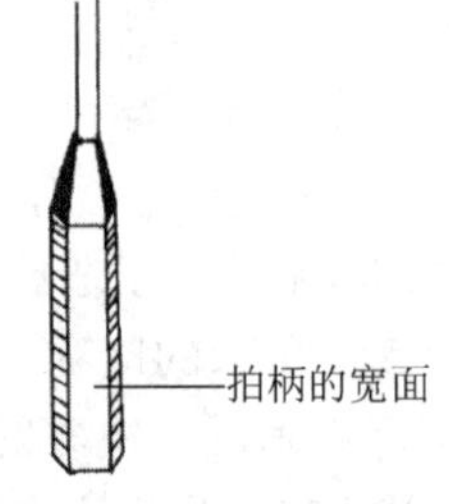


图 6-37　拍柄内侧的宽面

图 6-38　反手握拍

（二）发球技术及练习方法

1. 发球技术

羽毛球运动的发球技术，按其动作分为正手发球和反手发球两种。按球在空中飞行的弧线可分为发高远球、平高球、平快球和网前短球 4 种，如图 6-39 所示。按比赛项目划分，则有单打发球和双打发球两种。

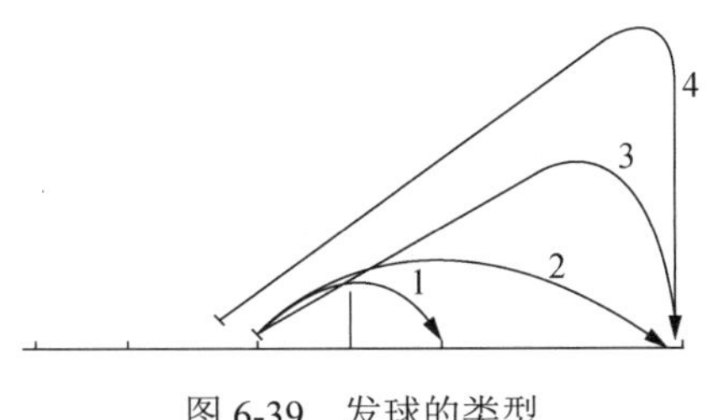


图 6-39　发球的类型

1. 网前短球；2. 平快球；3. 平高球；4. 高远球

1）正手发高远球。发高远球主要是把球发得又高又远，使球飞行到对方底线上空时几乎垂直下落，球的落点在对方场内端线附近。技术要领：发球时，重心由后脚前移至前脚，持球手松开使球自然下落，紧接着持拍手臂前臂由后上方经下方、侧下方，向前上方挥拍。球拍触球前瞬间，小臂带动手腕向前上方闪动，手紧握拍柄，利用手腕、手指的爆发力，用拍面的前半部击球。击球瞬间，拍面正对出球方向，击球点在发球员的右前下方。球拍击球后随惯性向左侧上方继续挥摆。出球飞行弧度与地面仰角一般大于 45°，如图 6-40 所示。

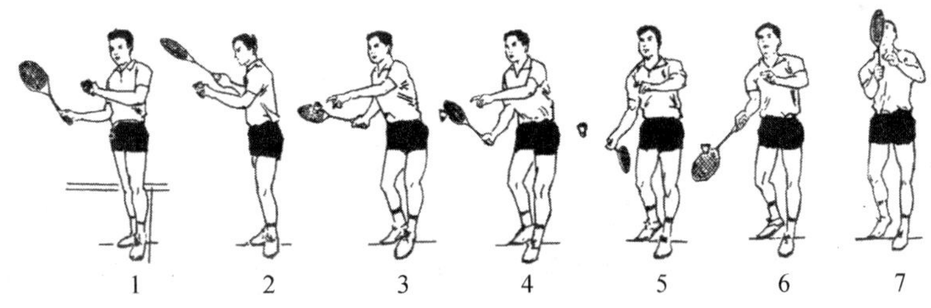


图 6-40　正手发高远球

2）正手发平高球。技术要领：站位与准备姿势同发高远球。挥拍击球时不要紧握拍柄，利用小臂挥动力量带动手腕、手指向前上方击球。拍面稍向前倾，使出球仰角小于 45°，球运行到最高点后逐渐下落至对方场内端线附近。

3）正手发平快球。技术要领：准备姿势同发高远球，站位稍靠后些。击球瞬间紧握球拍柄，利用小臂的挥动力量带动手腕、手指快速向前击球，拍面仰角小于 30°，使球越网而过直插后场，向对方反手部位或空档飞行。

2. 发球的练习方法

1）徒手模仿练习。

2）两人一组，正手发高远球练习。

3）两人一组，正手发平高球练习。

4）两人一组，正手发平快球练习。

### （三）接发球技术及练习方法

#### 1. 接发球技术

1）单打接发球站位和准备姿势。站位：在右发球区接发球时，运动员应站在靠中线离前发球线约 1.5 米处接发球；在左发球区接发球时，运动员则应站在该发球区内的中间位置接发球。

准备姿势：两脚开立，左脚在前右脚在后；身体侧身对网，重心在前脚，后脚脚跟稍离地，双膝微屈，收腹含胸，左手自然抬起屈肘，右手持拍于右身前；思想集中，两眼注视对方。

2）双打接发球站位和准备姿势。站位：双打比赛接发球员接发球可在接发球区内离前发球线较近的位置。准备姿势：与单打接发球准备姿势基本相同，身体重心可随意放在任何一脚上，球拍要举高以争取主动。在右发球区接发球时要注意防备发球员采用发平快球突袭反手部位。

#### 2. 接发球的练习方法

1）两人一组，一人发高远球，另一人用平高球、吊球或杀球还击。

2）两人一组，一人发网前球，另一人用平高球、高远球、网前球或平推球还击。

3）两人一组，一人用正手发平快球，另一人用推球、平高球还击。

### （四）击球技术及练习方法

#### 1. 击高球技术及练习方法

1）击高球技术。

① 正手击高球。技术要领：判断来球路线和高度，迅速移位使球下落于右肩稍前上空，侧身对网，左脚在前右脚在后，重心在右脚；右手屈臂将球拍举在右肩上，拍面对网，左手屈肘自然举起准备击球；当球下落至接近击球点高度时，胸部舒展，握拍手小臂向后移动，肘部自然抬起使球拍后引至头后，自然伸腕；击球时，右腿蹬地，转体收腹协调用力，大臂带动小臂送肘上举，小臂向前甩出（带有内旋动作）；击球瞬间，手臂几乎伸直，闪动手腕，用手臂、手腕和手指力量将球击出。若拍面向前上方则击高远球，若拍面稍向前上方则击平高球。击球后，手臂顺惯性向右前下方挥摆收拍于上体前，重心由右脚移至左脚，如图 6-41 所示。

② 反手击高球。技术要领：判断来球路线和高度，迅速移位，最后一步右脚前交叉向左侧底线跨出，背部向网，重心在右脚，举拍于左胸前，双膝微屈准备击球；击球时，下肢由屈到伸用力，持拍手肘关节举高用大臂支撑，当球在右侧上空下落时，大臂带动小臂把肘关节上举与肩同高，以肘关节为轴，小臂伸直并外旋，以小臂带动手腕、手指力量闪动，在右侧上方向后击球；击球后迅速转体面向网，如图 6-42 所示。

图 6-41　正手击高球

图 6-42　反手击高球

2）击高球的练习方法：①进行徒手模仿练习；②结合球与球拍进行尝试性练习；③两人一组，半场练习，一人发高远球，一人击高远球。

2. 吊球技术及练习方法

1）吊球技术。根据来球的不同路线和高度，吊球可采用正手或反手、高手或低手来打。高手吊球按球的飞行弧线和击球动作的不同可分为劈吊、轻吊和拦截吊 3 种，如图 6-43 所示。

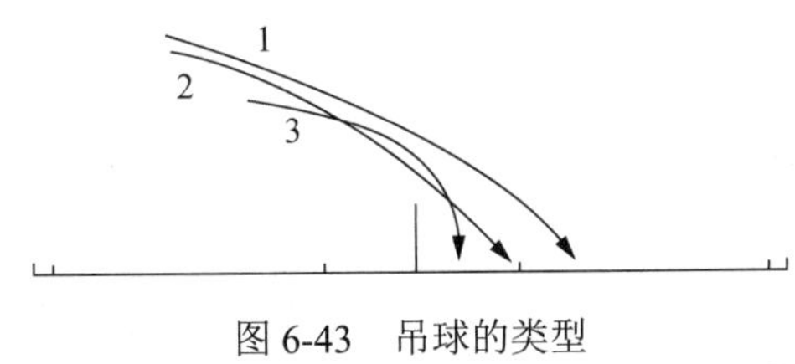


图 6-43　吊球的类型

1．劈吊；2．轻吊；3．拦截吊

吊球技术要领：准备姿势与击高球、扣杀球相似，只是击球时用力不同。在挥动球拍时，拍面呈半弧形，击球瞬间前臂突然减速，快速闪动手腕击球托的偏右侧（头顶吊球及反手吊球击球托的偏左侧）。打对角吊球时，当对方来球较高时，手腕向下切削的角度要大些，力量稍大些；当对方来球较平时，手腕向前推的动作要大些，向下切削的力量要小一些。吊直线球时，拍面正对前方，向前下压，如图 6-44 所示。

图 6-44　吊球

2）吊球的练习方法：①徒手模仿练习；②两人一组，一人站半边场地，一人发球，一人吊球（直线）；③两人一组，隔网斜线站位，一人挑球，一人吊球（斜线）。

3. 扣杀球技术及练习方法

1）扣杀球技术。扣杀球技术从手法上可分为正手扣杀球、头顶扣杀球和反手扣杀球 3 种。

① 正手扣杀球。技术要领：准备姿势、击球动作与正手击高球大致相同，不同的是在击球瞬间需用全力，充分利用右腿的蹬力、腰腹力、手臂腕力及重心的转移，快速将球向前下方击出。球拍触球时拍面前倾向前下方用力，手握紧球拍，击球点在右肩稍前上方。击球后球拍随惯性向左下方摆动，身体重心由右脚移至左脚，如图 6-45 所示。

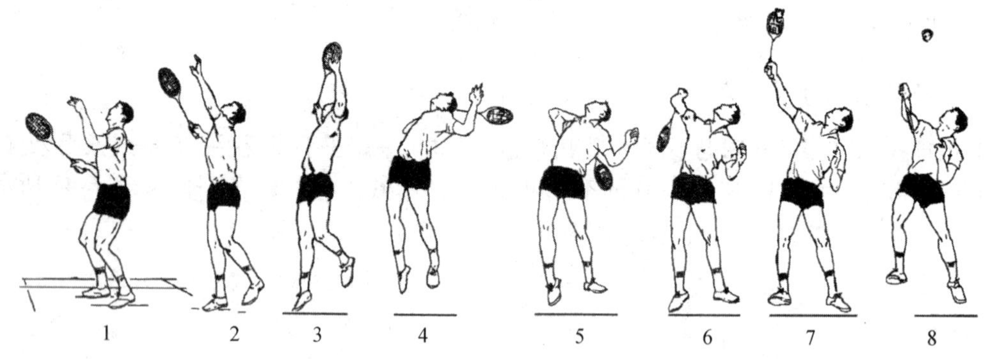


图 6-45　正手扣杀球

② 头顶扣杀球。技术要领：准备姿势、击球动作与头顶击高球相似。当球恰好落在头顶上空或左肩上空适当高度时，持拍手臂向上举拍并绕头由左肩向上，突然加快小臂、手腕的闪动并下压，同时右脚向左后方蹬地跳起，左脚后撤，身体呈背弓形，利用腰腹力和手部力量协调地向前下方用力将球击出。左脚着地时，要快速蹬地起步回位，准备回击下一个来球。

③ 反手扣杀球。技术要领：准确判断对方来球，迅速移动步法到合适的击球位置，最后一步右脚向左后侧跨出，背对球网，反手握拍，持拍手屈臂将球拍举至左肩上方准备击球。

当球落到右肩上方适当高度时，肘关节向上举高，以肘关节为轴，用左脚蹬地，展腰收腹，肩带动大臂、小臂、手腕、手指的力量，快速向后击球。击球瞬间握紧球拍，手腕快速用力向前下方扣压。

2）扣杀球的练习方法：①手持羽毛球站在半场内区，模仿扣球的方法向对方场区下压掷球；②练习者站在半场区，陪练者发半场高球，练习者做扣球练习；③一防一攻，如果陪练者有较强的挑球能力，可进行挑—扣—挑的连续练习，也可按扣球——般挡球—回击高远球—扣球的顺序进行练习。

4. 网前击球技术及练习方法

网前击球技术包括网前搓球、网前推球、网前勾球、网前扑球和放网前球等。

（1）网前击球技术

1）网前搓球。

① 正手搓球。技术要领：左脚蹬地，右脚向网前跨成弓箭步，侧身对网，重心在右脚。持拍手臂向前伸出，出手要快，握拍手腕和手指自然放松。击球时，前臂稍外旋，拍面与球网呈斜面向前。用手指控制好拍面并发力，使搓出的球尽可能贴网而过，如图 6-46 所示。

图 6-46 正手搓球

挥拍时，腕部由展腕至收腕闪动，带动手指向前切削，搓击球托的侧面底部，球呈下旋翻滚过网；或腕部由收腕至展腕闪动，带动手指离网提拉，搓击球托的侧面底部，球呈上旋翻滚过网。

② 反手搓球。技术要领：上网步法要快，左脚蹬地，右脚向网前跨成弓箭步，侧身背对网，重心在右脚，握拍手臂向前伸出，出手要快，手腕、手指自然放松，前臂稍上举，手腕前屈，握拍手部高于拍面，反拍迎球。击球时，主要靠前臂的前伸外旋和手腕由内收至展腕的合力，带动手指离网提拉；搓击球托的侧面底部，使球呈上旋翻滚过网。

搓球时，要注意用手指控制拍面，用手指发力，击球点要高且近网，搓出的球要尽可能贴近球网，旋转翻滚性能越强，对方回击就越困难。

2）网前推球。网前推球技术有正手推球和反手推球两种。

① 正手推球。技术要领：准备姿势与网前搓球相似。击球前，肘关节微屈回收，小臂稍外旋。手腕后伸，球拍向后摆。此时，小指和无名指稍松开，使拍柄稍离鱼际肌。击球时，身体稍前移，小臂前伸并带内旋，手腕、手指控制拍面角度，手腕由后伸直闪动，食指前压，

小指、无名指突然握紧拍柄。球拍急速推击球，球沿边线飞向对方后场底角。击球瞬间，拍面几乎与球网平行，如图 6-47 所示。

图 6-47　正手推球

② 反手推球。技术要领：准备姿势与反手网前搓球相似。准备击球时，小臂向左胸前收引，屈肘屈腕。击球时，小臂前伸略带外旋，手腕由屈到伸闪动，中指、无名指和小指突然握紧拍柄，大拇指顶压，向前挥拍，推击球托的侧面底部，将球推击到对方后场底线。

3）网前扑球。网前扑球有正手扑球、反手扑球两种；按扑球路线分为直线扑球、斜线扑球和扑追身球 3 种。

① 正手扑球。技术要领：准确判断来球路线和高度，快速蹬步上网，身体右侧扑向网，球拍随手臂向右前伸斜上举，正拍朝前。准备击球时，小臂外旋，手腕关节后伸，小指、无名指稍松开，使拍柄离开鱼际肌。击球时，手腕由后伸到屈腕闪动，利用小臂、手腕和手指的力量向前下方闪击球，球拍触球后立即收回。或靠手腕由右前向左前滑动式挥拍扑球，以免球拍触网违例。扑球后，球拍随手臂向右侧前下方回收，如图 6-48 所示。

图 6-48　正手扑球

② 反手扑球。技术要领：反手握拍于左侧前，当身体向左侧前方跃起时，持拍手小臂前伸上举，手腕外展，拍面正对来球。击球时，手臂伸直，手腕由外展到内收闪动，手握紧拍柄，拇指顶压，加速挥拍扑击球。击球后即刻屈肘，球拍回收。

4）网前勾球。勾球有正手勾球、反手勾球两种。

① 正手勾球。技术要领：看准来球快速上网，侧身对网，重心落在右脚上。握拍小臂前伸稍有外旋，手腕稍后伸，手腕、手指自然放松。拍柄稍向外捻动，拇指贴在拍柄宽面，食指第二指节贴在拍柄背面宽面，拍柄不触掌心。击球时，小臂稍内旋，手腕由稍后伸至内收闪腕，肘部略回收，拍面朝对方右网前拨击球托的侧面底部，球沿网的对角线飞越过网，如图 6-49 所示。

图 6-49　正手勾球

② 反手勾球。技术要领：看准来球，手臂前伸，球拍平举。准备击球时，肘部突然下沉，同时小臂略有外旋。击球瞬间，手腕由屈腕到伸腕闪动，拇指内侧和中指将拍柄向右侧一拉，其余手指突然握紧拍柄，球拍背面朝对方左网前拨，击球托的侧面底部，球沿对角线越网而过。

5）放网前球。放网前球技术有正手放网前球和反手放网前球两种。

① 正手放网前球。技术要领：准确判断来球路线和落点，快速上网，最后一步右脚在前，左脚在后跨成弓箭步，上体前倾，重心在右脚，侧身对网。右手正手握拍向前下方伸臂，小臂外旋展腕，左臂自然后伸，起平衡作用，拍面几乎朝上迎击来球。击球瞬间，手腕稍内屈轻轻闪动，食指和大拇指控制拍面角度和用力大小，球拍向前上方轻轻一托把球轻击送过球网，如图 6-50 所示。

图 6-50　正手放网前球

② 反手放网前球。技术要领：准确判断来球路线和落点，快速向左前侧上网，最后一步右脚在前，左脚在后跨成弓箭步，侧背对网，上体前倾，重心在右脚。右手反手握拍向前下方伸臂，小臂内旋展腕，左臂自然后伸，起平衡作用，拍面几乎朝上迎击来球。击球瞬间，腕部伸腕轻轻闪动，食指和拇指控制拍面角度和用力大小，球拍向前上方轻轻一托把球轻击送过球网。

放网前球时，如遇对方上网封堵网前，则可改放对角线网前球，避开对方的扑杀。

（2）网前击球的练习方法

1）进行徒手模仿练习。

2）两人一组，一人抛球，一人上网进行搓球、推球、扑球、勾球、放网前球练习。

3）水平较高的练习者，可两人站网前进行来回的连续搓球。

4）原地一人掷多球，一人练习网前推球、扑球、勾球、放网前球技术。

5）在原地挑球水平提高的同时，采用一对一掷多球进行移动中各种网前球练习。

#### 5. 基本步法

1）垫步。当左（右）脚向前（后）迈出一步后，紧接着以同一脚向同一方向再迈一步，称为垫步。它一般用于调整步距。

2）交叉步。左右脚交替向前、向侧或向后移动为交叉步。经另一脚前面超越的为前交叉步，经另一脚跟超越的为后交叉步。

3）小碎步。小的交叉步，由于步幅小、步频快，一般在起动或回动起始时采用。

4）并步。右脚向前（或向后）移动一步时，左脚即刻向右脚跟并一步，紧接着右脚再向前（向后）移一步，称为并步。

5）蹬转步。以一脚为轴，另一脚做向后或向前蹬转迈步。

6）蹬跨步。在移动的最后一步，左脚用力向后蹬的同时，右脚向球的方向跨出一大步，称为蹬跨步。它多用于上网击球，在向后场底线两角移动做抽球时也常采用。

7）腾跳步。起跳腾空击球的步法为腾跳步。它可分为两种，一种是在上网扑球或向两侧移动突击杀球时，以领先的脚（或双脚）起跳，做扑球或突击杀球。另一种是对方击来高远球时，用右脚（或双脚）起跳到最高点时杀球。

## 三、羽毛球战术

### （一）单打战术

#### 1. 发球战术

根据对方的站位、反击能力、接发球路线和思想状态等因素，有意识、有目的地采用多变的发球战术，争取由发球开始就掌握场上的主动，为自己创造进攻的机会。这种战术用于对付经验不足和防守能力较差的选手比较有效。

#### 2. 接发球战术

接发球要力争不让对方有直接进攻的机会，把球回击到远离对方所站的位置的落点上；或者回击到对方移动的方向相反的位置上；或者回击到对方技术薄弱的环节上，迫使对方被动回球。发球抢攻战术一般以发网前球结合发平快球、平高球开始，如果对方接发球质量较差，第一拍就主动进攻。

3. 压后场战术

对后场还击能力较差的对手，可以攻对方后场底线两角（尤其是反手场区），待回球质量差时发起进攻，或乘对方注意力只顾及后场时突然吊网前球。

4. 攻前场战术

对网前技术较差的对手，可以攻对方后场底线两角（尤其是反手场区），待回球质量差时发起进攻，或对方勉强回击成高球时进攻其后场。

5. 四方球结合突击战术

如果对手步法较慢，体力较差，技术又欠全面，可以平高球压对方后场底线两角和吊对方网前两角调动对方，当对方回球质量差或站位不当时发动进攻。

（二）双打战术

1. 发球与接发球战术

双打发球应以发 1 号、2 号区的低球为主，以避免接发球下压进攻，也可发一些 3 号、4 号区的平高球。平高球应突然发向接球员接球能力最薄弱的部位。接发球时，如果对方发网前球弧线较高，最好能快速上网扑杀；不能扑杀的则争取以搓、推技术回击，迫使对方向上挑球，为后场进攻创造机会。

2. 发球抢攻战术

应以发网前球为主，结合运用平快球、平高球，抓住对方接发球的习惯性球路和弱点，抓住战机，突击或封网扑杀。

3. 攻中路战术

当对方采用左右并列站位时，中间的位置是同伴双方容易出现矛盾的地方，可攻其中路，乱其阵脚，伺机制胜。

4. 避强打弱战术

如果对方二人的技术水平悬殊，可重点进攻弱者。如果强者争打来球，场上必会出现较大的空档，可乘虚击之。

## 四、羽毛球运动比赛场地与设备及主要比赛规则

（一）比赛场地与设备

1. 场地

球场长 13.4 米，宽 6.1 米（双打）、5.18 米（单打），用宽 20 毫米的线画出。网柱高 1.55 米。场地中间的网高 1.524 米，网宽 0.76 米。参加比赛的双方运动员分别站在各自的场区。

不论进行的是双打还是单打比赛，网柱或代表网柱的条状物均应置于双打边线上。

#### 2. 羽毛球

羽毛球可由天然材料、人造材料或其混合物制成。羽毛长 64～70 毫米，每一个球的羽毛从托面到羽毛尖的长度应一致。羽毛顶端围成圆形，直径为 58～68 毫米。羽毛应用线或其他适宜材料扎牢。球托直径 25～28 毫米，底部为圆形。羽毛球重 4.74～5.50 克。

#### 3. 球拍

球拍由拍柄、排弦面、拍头、拍杆、连接喉组成整个框架。球拍总长不超过 68 厘米，宽为 23 厘米。一个好的球拍连接拍头和拍杆的 T 字区并不明显。高档的连体羽毛球拍上的 T 字区包含在拍框中。

### （二）主要比赛规则

#### 1. 掷挑边器

1）比赛前，双方应掷挑边器。赢的一方将在先发球或先接发球和场区之间进行选择。

2）输方在余下的一项中做出选择。

#### 2. 计分

1）一场比赛以三局两胜制定胜负。

2）采用每球得分制。

3）每局比赛先得 21 分者获胜，当比分出现 20 平时，先胜两球者获胜，但比分为 29 平时，先满 30 分者获胜。

#### 3. 交换场区

以下情况运动员应交换场区：第 1 局结束；第 3 局开始前；第 3 局中或只进行一局的比赛中，当领先的一方得分为 11 分时。

#### 4. 发球

1）合法发球的情况有以下几种：①发球时任何一方都不允许非法延误发球；②发球员和接发球员都必须站在斜对角发球区内发球和接发球，脚不能触及发球区的界线，两脚必须都有一部分与地面接触，不得移动，直至将球发出；③发球员的球拍必须先击中球托，与此同时整个球要低于发球员的腰部（过腰违例）；④击球瞬间，球拍杆应指向下方，从而使整个拍头明显低于发球员的整个握拍手部（过手违例）；⑤发球开始后，发球员的球拍必须连续向前挥动，直至将球发出；⑥发出的球必须向上飞行过网，如果不受拦截，应落入接发球员的发球区内。

2）一旦双方运动员站好位置，发球员的球拍头第一次向前挥动即为发球开始。

3）发球员须在接发球员准备好后才能发球，如果接发球员已试图接发球则被认为已做好准备。

4）一旦发球开始，球被发球员的球拍触及或落地即为发球结束。

5）双打比赛，发球员或接发球员的同伴站位不限，但不得阻挡对方发球员或接发球员的视线。

### 5. 单打

1）发球员的分数为 0 或双数时，双方运动员均应在各自的右发球区发球或接发球。

2）发球员的分数为单数时，双方运动员均应在各自的左发球区发球或接发球。

3）球发出后，由发球员和接发球员交替对击直至违例或死球。

4）接发球员违例或因球触及接发球员场区内的地面而成死球，发球员就得 1 分。随后，发球员再从另一发球区发球；发球员违例或因球触及发球员场区内的地面而成死球，发球员即失去发球权。随后，接发球员成为发球员，双方均不得分。

### 6. 双打

1）一局比赛开始首先发球的一方，都应从右发球区发球。

2）只有接发球员才能接发球；如果他的同伴去接球或被球触及，发球方得 1 分。

① 自发球被回击后，由发球方的任何一人击球，然后由接发球方的任何一人击球，如此往返直至死球。

② 接发球方违例或因球触及接发球方场区内的地面而成死球，发球方得 1 分，原发球员继续发球。发球方违例或因球触及发球方场区内的地面而成死球，对方得 1 分并发球。

3）比赛采用 1 次球权制，双方在每轮次发球中都只有 1 次球权。

4）发球必须从两个发球区交替发出。发球方得分换位，接发球方不动。

5）运动员不得有发球顺序错误和接发球顺序错误，或在同一局比赛中连续两次接发球。

6）一局胜方中的任一运动员可在下一局先发球，负方中的任一运动员可先接发球。

### 7. 发球区错误

1）发球顺序错误。

2）从错误的发球区发球。

3）在错误的发球区准备接发球，且球已发出。

### 8. 发球区错误的处理

1）如果因发球区错误而重发球，则该回合无效，纠正错误重发球。

2）如果发球区错误未被纠正，比赛也应继续进行，并且不改变运动员的新发球区和新发球顺序。

### 9. 重发球

遇下列情况之一者，该球无效，由原发球员在原发球方位重新发球。

1）裁判员尚未报分或未报完分，发球员就将球发出。

2）发球员在接发球员未做好准备时发球。

3）球过网后挂在网上或停在网顶。

4）发球时，发球员和接发球员同时违例。

5）比赛进行中，球托与球的其他部分完全分离。

6）司线员未看清，裁判员也不能做出决定时。

7）比赛进行时，遇有意外事故，如外场球侵入球场影响比赛、灯光熄灭。

8）遇发球方位、顺序错误或接发球方位错误，如违例的一方获胜，而这一错误又是在下一次发球前发现的，判胜球不算，纠正错误，重新发球。

10. 死球

下列情况为死球。

1）击球过程中球撞网并挂在网上或停在网顶。

2）球撞网或网柱后开始在击球者这一方落向地面。

3）球触及地面。

4）违例或重发球已被宣报。

11. 违例

下列情况为违例。

1）发球不合法。

2）发球员发球时未击中球。

3）发球时，球过网后挂在网上或停在网顶。

4）比赛时，球落在球场界线外；球从网孔或网下穿过；球不过网；球碰屋顶、天花板或四周墙壁；球触及运动员的身体或衣服；球触及场外其他人或物体（由于建筑物的结构问题，必要时地方羽毛球组织可以指定羽毛球触及建筑物的临时规定，但其国家组织有否决权）。

5）比赛时，球拍与球的最初接触点不在击球者网的这一方（击球者击球后，球拍可以随球过网）。

6）比赛进行中，运动员球拍、身体或衣服触及网或网的支撑物；运动员的球拍或身体从网下侵入对方场区，妨碍对方或使对方分散注意力；妨碍对方，如阻挡对方紧靠球网的合法击球。

7）比赛时，运动员故意分散对方注意力的任何举动，如喊叫、故作姿态等。

8）击球时，球夹在和停滞在拍上紧接着又被拖带；同一运动员两次挥拍连续击中球两次；同方两名运动员连续各击中球一次；球触及运动员球拍后继续向其后场飞行。

12. 比赛连续性

1）比赛从第一次发球起至比赛结束应是连续的。

2）每场比赛的第 1 局和第 2 局之间有不超过 90 秒的间歇，第 2 局第 3 局之间应允许有不超过 5 分钟的间歇。

## 第三节　网球运动

### 一、网球运动概述

#### （一）网球运动的起源和发展概况

近代网球起源于英国。1873 年，英国少校沃尔特·克洛普顿·温菲尔德在羽毛球运动的启示下，将古式网球和羽毛球结合起来，设计出一种适于户外开展的草地网球，并取得有关场地、规则和器材的专利权。为此，温菲尔德少校获得了维多利亚十字勋章，他的半身雕像被矗立在伦敦草地网球协会会址的走廊里。

近代网球运动诞生后，迅速传至世界各地。19 世纪后期，英国、美国、法国等国的商人、传教士将网球运动传入中国。最初，网球运动仅在一些教会和教会学校中开展，后来逐渐推广到上海、广州、北京等城市。

1913 年，世界网球的最高组织——国际网球联合会（以下简称国际网联）在法国巴黎正式成立。1896～1924 年，网球为奥运会的比赛项目。此后，国际网联因运动员参赛资格问题而与国际奥委会发生冲突，网球不再是奥运会项目，直到 1988 年才重新进入奥运会。国际网联一直在促进和鼓励网球的教学，在国际赛事制定和实施规则等方面做出了巨大贡献，为网球运动的进一步发展开辟了广阔的前景。

### （二）现代网球运动的特点及锻炼价值

#### 1. 现代网球运动的特点

现代网球运动表现出如下特点：一是普及率高；二是比赛水平高，竞争激烈，比赛成绩具有不确定性；三是向速度、力量型方向发展，随着器材的改革，尤其是球拍的研制，球速越来越快，击球的力量越来越大；四是职业化、商业化程度高，随着各种大赛奖金的不断提高，网球的职业化、商业化程度越来越高。

#### 2. 网球运动的锻炼价值

1）提高呼吸系统功能。网球运动是以有氧运动为主，有氧、无氧运动相交替的一项运动。在比赛中，选手在底线打对攻战，或在底线或两侧来回奔跑，或跑到网前救小球，因此网球运动对运动员的耐力素质要求很高。网球运动员的肺活量一般可达 5000～6000 毫升，比普通人多 2000 毫升。可见，网球运动是一项有效提高呼吸系统功能的运动。

2）提高身体素质。网球运动对力量素质的要求很高。首先网球拍较重，在发球和接球时，需要用较大的力量去挥动。经常打网球，可以促进肌肉各项指标的提升。网球运动对柔韧性素质要求也颇高。例如，发球时的背弓动作，对运动员的肩关节和腰部的柔韧性要求很高；接一些大角度的来球或上网截击时，就要求选手要有良好的下肢柔韧性。

3）有利于形成健美的形体。网球运动是一种全身运动，在击球过程中，肩、胸、背、腰、腿各部位的大小肌肉群都参与工作，使人的颈、肩、脊柱、髋、踝各关节得到锻炼，而且有利于矫正和改善身体姿势，使人体协调地生长，形成健美的形体。

4）有利于提高人的决策力，磨炼人的意志。在网球比赛中，根据对手的弱点和自己的技术优势，选择合适的战术，扬长避短，可提高人的决策力。有时运动员面临着被对手破发的危险，或比赛打到抢七局，这时如果球员心理品质坚强，就有可能取得最后的胜利。因此经常参加网球比赛，有助于磨炼意志，培养自信和临危不惧等优良的心理品质。

5）有利于加强社会交往和减压，是一种快捷、有效地结交朋友的方法。现代社会，人的生存压力空前增大，人们易烦易躁。在网球场上，人们通过快速的奔跑、强有力的击打等可以消解自己的紧张、压力，从而以充分的体力和精力迎接新的挑战。

### （三）网球运动赛事

#### 1. 温布尔登网球锦标赛

首届温布尔登网球锦标赛于 1877 年举行，是现代网球史上最早的网球比赛。比赛时间安排在每年的 6～7 月举行，因此温布尔登网球锦标赛成为大满贯赛事的第三大站比赛。

第 1 届温布尔登网球锦标赛只设男子单打，1879 年增加了男子双打，1884 年增加了女子单打，1889 年增加了女子双打和混合双打。1901 年开始接受外国选手参赛，1905 年正式允许世界各国网球选手报名参赛，成为名副其实的国际性赛事。2006 年，我国选手郑洁和晏紫夺得温布尔登网球锦标赛双打冠军。

#### 2. 法国网球公开赛

第 1 届法国网球公开赛于 1891 年在巴黎西部罗兰 • 卡罗斯的体育场内举行。它是国际上享有盛名的传统网球比赛，由于比赛日期安排在每年的 5～6 月，因此它又是大满贯赛事的第二大站比赛。1925 年，法国网球公开赛正式对外开放，成为国际性的公开赛。在 2011 年法国网球公开赛女单决赛中，中国选手李娜以 2∶0 战胜意大利选手斯齐亚沃尼，夺得冠军。这是亚洲选手第一次夺得大满贯赛事的单打冠军。2011 年 6 月 4 日，李娜赢得法国网球公开赛女单冠军奖杯，其世界排名从第 7 位跃居至第 4 位。

#### 3. 美国网球公开赛

第 1 届美国网球公开赛于 1881 年在美国罗德岛新港举行，每年举办一次。1968 年被列为四大网球公开赛之一，是每年最后一站的大满贯赛事。由于美国网球水平较高，比赛奖金数额远远高于其他比赛，因此吸引了世界上众多顶尖选手参加，它的影响力仅次于温布尔登网球锦标赛。

#### 4. 澳大利亚网球公开赛

澳大利亚网球公开赛创办于 1905 年，比赛地点在墨尔本，在每年的 1～2 月举行，是大满贯赛事的第一大站比赛。澳大利亚是旅游圣地，有大量的移民，且比赛日期安排在年初，正是当地夏季，因此澳大利亚网球公开赛是很有影响力的网球赛事。

在澳大利亚网球公开赛比赛中，2006 年，我国选手郑洁和晏紫夺得双打冠军；2008 年，我国选手孙甜甜和塞尔维亚选手泽蒙季奇问鼎混双冠军；2011 年，我国选手李娜荣获亚军。

## 二、网球技术及练习方法

### （一）握拍法（以右手为例）

#### 1. 东方式握拍法

东方式握拍法分为正手握拍法和反手握拍法。

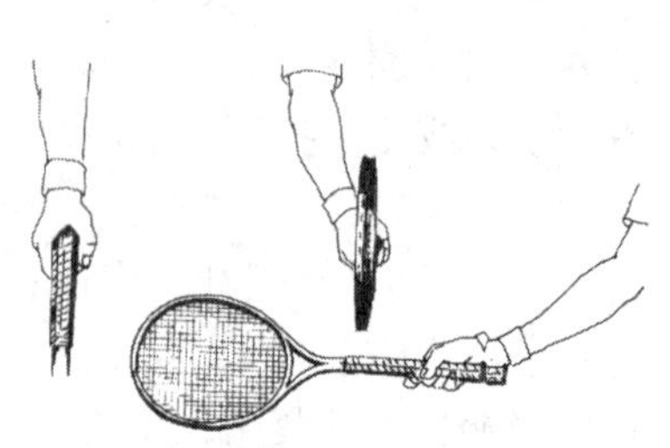
图 6-51　正手握拍

1）正手握拍如图 6-51 所示。技术要领：左手持拍，使拍面与地面垂直，然后右手的虎口对准拍柄右上方侧棱，手掌根与拍柄右上斜面贴紧，拇指垫握住拍柄的左垂直面，食指稍离中指，以第三指节压住拍柄右垂直面，五指紧握拍柄。

2）反手握拍法。在正手握拍法的基础上把手向左转动，使持拍手虎口对正拍柄左侧棱面。用手掌根压住拍柄的左上斜面，拇指直贴在拍柄的左垂直面上，食指第三指节压住右上斜面。

### 2. 大陆式握拍法

大陆式握拍如图 6-52 所示。技术要领：持拍手虎口对准拍柄上棱面；手掌根抵住拍柄上部的平面，拇指伸直贴着拍柄的左垂直面，食指第三指节紧贴拍柄右上斜面，小指、无名指和中指都紧贴拍柄。

### 3. 西方式握拍法

西方式握拍法分为正、反两种握拍方式，如图 6-53 所示。

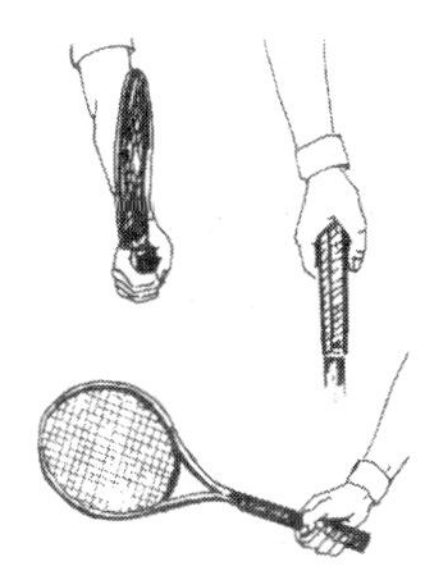

图 6-52 大陆式握拍

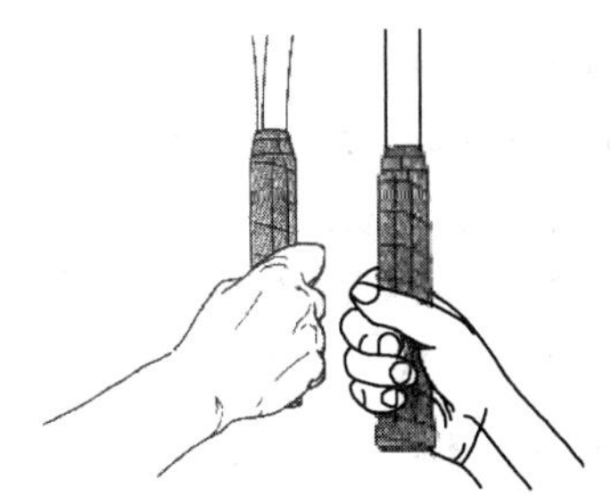

（a）正手握拍 （b）反手握拍

图 6-53 西方式握拍

1）正手握拍法。技术要领：拍面与地面平行，持拍手掌心朝下抓住拍柄，手掌根大部分贴着拍柄右下斜面，拇指和食指都不前伸，拇指第二指节贴着拍柄的右下斜面。

2）反手握拍法。技术要领：在正手握拍的基础上，手腕顺时针转动，使食指第三指节压住拍柄上侧面，掌根贴着左上斜面。

## （二）击球技术及练习方法

### 1. 准备姿势（以右手持拍为例）

技术要领：面对球网，双脚左右开立，略比肩宽，两膝微屈，上体稍前倾，重心落在前脚掌。右手轻握拍柄，左手托住球拍，将球拍置于腰腹与胸部之间，双手肘关节放于腰侧，目光注视来球方向，如图 6-54 所示。

图 6-54 准备姿势

### 2. 抽击球技术及练习方法

（1）抽击球技术

1）正拍抽击球，如图 6-55 所示。

图 6-55 正拍抽击球

准备姿势：面对球网，双脚向前自然开立与肩同宽，双膝微屈，身体稍前倾，重心落在双脚的前脚掌上。右手握拍，左手轻托拍颈，双肘自然弯曲，将球拍置于身体前方，拍面垂直地面，拍头指向对方，两眼注视对方来球方向，做好回球准备。

后摆引拍：当判断来球朝正拍方向击来时，立即转动双脚，左脚跟抬起并向右斜前方跨一小步，同时向后转肩、转髋，带动右手向后呈弧形摆动引拍，引拍时肘关节自然弯曲并稍抬起。左手前伸，保持身体平衡，后摆引拍时身体重心向右脚转移，以左肩对网。

挥拍击球：从后摆进入向前挥动时紧握球拍，配合蹬地转体动作，以上臂带动前臂向前上方挥拍，击球点位于身体重心脚的前侧方，击球时的挥拍速度达到最快，球打在拍面的中心，击球挥拍时拍面略向上摩擦，使球稍带上旋。

随挥跟进：击球后，球拍沿着球飞行方向继续向前上方挥动，重心前移至左脚，身体由侧身转向正对球网，挥拍动作在左肩上方结束，然后迅速还原成准备姿势。

**知识窗**

**怎样挑选网球拍**

根据球手的身高、体形和体能来挑选球拍。如果是身材高大健壮、体能好的球手，建议选择拍身较软、弹性较小的球拍；如果是身材瘦小、体能较差的球手，建议选择拍身较硬、弹性较大的球拍；如果是身材及体能中等的球手，建议选择中幅型的球拍。

2）反拍抽击球，如图 6-56 所示。

准备姿势：面对球网，两脚左右开立与肩同宽，两膝弯曲，上体略前倾，用非持拍手轻托拍颈，拍头与下颌齐平，双肘自然弯曲，重心落在双脚上，两眼注视对方来球方向，做好回球准备。当判断对方来球在反手位时，轻握拍颈的左手应迅速带动正手变换为反手握拍姿势。

后摆引拍：向左转肩、转体并带动右手向左后方摆动，同时右脚朝左前方跨步，以右肩侧对球网，左手轻托拍颈帮助右手向左后方挥摆，握拍手臂靠近身体并保持适当弯曲，重心移到左脚上。

挥拍击球：向前挥拍时应紧握球拍，手腕固定，转动双肩、躯干向球挥拍。击球时，球拍与右脚应在一条直线上，击球点在右脚的侧前方。击球瞬间，拍面垂直地面，挥动快速，肘关节稍外展弯曲，使球拍由下向前上方挥出。随着球拍前挥身体重心向前移动。

图 6-56　反拍抽击球

随挥跟进：球击出后，球拍沿着球飞行的方向前送，球拍和手臂充分伸展。重心前移，身体顺势转向球网，挥拍在右肩上方结束，迅速还原成准备姿势，准备下一次击球。

（2）抽击球练习方法

1）持拍挥拍练习。

2）对墙练习，掌握正、反手抽击球。

3）两人一组，在底线进行正反手抽击球练习。

4）两人一组，结合发球进行抽击球练习。

### 3. 截击球技术及练习方法

1）截击球如图 6-57 所示。

技术要领：握拍法普遍采用大陆式握拍法。

准备姿势：与抽球相似，两眼注视来球，及时判断出对方击球的方向及高度，调整自己的身体位置，快速移动。

击球动作：对于高球，不管是正、反手，都应侧对球网，两腿微屈，击球前重心放在后脚上，拍头高于球，击球点在体前或稍侧前方，固定手腕，用手臂和球拍把球压过网，要举拍快打，身体协调快速发力，力争一拍制胜。

截击低球时，屈膝降低重心，后腿弯曲至膝盖触地，用抖手腕方式击球，使球带有旋转。

2）截击球的练习方法：①持拍挥拍练习；②一人抛球，一人正手截击球练习；③一人抛球，一人反手截击球练习；④先截击球练习，再破网前球练习。

图 6-57　截击球

4. 高压球技术及练习方法

1）高压球如图 6-58 所示。

（a）交叉步向后退打高压球的步法

（b）侧步向前进打高压球的步法

图 6-58　高压球

握拍方法：高压球的挥拍方法与发球一样，适宜使用大陆式握拍法。这种握拍法既可以击出杀伤力很强的高压球，攻击对方直接得分，又可以在网前灵活地进行正、反拍的截击，因此，这种握拍法受到广大网球爱好者的喜爱。

准备姿势：球拍应向前上方举起，对着对方挑来的高球，身体向右侧转动，左脚在前，右脚在后，约与肩同宽，重心在后脚，左肩对网，在用短促的垫步迅速调整位置的同时，左手（非持拍手）上举指向来球方向，持拍的右手直接举起，右肘抬起略比肩高，拍头指向上方，眼睛注意高空飞来的球。

后摆动作：引拍从前方开始，从前下向后上方摆起，同时右腿后退一步，做屈膝、转体、展肩的动作，右肘由外向后展略比肩高。因为球从空中落下的速度很快，高压球只能是直接从前下方经前方向上举起球拍，缩短挥臂时间。

击球动作：击球点在身体前上方。用收腹、转体、转肩动作，由上臂带动前臂向前下方挥击。击球瞬间，手腕抖动用爆发力击球，重心移至左脚，果断挥拍猛击球的后上方。距网近，击球点稍前，击球的部位稍高些；距网远，需要迅速移动，后脚跳起高压，此时的击球点稍后。

随挥跟进：保持连续、完整的向前上方伸展的随挥动作，挥拍直至身体的左下方，身体转向球网保持平衡，击完球要迅速调整位置，准备接对方回球。

2）高压球的练习方法：①无球持拍挥拍练习；②对墙练习掌握正手的高压球练习；③两人一组，一人抛球，另一人进行站定高压球练习；④两人一组，一人抛球，另一人进行跳起高压球练习；⑤两人一组，一人抛球，另一人进行后退高压球练习。

5. 挑高球技术及练习方法

1）挑高球如图 6-59 所示。

图 6-59　挑高球

握拍方法：挑高球技术是回击落地球的一种方法，所以它的握拍法与正、反手击球相同，即正手挑高球可使用正手握拍法，反手挑高球可使用反手握拍法。

准备姿势：与正、反手击球的准备姿势基本相同。但注意力应高度集中，注视来球，紧握球拍。

后摆动作：与正、反手抽球相似。判断好来球方向，以转髋带动右手向后下方呈弧形摆动引拍，引拍时肘关节自然弯曲并稍抬起，手腕外展，重心转移至后腿。

击球动作：由后下方向前上方挥动，击球点在身体的侧前方，重心在右脚上。击球时，身体转动，带动手臂向前上方挥出，拍头微低于手腕，位于球后。击球瞬间，利用手腕的回拨和前臂的回旋动作，使球拍从球的后下方向前上方做弧形擦击球。击球点在前脚的稍后处，整个击球动作应舒展放松。

随挥跟进：挑高球的随挥动作应尽量远伸，球拍向击球的方向充分送出，直至放松地挥到身体左侧。动作结束后，身体转向球网保持平衡，击完球要迅速调整位置，准备接对方回球。

2）挑高球的练习方法：①无球持拍挥拍练习；②两人一组，平击挑高球练习；③两人一组，上旋挑高球练习；④两人一组，下旋挑高球练习；⑤击球—放轻球—上网—挑高球练习。

### 6. 放短球技术及练习方法

1）放短球如图 6-60 所示。

（a）反手的近网放短球　（b）正手的近网放短球

图 6-60　放短球

握拍方法：采用与正、反拍抽球相同的握拍法。

准备姿势：与正、反拍抽球时的准备姿势一样。

后摆动作：短球的后摆拉拍动作与正、反拍抽球相似，侧身转体带动手臂后摆引拍。

击球动作：侧身还击来球。击球时，手腕张紧，使拍面稍后仰，击球点仍在身体前方，球拍接触球时，从球的侧下削击球，使之产生下旋，并适当地前推或托击球，使球沿弧线落在对方球场近网处。

随挥动作：球拍向击球的方向跟进，用放松、协调的动作来完成跟随动作。

2）放短球的练习方法：①无球持拍挥拍练习；②自己抛球，放短球练习；③两人一组，一人抛球，一人放短球练习。

### 7. 反弹球技术及练习方法

1）反弹球如图 6-61 所示。

图 6-61　反弹球

握拍方法：一般采用东方式或大陆式握拍法。

准备姿势：判断好对方来球后，身体迅速屈膝下蹲，重心下降；手腕用力握住球拍，拍面对准来球方向迅速向下，准备做跨步迎击的动作。

后摆动作：后摆动作要小，以正手为例，转肩后摆引拍，拍头略高于手腕，左手指向来球，左肩侧对网，随着左脚向前跨出，身体重心随之下降。对底线深区的反弹球，后摆动作幅度要大很多，因距网远，需要加力抽击。

击球动作：场地近网的反弹球采用交叉跨步的步法，以保持侧身对网和下蹲降低重心保持身体平衡，击球点在前脚的侧前方，球拍尽量与地面平行，拍头与手腕同高，由下向上挥动击球。

随挥动作：不宜过长，只要送球方向清晰，即可结束动作，迅速还原。

2）反弹球的练习方法：①无球持拍挥拍练习；②对墙进行正、反手反弹球练习；③两人一组，轻击反弹球练习；④两人一组，推击反弹球练习；⑤两人一组，抽击反弹球练习。

### 8. 发球技术及练习方法

（1）发球技术

发球分为削击发球、平击发球、旋转发球 3 种。

1）削击发球也叫切削发球。这种发球实用且易掌握，是初学者适宜采用的发球方法。它是一种以右侧旋转（稍带上旋）为主的发球法，优点是球速快、威胁大、命中率高。发球时，将球抛向右侧前上方，转体带动手臂由上方向左下方切削击球，击球点在球的中部偏右侧，使球产生右侧旋转。

2）平击发球的优点是力量大、球速快、威胁大。这种发球适合身材高大的选手使用。发球时，把握好击球点，用球拍面中心对准抛出的球，在球达到最高点时，充分向上向前伸展身体和手臂，然后以手臂带手腕鞭打，抽击球的后中上部。

3）旋转发球的作用是通过摩擦球体使球产生以上旋为主、以侧旋为辅的旋转性能。由于它的上旋强烈，球做明显的从上向下的抛物线运动。球落地反弹后会向左侧飘移，可迫使对手离位接球，从而使自己赢得主动。

（2）发球的练习方法

1）抛球练习，提高发球质量。

2）模拟发球，用一杆挑起固定球做发球练习。

3）在发球区发球练习。

4）在发球区发不同落点球的练习。

## 三、网球战术

### （一）单打战术

1）发球的站位。单打发球一般站在距中点较近的位置，但也可以根据自身的特点和对手的站位有所改变。例如，右区选手向边线一侧站位，有利于发出角度更大的外角球，可以充分将对手拉出场地左区、靠近边线，更有利于下一板球的正手进攻。

2）发球落点。发球落点通常取决于球的旋转类型和飞行路线，因为球拍的角度决定球的旋转和方向。在右区，通常用平击球发对手的内角，用削击球发对手的外角，用稳健的上旋球发对手的中路追身；在左区，通常采用平击球发对手的外角，用削击球发对手的内角，用上旋球发对手的中路追身或外角。

3）发球上网。发球上网通常抛球要靠前一些，并尽量向前上方跳起，然后向网前冲去；在对方击球时，应该立刻跳步停住，以便判断来球的方向，然后对着球，向前去做网前第一次截击。至于移动到什么地方击球，则取决于发球的落点和接球员回球的角度。要注意的是，不要希望在第一次截击时得分，除非对方回球又高又软，否则应当力图把球打深，并尽量击向对手的弱处，使对手留在端线，迫使其回球质量不高，同时使自己可以来到网前，站在更具有威胁性的位置上，再通过第二板击垮对手。大部分中上水平的运动员，特别是专业运动员，都会利用第一发球的成功，立即上网截击。

### （二）双打协作配合战术

#### 1. 发球的配合

双打的发球以旋转和落点为主，因为相对于单打每个人需要控制的面积缩小，不容易接发球抢攻直接得分，所以不必死拼发球。发球前要让同伴了解自己发球的落点，以便同伴有备于抢网。在双打比赛中发球技术好的球员应作为每队的第一发球员，每次发球比单打更注重一发成功率，落点以内角和中路居多，以使对手无法击出大角度的回球，有利于同伴抢网得分。

#### 2. 接发球的配合

1）协同防守。如果同伴出现十分被动的局面，要给予支持和援助。当同伴被迫挑高球时，自己要立刻后退，使自己一方处于被动的防守地位。退回底线虽然被动了，但是一旦出现浅球，两人可马上一块上网，回到网前。

如果同伴被拉出边线，自己要立即向同伴靠近，给同伴以支援。否则，在自己与同伴之间会留下很大的空档，使对手很容易打出破网球，同时根据被动的局面，适当后退，等待机会。

2）抢网战术。

① 抢网。抢网是指网前队员横向或向斜前方移动，拦截对方打过来的斜线球。它要求网前队员有敏捷的思维、准确的判断及快速的步法。是否抢网两人要事先商定。一些双打的配对队员喜欢用暗号。例如，网前队员把手放在背后，用握拳或张开手指向发球员表示他抢不抢网，但最好要有口头上的约定。需要注意的是，千万不能让对方猜透你的意图或听到你们的交流，而且一旦做出决定就要坚决执行。

② 防守空档区域。当网前队员抢网时，很容易造成他的那半块场地空出，无人防守，所以发球员发球之后，不应直接向前冲，而应向前跑几步，然后向同伴留下的那半场跑去，并继续向网前移动。抢网的球员在拦截之后要进入发球员的场区，两人交叉换位，防守对方可能回击的直线球，以及抢网人第一次截击没能得分后的回击球。

③ 抢网时机。抢网时，需要在对方球员击球的一瞬间移动，而不要在接球员击球之前移动，把自己的行动意图暴露给对方，否则对方击出直线球便很有可能得分；同时也不能移动得过晚，否则便抢不到球。

④ 抢网击球路线。如果能够抢到，最佳的击球路线是对方网前队员的脚下。因为这样的球使对方十分难受，至少可使对手无法发动进攻。如果抢网的同时，对手的接发球员仍在底线，那么接发球方网前队员的背后也是他们的"死穴"。对于手感很好的网前队员也可截击至接发球队员一面的小斜线，如果接发球队员上网很快，那么他们的中路则是最薄弱的地方，是攻击重点。

3）扣杀高压球。无论对方是进攻性挑高球还是防守性挑高球，网前队员都要尽力不让球落地，在空中将球扣杀过网。因为双打由两人进行防守，所以经常出现即使一两板高压球也不能得分的状况，这时不能着急，要紧紧地把握住网前优势。高压球的战术与打落地球不同，要尽量压斜线球才有威胁，但不要像打落地球那样攻击对手中路。

4）运用双打战术的要点：①提高一发的成功率，旋转落点要有变化；②接发球要求低而斜地打在发球员的脚下；③与同伴一起向前、后退，一起左、右移动守住球场；④尽力控制网前；⑤迫使对方后退。

## 四、网球运动比赛场地及主要比赛规则

### （一）比赛场地

1）球场。球场应为长 23.77 米、宽 8.23 米的矩形。网高 1.07 米。

2）球场线。球场两端的界线叫底线，两边的界线叫边线。在距离球网两侧 6.4 米的地方各画一条与球网平行的线，为发球线。球网与每一边的发球线和边线组成的场地再被发球中线分为两个相等的区域，为发球区。

### （二）主要比赛规则

#### 1. 发球

1）发球前的规定。发球员在发球前应先站在端线后、中点和边线的假定延长线之间的区域，用手将球向空中任何方向抛起，在球接触地面以前，用球拍击球（仅能用一只手的运动员，可用球拍将球抛起）。球拍与球接触时，就算完成球的发送。

2）发球时的规定。发球员在整个发球动作中，不得通过行走或跑动改变原站的位置，两脚只准站在规定位置，不得触及其他区域。

#### 2. 发球员的位置

1）每局开始，先从右区端线后发球，得或失 1 分后，应换到左区发球。

2）发出的球应从网上越过，落到对角的对方发球区内或其周围的线上。

3．发球失误

未击中球；发出的球，在落地前触及固定物（球网、中心带和网边白布除外）；违反发球站位规定。发球员第一次发球失误后，应在原发位置上进行第二次发球。

4．发球无效

发球触网后仍然落到对方发球区内，接球员未做好接球准备，均应重发球。

5．交换发球

第 1 局比赛终了，接球员成为发球员，发球成为接球。以后每局终了，均依次互相交换，直至比赛结束。

（三）通则

1．交换场地

双方应在每盘的第 1、3、5 等单数局结束后，以及每盘结束双方局数之和为单数时，交换场地。

2．失分

发生下列任何一种情况，均判失分：①在球第二次着地前，未能还击过网；②还击的球触及对方场区界线以外的地面、固定物或其他物件；③还击空中球失败；④故意用球拍触球超过一次；⑤运动员的身体、球拍，在发球期间触及球网；⑥过网击球；⑦抛拍击球。

3．压线球

落在线上的球即压线球，算界内球。

（四）双打

1．双打发球次序

每盘第 1 局开始时，由发球方决定由何人首先发球，对方则同样地在第 2 局开始时，决定由何人首先发球；第 3 局由第 1 局发球方的另一名球员发球；第 4 局由第 2 局发球方的另一球员发球。以下各局均按此秩序发球。

2．双打接球次序

先接球的一方，应在第 1 局开始时，决定何人先接发球，并在这盘单数局继续先接发球。对方同样应在第 2 局开始时，决定何人接发球，并在这盘双数局继续先接发球。他们的同伴应在每局中轮流接发球。

3．双打还击

接发球后，双方应轮流由其中任何一名队员还击。如运动员在其同队队员击球后，再以球拍触球，则判对方得分。

### （五）计分方法

#### 1. 胜 1 局

1）每胜 1 球得 1 分，先胜 4 分者胜 1 局。
2）双方各得 3 分时为“平分”，平分后，净胜 2 分为胜 1 局。

#### 2. 胜 1 盘

1）一方先胜 6 局为胜 1 盘。
2）双方各胜 5 局时，一方净胜 2 局为胜 1 盘。

#### 3. 决胜局计分制

在每盘的局数为 6 平时，有长盘制、短盘制两种计分制。

1）长盘制。长盘制是指一方净胜 2 局为胜 1 盘。其计分方法如下：①先得 7 分者为胜该局及该盘（若分数为 6 平时，一方须净 2 分）；②首先发球员发第 1 分球，对方发第 2、3 分球，然后轮流发 2 分球，直到比赛结束；③第 1 分球在右区发，第 2 分球在左区发，第 3 分球在右区发；④每 6 分球和决胜局结束都要交换场地。

2）短盘制。短盘制是指决胜盘除外，除非赛前另有规定，一般应按以下计分方法执行：①第 1 个球（0∶0），发球员 A 发 1 分球，1 分球之后换发球；②第 2、3 个球（报 1∶0 或 0∶1，不报 15∶0 或 0∶15），由 B 发球，B 连发 2 分球后换发球，先从左区发球；③第 4、5 个球（报 3∶0 或 1∶2 或 2∶1，不报 40∶0 或 15∶30 或 30∶15），由 A 发球，A 连发两球后换发球，先从左区发球；④第 6、7 个球（报 3∶3 或 2∶4，4∶2 或 1∶5，5∶1 或 6∶0 或 0∶6），由 B 发 1 分球之后交换场地，若比赛未结束，B 继续发第 7 个球；⑤比分打到 5∶5、6∶6、7∶7、8∶8……时，需连胜 2 分才能决定谁为胜方，但在记分表上则统一写为 7∶6；⑥决胜局打完之后，双方队员交换场地。

### （六）基本规则

一般网球有一些基本规定：如分为单打和双打，每场比赛有数盘，而且一盘有数局，一局有数分，大多男子比赛以五盘三胜制，有些男子比赛及所有女子比赛以三盘二胜制。

#### 1. 胜 1 分

遇到下列情况时，判对方胜 1 分。
1）发球员连续两次发球失误或脚误时。
2）接球员在发来的球没有着地前用球拍击球，或球触及自己的身体和所穿戴的衣物时。
3）在球第二次落地前未能还击过网时。
4）还击球触及对方场区界线以外的地面、固定物或其他物件时。
5）还击空中球失败时。
6）在比赛中，击球员故意用球拍拖带或接住球，或故意用球拍触球超过一次时。
7）“活球”期间运动员的身体、球拍或穿戴的其他物件触及球网、网柱、单打支柱、绳或钢丝绳、中心带、网边白布或对方场区以内的场地地面。

8）还击尚未过网的空中球。

9）除握在手中的球拍外，运动员的身体或穿戴的物体触球。

10）抛拍击球时。

11）比赛进行中，运动员故意改变其球拍形状。

2. 胜 1 局

运动员每胜 1 球得 1 分，先胜 4 分者胜 1 局。但遇双方各得 3 分时，则为平分。平分后，一方先得 1 分时，为“接球占先”或“发球占先”。占先后再得 1 分，才算胜 1 局。

3. 胜 1 盘

一方先胜 6 局为胜 1 盘，但遇双方各得 5 局时，一方必须净胜 2 局才算胜 1 盘。

4. 决胜局

在每盘的局数为 6 平时，进行决胜局，先得 7 分为胜该局及该盘。若分数为 6 平时，一方须净胜 2 分。

# 第七章 舞美类运动

## 第一节 体育舞蹈

体育舞蹈是在有特定节奏的舞曲引导下运用交际舞舞技，展示舞蹈风格、魅力的竞技性国际标准交际舞。它是以竞赛为目的，具有自娱和表演观赏性的竞技舞蹈，包括现代舞（摩登舞）、拉丁舞、集体舞 3 个竞赛项目的 10 个竞赛舞种。体育舞蹈有很好的可参与性，人们可以根据自己的爱好，选择不同风格的舞种练习，是一项老少皆宜，便于开展的，具有塑造形体、培养风度气质和怡情健体功能的新兴体育运动。

### 一、体育舞蹈的起源与发展

体育舞蹈和其他舞蹈艺术一样，也起源于原始舞蹈，是随着人类社会的演变和文化进程而发展的。体育舞蹈的前身是社交舞，亦称舞厅舞，最早出现在 14～15 世纪的意大利地区，16 世纪末传入法国。1786 年巴黎开办了第一家交际舞厅，由此社交舞开始流行于欧美各国，成为一种普遍的社交方式。

随着体育舞蹈越来越受欢迎，总部设在英国的世界国际标准舞竞技总会和总部设在德国的世界国际业余舞蹈总会相继改名：前者改名为世界舞蹈和体育舞蹈理事会，后者改名为国际体育舞蹈联合会。两个组织联合起来，为争取体育舞蹈进入奥运会而共同努力。1995 年 4 月，国际奥委会决定给予竞争技术性体育舞蹈以准承认资格。奥运会的认可，为体育舞蹈的发展开辟了更广阔的天地。

我国体育舞蹈的开展深受西方文化的影响，早在 20 世纪 30 年代，交谊舞率先进入上海市，后在天津、广州等大城市广泛流行。中华人民共和国成立后，国内盛行内部舞会，通常由各地的工会、共青团、妇联组织，领导、群众同乐，大家一起跳交谊舞。1956 年以后，交谊舞陷入困境。1979 年 2 月，人民大会堂春节联欢会上交谊舞复出。从此，交谊舞普及开来。

20 世纪 80 年代初，随着改革开放的进一步深入，体育舞蹈在我国也进入了一个新的发展时期。外国专家及优秀选手纷纷来华讲学、表演、交流、培训，体育舞蹈迅速从北京、广州向全国推广。1989 年，中国舞蹈家协会正式成立了中国国际标准舞总会，20 世纪 90 年代后改名为中国国际标准舞协会，并于 1987 年举办了第 1 届全国国际标准舞锦标赛，以后每年举行一次。

1991 年 5 月 3 日，中国体育舞蹈运动协会成立，并依照国际规则，制定了我国第一个《体育舞蹈竞赛规则草案》。全国 30 个省市相继成立了体育舞蹈协会，举办了第 1 届全国体育舞蹈锦标赛，并加入了世界体育舞蹈职业总会和业余总会。1993 年年底，举办了中国上海——北京世界杯体育舞蹈锦标赛，这是我国首次获得世界舞蹈与体育舞蹈理事会和国际体育舞蹈联合会认可的世界性大赛。

作为新的体育运动项目，体育舞蹈的发展天地将会非常广阔，其体育价值和竞技价值将得到充分的体现。

**知识窗**

### 体育舞蹈比赛简介

目前体育舞蹈比赛主要有世界锦标赛、友谊赛、邀请赛、对抗赛等，世界锦标赛分专业组和业余组。在各种比赛中，又分别设少年组、青年组、中老年组等，比赛分初赛、复赛、半决赛、决赛4个阶段进行。

## 二、体育舞蹈的特点与分类

### （一）体育舞蹈的特点

体育舞蹈是一项集动作美、服装美、音乐美、形体美于一身的体育运动，具有健身、竞技表演、培养气质及文化修养等作用与特点，它的风格随着10个舞种的不同而各异。但就整体而言，体育舞蹈的特点有以下几个。

1）动作连贯，舞步变化多样。跳体育舞蹈时，要求脚跟过渡到脚掌或脚掌过渡到脚跟，同时身体重心的移动要连贯，现代舞中有时是单个移动，有时是双人移动，这样的要求就使舞步变化多样，深受广大爱好者的青睐。

2）规范性强，动作优美，幅度很大。体育舞蹈是一项高雅文明的运动，对舞蹈、舞步、舞德要求很高。在运步过程中，通过膝部发力、脚踝控制做移动，如果脚法错误，会导致选手在比赛中失利，从而影响体育舞蹈技术本身的发展。体育舞蹈又是力量的较量，选手在跳体育舞蹈时，巧妙地利用松膝发力及强有力的腰肌力量和腿部力量做出较大幅度的技术性动作，形成一种飘逸的感觉。

3）技术复杂，对音乐、服装要求很高，不同程度、不同阶段的学习伴随着不同的心理活动。

### （二）体育舞蹈的分类

体育舞蹈按舞蹈的风格和技术结构，分为现代舞和拉丁舞两大类。按竞赛项目可分成3类，即现代舞、拉丁舞和团体舞。现代舞包括华尔兹舞、探戈舞、狐步舞、快步舞和维也纳华尔兹舞5种；拉丁舞包括桑巴舞、恰恰舞、伦巴舞、斗牛舞和牛仔舞5种。

## 三、体育舞蹈的基本术语

#### 1. 舞蹈方向

在同一舞池，为避免舞者相撞而规定必须按逆时针方向行进。

#### 2. 舞程线

舞程线是指沿舞程方向行进的路线，如图7-1所示。

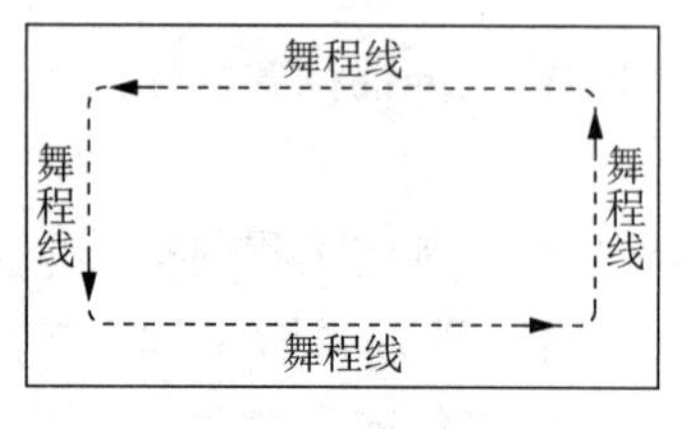


图7-1　舞程线

## 四、角度、方位及赛场

### 1. 旋转角度的认定

旋转时以每转 360° 角为 1 周，旋转 45° 角为 1/8 周；旋转 90° 角为 1/4 周，旋转 135° 角为 3/8 周，旋转 225° 角为 5/8 周，旋转 315° 角为 7/8 周。在记录旋转动作时，应先标明旋转的方向，即左转或右转，再标明角度，如左转 1/8 周，如图 7-2 所示。

### 2. 方位

为了便于舞蹈进行中正确地辨别方位和检查旋转的角度，根据国际上记录各种舞蹈的惯例，在舞场上要规定一定的方位。一般情况下，多以乐队演奏台的一面为规定方位的基点，定为“1 点”（也可在场地中任选一个面定为“1 点”）。每向顺时针方向转动 45° 角则变动一个方位，依次类推，一共有 8 个点。因此一个场地中的 4 个面为 1、3、5、7 点，4 个角为 2、4、6、8 点，如图 7-3 所示。

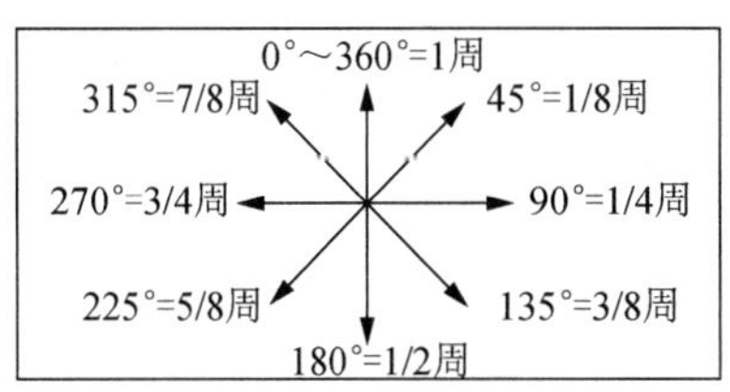


图 7-2　旋转角度对应的周数

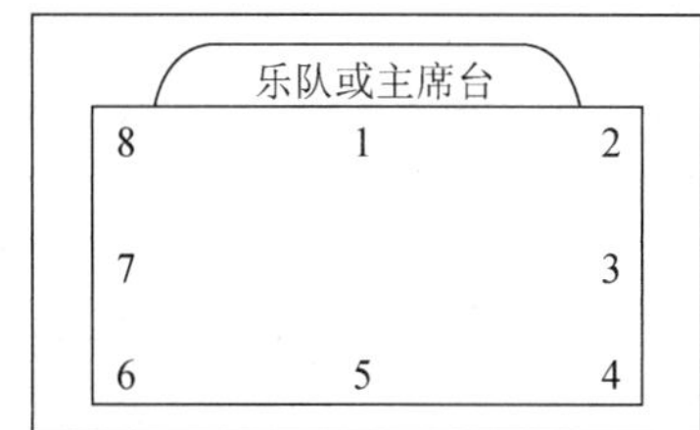


图 7-3　场地方位

以上所谈方位，是在一个固定的位置时用的。如果舞蹈者按舞程线不断变换方位，向前移动，则又要和舞程线发生联系。因此，规定了几条线来指示舞蹈者每个舞步的行进方向。

在国际体育舞蹈中规定了 8 条线：①面向舞程线；②面向斜壁线；③面向壁线；④背向斜壁线；⑤背向舞程线；⑥背向斜中央线；⑦面向中央线；⑧面向斜中央线，如图 7-4 所示。

### 3. 赛场

进行国际体育舞蹈比赛的场地是有一定规格的，一般赛场地面应平整光滑，场地的面积为 15 米×23 米。赛场长的两条边线叫 A 线，短的两条边线叫 B 线，如图 7-5 所示。

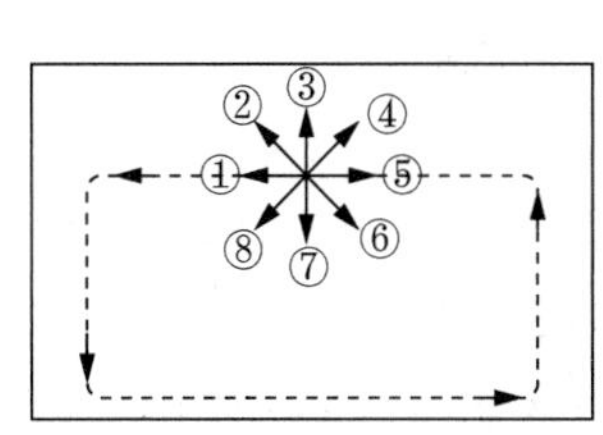


图 7-4　国际体育舞蹈中的线

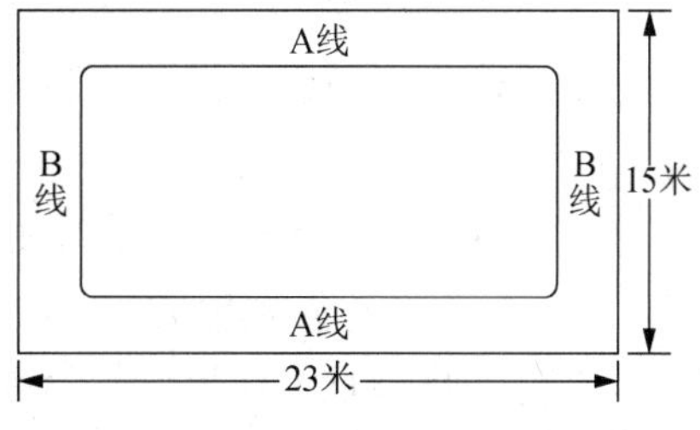


图 7-5　赛场尺寸

比赛选手所编的套路，应按两条线的长短不同安排适当的动作，不断沿两条线按舞程线方向循序而进。

## 五、现代舞、拉丁舞的基本步伐与单元步法组合练习

### （一）现代舞握抱舞姿的介绍

现代舞以其特有的准确、飘逸及自然的舞姿，表现出一种庄重典雅、细腻严谨的风格。

#### 1. 华尔兹舞、狐步舞、快步舞、维也纳华尔兹舞的握抱舞姿

1）闭式舞姿。

① 男、女舞伴面对直立、两脚并拢，挺胸立腰，收腹提臀，两膝自然放松，如图 7-6（a）所示。

② 女伴右手轻挂在虎口向上的男伴左手虎口上，掌心相对而握；前臂与大臂夹角为 135° 左右，高与女伴右耳峰水平相平，如图 7-6（b）所示。

③ 男伴右手五指并拢，轻置于女伴左肩胛骨下端；女伴左手轻垂于男伴右肩袖处，前臂附于男伴大臂；男女舞伴右腹部 1/2 微贴；男伴头部自然挺直，女伴头部略向左倾，都从对方右肩方向看出，如图 7-6（c）所示。

2）散式舞姿。在闭式舞姿基础上，男伴向左略打开上身和头，女伴向右略打开上身和头，并向同一方向看出，如图 7-7 所示。

图 7-6　华尔兹舞、狐步舞、快步舞、维也纳华尔兹舞的闭式舞姿

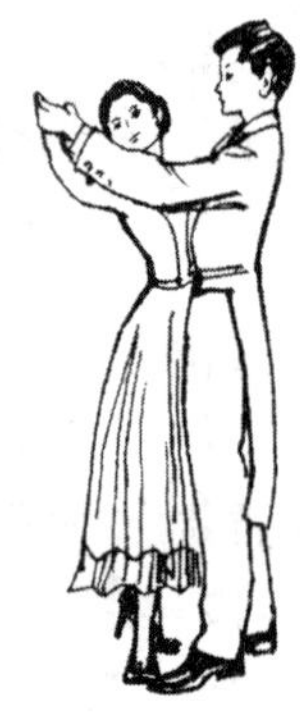

图 7-7　华尔兹舞、狐步舞、快步舞、维也纳华尔兹舞的散式舞姿

#### 2. 探戈舞的握抱舞姿

由于探戈舞风格独特，握抱姿势与上述 4 种现代舞有所不同。

1）闭式舞姿。

① 男伴左脚在前，右脚在后，两脚前后错开半个脚，重心下沉，膝关节弯曲并松弛；左前臂内收，与大臂夹角接近 90°，右手略斜下插（不超过脊柱）。

② 女伴左手虎口抵卡住男伴的上臂外侧腋下，男伴与女伴右身 1/3 微贴，接触位是膝胯部到腹部，如图 7-8 所示。

2）散式舞姿。在原闭式舞姿的基础上，男伴头部及上身向左拧转，胸部向外打开并带动女伴右拧。男女舞伴向同一方向，从相握的手臂看去。男伴重心在右脚，左脚拇趾内缘点地，膝关节内合，包住女伴右膝；女伴重心在左脚，右脚屈膝内扣，右脚拇趾内缘点地。如图 7-9 所示。

图 7-8　探戈舞的闭式舞姿

图 7-9　探戈舞的散式舞姿

（二）华尔兹舞基本步形及单元步法组合练习

华尔兹舞亦称圆舞，是交际舞中历史最悠久的舞蹈。3/4 拍的华尔兹舞早在 12 世纪就在德国和奥地利的农民中流行。16 世纪传入法国，作为宫廷舞；17 世纪进入维也纳宫廷；18 世纪被誉为“欧洲宫廷舞之王”；19 世纪末传入美国波士顿；20 世纪重返欧洲，并以新的“慢华尔兹”形式流行于英国和其他欧洲国家。后来人们称其为“英国华尔兹”，即当代标准华尔兹。

1. 华尔兹舞的基本步法

1）前进并换步。男、女士前进并换步动作分别如表 7-1 和表 7-2 所示，前进并换步第 1～6 步动作如图 7-10 所示，男、女士前进并换步步法分别如图 7-11 和图 7-12 所示。

**表 7-1　男士前进并换步动作**

| 步骤 | 节拍 | 步法 | 方位 | 升降 | 转度 | 倾斜 |
|---|---|---|---|---|---|---|
| 1 | 1 | 左脚前进 | 面向舞程线 | 结尾开始上升 | 不转 | |
| 2 | 2 | 右脚经左脚横步 | 面向舞程线 | 继续上升 | | 左 |
| 3 | 3 | 左脚并于右脚 | 面向舞程线 | 继续升结尾降 | | 左 |
| 4 | 1 | 右脚前进 | 面向舞程线 | 结尾开始上升 | | |
| 5 | 2 | 左脚经右脚横步 | 面向舞程线 | 继续上升 | | 右 |
| 6 | 3 | 右脚并于左脚 | 面向舞程线 | 继续升结尾降 | | 右 |

注：表格中的方位是指在一个舞步结束时，双脚（并非身体）在舞池中指示的方向。身体的位置有时也概括在方位中。因为在侧行位中身体和脚的转度不同，所以应分别叙述。

**表 7-2　女士前进并换步动作**

| 步骤 | 节拍 | 步法 | 方位 | 升降 | 转度 | 倾斜 |
|---|---|---|---|---|---|---|
| 1 | 1 | 右脚后退 | 背向舞程线 | 结尾开始上升 | 不转 | |
| 2 | 2 | 左脚经右脚横步 | 背向舞程线 | 继续上升 | | 右 |
| 3 | 3 | 右脚并于左脚 | 背向舞程线 | 继续升结尾降 | | 右 |
| 4 | 1 | 左脚后退 | 背向舞程线 | 结尾开始上升 | | |
| 5 | 2 | 右脚经左脚横步 | 背向舞程线 | 继续上升 | | 左 |
| 6 | 3 | 左脚并于右脚 | 背向舞程线 | 继续升结尾降 | | 左 |

图 7-10　前进并换步第 1～6 步动作

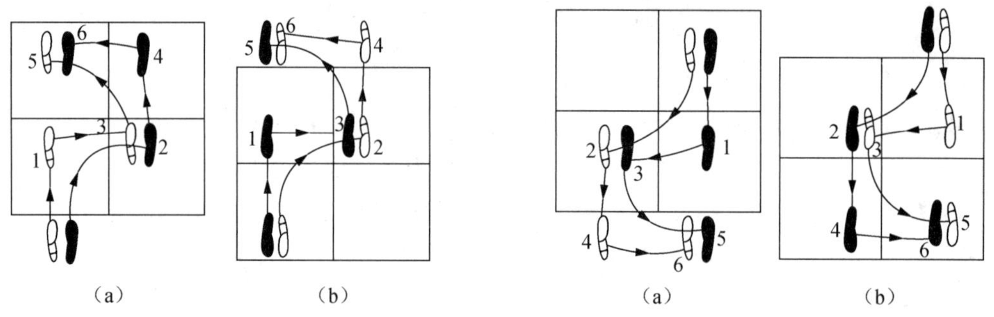


图 7-11　男士前进并换步步法　　　　图 7-12　女士前进并换步步法

动作要点：在这个动作的配合中，处于后退的一方一定要给前进的一方让开位置，第 1 步中身体没有任何变化，在跳第 2 步时，男、女伴的身体要侧向做倾斜，升到最高点时，重心落下后才能走下一个步法。

2）后退并换步。男、女士后退并换步动作分别如表 7-3 和表 7-4 所示。

**表 7-3　男士后退并换步动作**

| 步骤 | 节拍 | 步法 | 方位 | 升降 | 转度 | 倾斜 |
|---|---|---|---|---|---|---|
| 1 | 1 | 右脚后退 | 背向舞程线 | 结尾开始上升 | 不转 | |
| 2 | 2 | 左脚经右脚横步 | 背向舞程线 | 继续上升 | | 右 |
| 3 | 3 | 右脚并于左脚 | 背向舞程线 | 继续升结尾降 | | 右 |
| 4 | 1 | 左脚后退 | 背向舞程线 | 结尾开始上升 | | |
| 5 | 2 | 右脚经左脚横步 | 背向舞程线 | 继续上升 | | 左 |
| 6 | 3 | 左脚并于右脚 | 背向舞程线 | 继续升结尾降 | | 左 |

**表 7-4　女士后退并换步动作**

| 步骤 | 节拍 | 步法 | 方位 | 升降 | 转度 | 倾斜 |
|---|---|---|---|---|---|---|
| 1 | 1 | 左脚前进 | 面向舞程线 | 结尾开始上升 | 不转 | |
| 2 | 2 | 右脚经左脚横步 | 面向舞程线 | 继续上升 | | 左 |
| 3 | 3 | 左脚并于右脚 | 面向舞程线 | 继续升结尾降 | | 左 |
| 4 | 1 | 右脚前进 | 面向舞程线 | 结尾开始上升 | | |

续表

| 步骤 | 节拍 | 步法 | 方位 | 升降 | 转度 | 倾斜 |
|---|---|---|---|---|---|---|
| 5 | 2 | 左脚经右脚横步 | 面向舞程线 | 继续上升 | 不转 | 右 |
| 6 | 3 | 右脚并于左脚 | 面向舞程线 | 继续升结尾降 | | 右 |

**动作提示：**在这个动作的配合中，要求同前进并换步。为了更好地完成比较复杂的动作，要认真练习此动作，从而打好基本功。

3）左脚并换步。动作同前进并换步的第 1～3 步，只是方位要面向斜壁线起步。

4）右转步。男、女士右转步动作分别如表 7-5 和表 7-6 所示，右转步第 1～6 步动作如图 7-13 所示，男、女士右转步步法如图 7-14 所示。

5）右脚并换步。右脚并换步动作同后退并换步的第 1～3 步，只是方位要面向斜中央线起步。

6）左转步。男、女士左转步动作分别如表 7-7 和表 7-8 所示。左转步第 1～6 步动作如图 7-15 所示，男、女士左转步步法如图 7-16 所示。

**表 7-5　男士右转步动作**

| 步骤 | 节拍 | 步法 | 方位 | 升降 | 转度 | 倾斜 |
|---|---|---|---|---|---|---|
| 1 | 1 | 右脚前进 | 面向斜壁线 | 结尾开始上升 | 开始右转 | |
| 2 | 2 | 左脚经右脚横步 | 背向斜中央线 | 继续上升 | 1～2 转 1/4 周 | 右 |
| 3 | 3 | 右脚并于左脚 | 背向斜壁线 | 继续升结尾降 | 2～3 转 1/8 周 | 右 |
| 4 | 1 | 左脚后退 | 背向舞程线 | 结尾开始上升 | 4～5 转 3/8 周 | |
| 5 | 2 | 右脚经左脚横步 | 背向斜中央线 | 继续上升 | 身体稍转 | 左 |
| 6 | 3 | 左脚并于右脚 | 面向中央线 | 继续升结尾降 | 身体完成转动 | 左 |

**表 7-6　女士右转步动作**

| 步骤 | 节拍 | 步法 | 方位 | 升降 | 转度 | 倾斜 |
|---|---|---|---|---|---|---|
| 1 | 1 | 左脚后退 | 面向斜中央线 | 结尾开始上升 | 开始右转 | |
| 2 | 2 | 右脚经左脚横步 | 面向斜中央线 | 继续上升 | 1～2 转 1/8 周 | 左 |
| 3 | 3 | 左脚并于右脚 | 面向舞程线 | 继续升结尾降 | 身体完成转动 | 左 |
| 4 | 1 | 右脚前进 | 面向舞程线 | 结尾开始上升 | 继续右转 | |
| 5 | 2 | 左脚经右脚横步稍前 | 面向壁线 | 继续上升 | 4～5 转 1/4 周 | 右 |
| 6 | 3 | 右脚并于左脚 | 面向壁线 | 继续升结尾降 | 5～6 转 1/8 周 | 右 |

第1步动作

第2步动作

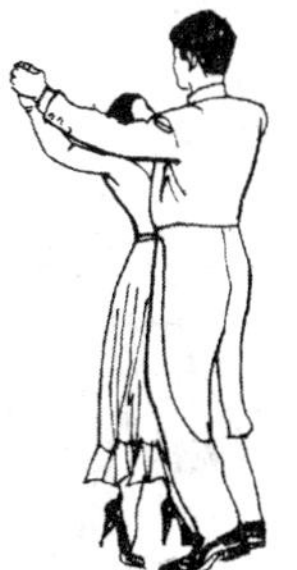
第3步动作

第4步动作

第5步动作

第6步动作

图 7-13　右转步第 1～6 步动作

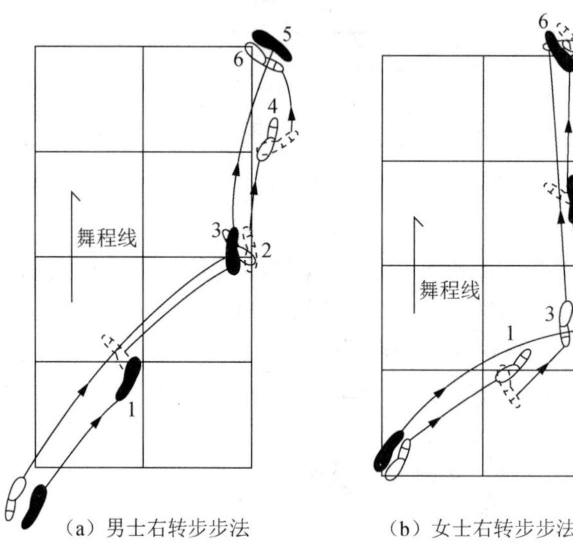


（a）男士右转步步法　　（b）女士右转步步法

图 7-14　男、女士右转步步法

**表 7-7　男士左转步动作**

| 步骤 | 节拍 | 步法 | 方位 | 升降 | 转度 | 倾斜 |
|---|---|---|---|---|---|---|
| 1 | 1 | 左脚前进 | 背向斜中央线 | 结尾开始上升 | 开始右转 | |
| 2 | 2 | 右脚经左脚横步 | 背向斜壁线 | 继续上升 | 1~2 转 1/4 周 | 左 |
| 3 | 3 | 左脚并于右脚 | 背向舞程线 | 继续升结尾降 | 2~3 转 1/8 周 | 左 |
| 4 | 1 | 右脚后退 | 背向舞程线 | 结尾开始上升 | 4~5 转 3/8 周 | |
| 5 | 2 | 左脚经右脚横步稍前 | 面向斜壁线 | 继续上升 | 身体稍转 | 右 |
| 6 | 3 | 右脚并于左脚 | 面向斜壁线 | 继续升结尾降 | 身体完成转动 | 右 |

**表 7-8　女士左转步动作**

| 步骤 | 节拍 | 步法 | 方位 | 升降 | 转度 | 倾斜 |
|---|---|---|---|---|---|---|
| 1 | 1 | 右脚后退 | 面向斜中央线 | 结尾开始上升 | 开始左转 | |
| 2 | 2 | 左脚经右脚横步 | 背向舞程线 | 继续上升 | 1~2 转 3/8 周 | 右 |
| 3 | 3 | 右脚并于左脚 | 背向舞程线 | 继续升结尾降 | 身体完成转动 | 右 |
| 4 | 1 | 左脚前进 | 背向舞程线 | 结尾开始上升 | 继续左转 | |
| 5 | 2 | 右脚经左脚横步 | 面向中央线 | 继续上升 | 4~5 转 1/4 周 | 左 |
| 6 | 3 | 左脚并于右脚 | 背向斜壁线 | 继续升结尾降 | 5~6 转 1/8 周 | 左 |

第1步动作

第2步动作

第3步动作

第4步动作

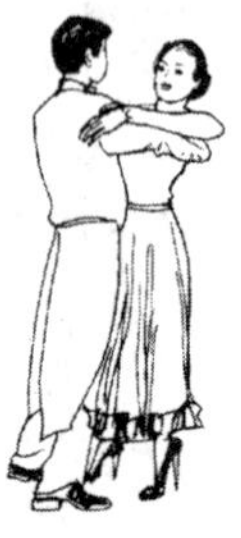
第5步动作

第6步动作

图 7-15　左转步第 1～6 步动作

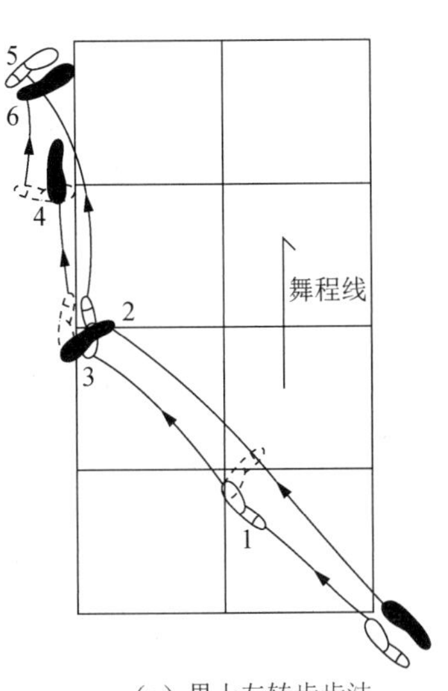


(a) 男士左转步步法

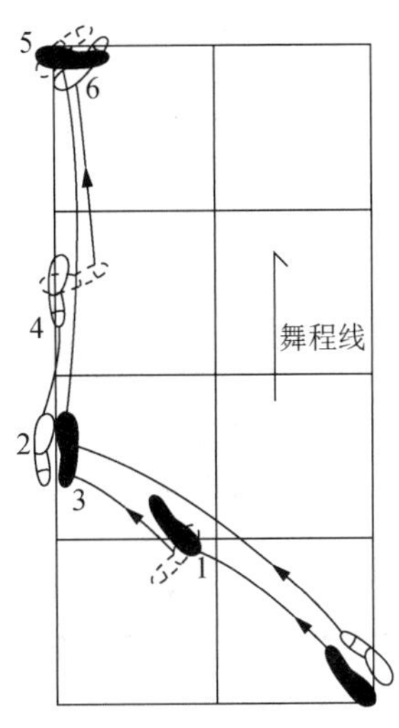


(a) 女士左转步步法

图 7-16 男、女士左转步步法

**动作提示：**左转步是华尔兹舞的基础舞步，因此要多练习这个步法。

7）叉形步。男、女士叉形步动作分别如表 7-9 和表 7-10 所示，叉形步第 1～3 步动作如图 7-17 所示，男、女士叉形步步法如图 7-18 所示。

**表 7-9 男士叉形步动作**

| 步骤 | 节拍 | 步法 | 方位 | 升降 | 转度 | 倾斜 |
|---|---|---|---|---|---|---|
| 1 | 1 | 左脚前进 | 面向斜壁线 | 结尾开始上升 | | |
| 2 | 2 | 右脚横步稍前 | 面向斜壁线 | 继续上升 | 不转 | 左 |
| 3 | 3 | 左脚在右脚后交叉 | 面向斜壁线 | 保持升结尾降 | | 左 |

**表 7-10 女士叉形步动作**

| 步骤 | 节拍 | 步法 | 方位 | 升降 | 转度 | 倾斜 |
|---|---|---|---|---|---|---|
| 1 | 1 | 右脚后退 | 背向斜壁线 | 结尾开始上升 | 1~2 右转 1/4 周 | |
| 2 | 2 | 左脚斜后退 | 背向斜中央线 | 继续上升 | 不转 | 右 |
| 3 | 3 | 右脚在左脚后交叉 | 面向斜中央线 | 保持升结尾降 | 身体完成转动 | 右 |

第1步动作　第2步动作　第3步动作

图 7-17 叉形步第 1～3 步动作

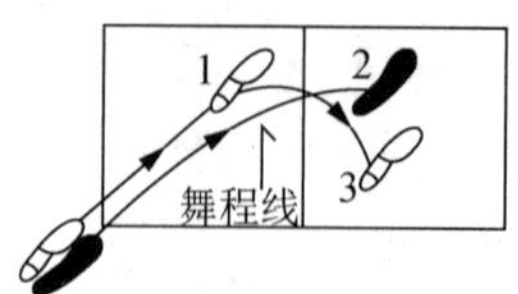


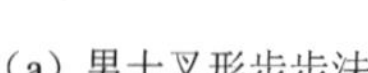
（a）男士叉形步步法

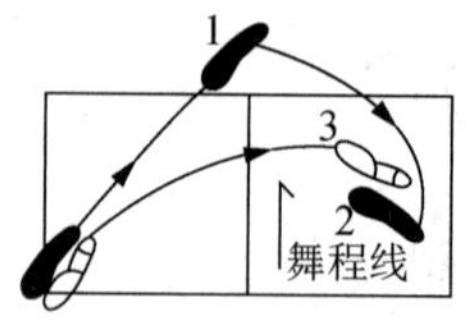

（b）女士叉形步步法

图 7-18　男、女士叉形步步法

8）侧行追步。男、女士侧行追步动作分别如表 7-11 和表 7-12 所示，侧行追步第 1～4 步动作如图 7-19 所示，男、女士侧行追步步法如图 7-20 所示。

**表 7-11　男士侧行追步动作**

| 步骤 | 节拍 | 步法 | 方位 | 升降 | 转度 | 倾斜 |
|---|---|---|---|---|---|---|
| 1 | 1 | 右进交叉于反身位 | 面向斜壁线<br>沿着舞程线 | 结尾开始上升 | 不转 | |
| 2 | 2 | 左脚横步稍前 | 面向斜壁线 | 继续升 | | |
| | 1/2 | | | | | |
| | & | | | | | |
| 3 | 1/2 | 右脚并于左脚 | 面向斜壁线 | 继续升 | | |
| 4 | 3 | 左脚横步稍前 | 面向斜壁线 | 保持升结尾降 | | |

**表 7-12　女士侧行追步动作**

| 步骤 | 节拍 | 步法 | 方位 | 升降 | 转度 | 倾斜 |
|---|---|---|---|---|---|---|
| 1 | 1 | 左进交叉于反身位 | 面向斜中央线<br>沿着舞程线 | 结尾开始上升 | 开始左转 | |
| 2 | 2 | 右脚横步稍后 | 面向壁线 | 继续升 | 1~2 转 1/4 周 | |
| | 1/2 | | | | | |
| | & | | | | | |
| 3 | 1/2 | 左脚并于右脚 | 背向斜壁线 | 继续升 | 2~3 转 1/8 周 | |
| 4 | 3 | 右脚横步稍后 | 背向斜壁线 | 保持升结尾降 | 身体完成转动 | |

第1步动作

第2步动作

第3步动作

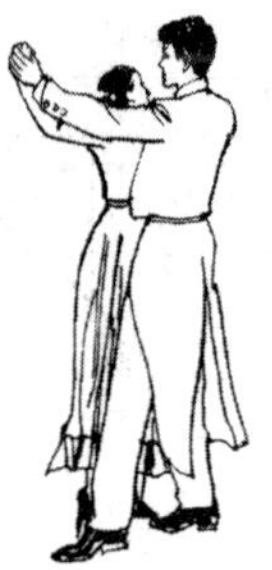
第4步动作

图 7-19　侧行追步第 1～4 步动作

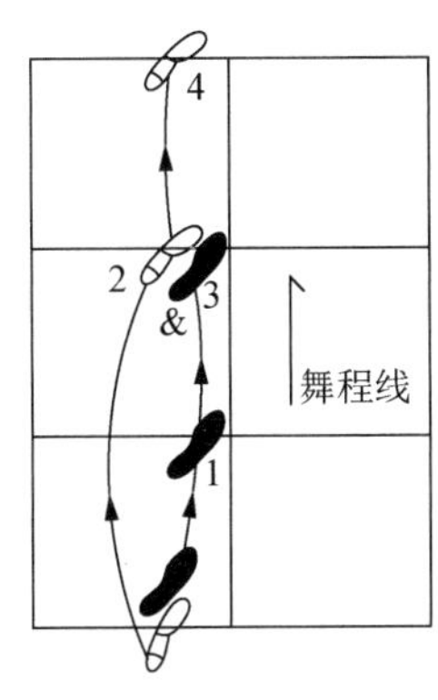


（a）男士侧行追步步法

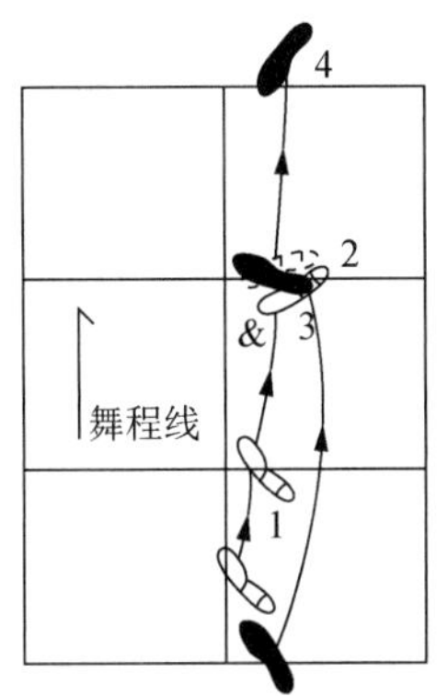


（b）女士侧行追步步法

图 7-20　男、女士侧行追步步法

2. 华尔兹舞的组合练习

1）左脚并换步—右转步—右脚并换步—左转步。

2）叉形步—侧行追步。

3）组合 1）、2）连接起来。

（三）伦巴舞的基本步形及单元步法组合练习

伦巴舞历史悠久，舞型成熟，原始的舞蹈风格融进了现代的情调，是拉丁舞中具有独特魅力的舞蹈。它的音乐缠绵，舞蹈风格柔媚而抒情，以表达情侣之间的爱情为主题，被称为"拉丁舞之魂"。伦巴舞的音乐是 4/4 拍，音乐速度为每分钟 27～31 小节。第 2 拍和第 3 拍各走一步，第 4 拍和第 1 拍共走一步。音乐重拍是第 1 拍，动作上表现为髋部的运动。

伦巴舞握抱姿势——闭式舞姿，即男女相对站立，相距约 20 厘米，身体正直，男士的右手放在女士的左肩胛骨上，女士的左臂轻靠在男士的右臂上，男士的左臂稍弯抬起与眼睛齐，女士的右手手指放在男士拇指和食指之间，双方的手轻握。

1. 伦巴舞的基本步法

1）单步。单步动作如表 7-13 所示，单步第 1～3 步动作如图 7-21 所示。

**表 7-13　单步动作**

| 步骤 | 节拍 | 动作要领 |
|---|---|---|
| 1 | 2 | 一脚迈出，迈步时膝部关拢，脚尖经另一脚内侧轻轻擦地前进，脚掌先落成外"八"字，脚跟落地后膝部立即伸直 |
| 2 | 3 | 换另一脚，动作同上 |
| 3 | 4.1 | 每换另一脚动作同上 |

动作要点：①每一步的后半拍都要出胯；②按节奏每小节走 3 步，即"停、左、右、左；停、右、左、右"。

第 1 步动作

第 2 步动作

第 3 步动作

图 7-21　单步第 1～3 步动作

2）开式扭胯步。开式扭胯步动作如表 7-14 所示。

**表 7-14　开式扭胯步动作**

| 步骤 | 节拍 | 男士 | 女士 |
|---|---|---|---|
| 1 | 2 | 左脚前进 | 右脚后退 |
| 2 | 3 | 右脚后退 | 左脚前进 |
| 3 | 4.1 | 左脚并右脚 | 右脚前进，右转 90° |

动作要点：①胯部扭动时，上身不要跟着转，使上身和胯部形成竖着的“S”形；②开式和闭式扭胯步的区别是通常开式只做 1 次扭胯动作，而闭式可连续做 3 次扭胯动作。

3）十字步。十字步动作如表 7-15 所示，男士十字步动作步法如图 7-22 所示。

**表 7-15　十字步动作**

| 小节 | 步骤 | 节拍 | 男士 | 女士 |
|---|---|---|---|---|
| 1 | 1 | 2 | 左脚前进一步 | 右脚后退一步 |
|  | 2 | 3 | 右脚后回一步 | 左脚前回一步 |
|  | 3 | 4.1 | 左脚左横一步 | 右脚右横一步 |
| 2 | 1 | 2 | 右脚后退一步 | 左脚前进一步 |
|  | 2 | 3 | 左脚前回一步 | 右脚后回一步 |
|  | 3 | 4.1 | 右脚右横一步 | 左脚左横一步 |

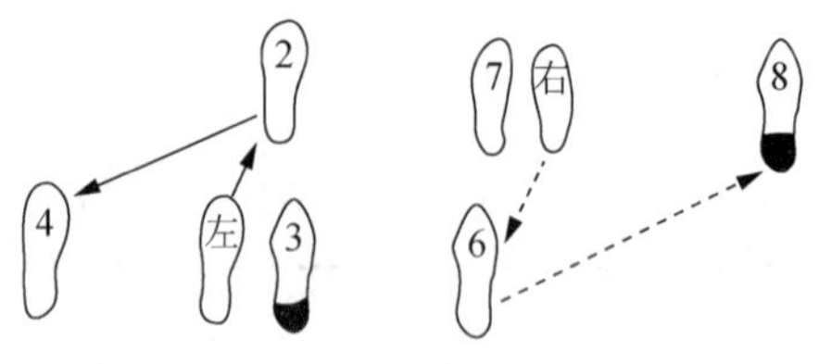


图 7-22　男士十字步动作步法

十字步的前 4 拍男伴为前进十字步，女伴为后退十字步；后 4 拍男伴为后退十字步，女伴为前进十字步。准备姿势为闭式舞姿。

动作要点：①开始前男伴左脚立地，右脚做“旁点步”，女伴右脚立地，左脚做“旁点步”。②第 2 拍男伴上步时，左脚须经过右脚的内侧，再跨到右脚的正前方，两脚在一条直线上；女伴后退时右脚须经过左脚的内侧，再退到左脚的正后方，两脚在一条直线上。

十字步是伦巴舞中的一个主要舞步，在舞蹈开始时及连接处都用这个步子。

4）分展步。分展步动作如表 7-16 所示，分展步主要动作如图 7-23 所示。

**表 7-16　分展步动作**

| 步骤 | 节拍 | 男士 | 女士 |
| --- | --- | --- | --- |
| 1 | 2 | 左脚向左横一步，出左胯，左手在腰前反掌朝外，右手扶女伴腰，引导女伴反身呈侧行位舞姿 | 右脚后退一步，右反身 270° 出右胯，右手在腰前呈侧行位舞姿 |
| 2 | 3 | 右脚右回一步，同时出右胯 | 左脚左回一步，同时出左胯 |
| 3 | 4.1 | 左脚并步，左手反掌朝里，右手把女伴引向左转身，回到闭式舞姿 | 左后转身，脚绕地稍转，右脚收到左脚旁 |

图 7-23　分展步主要动作

5）扇形步。扇形步动作如表 7-17 所示，扇形步主要动作如图 7-24 所示，扇形步步法如图 7-25 所示。

**表 7-17　扇形步动作**

| 小节 | 步骤 | 节拍 | 男士 | 女士 |
| --- | --- | --- | --- | --- |
| 1 | 1 | 1～4 | 做“后退十字步” | 做“后退十字步” |
| 2 | | 2 | 右脚后退一步 | 左脚前进一步 |
| | 2 | 3 | 左脚向左斜方进一步，脚尖外撇 45°，左手将女伴轻轻向左推出 | 右脚向右后方退一步，脚跟外撇 45° |
| | 3 | 4.1 | 右脚向 2 位方向横一步，左转 45°，重心慢慢地移到右脚，左脚跟离地，右手外展，手心向前 | 左脚向后撤一步，重心慢慢地移动到左脚，右脚跟离地，左手向左侧伸展，手心向后 |

动作要点：最后 1 拍男女舞伴分别朝 8 位及 2 位方向站立，里侧的手相拉，外侧的手伸展，好像一把打开的扇子，故名“扇形步”。当扇形步连接下一舞步时，一般需经过开式扭胯步。

图 7-24　扇形步主要动作

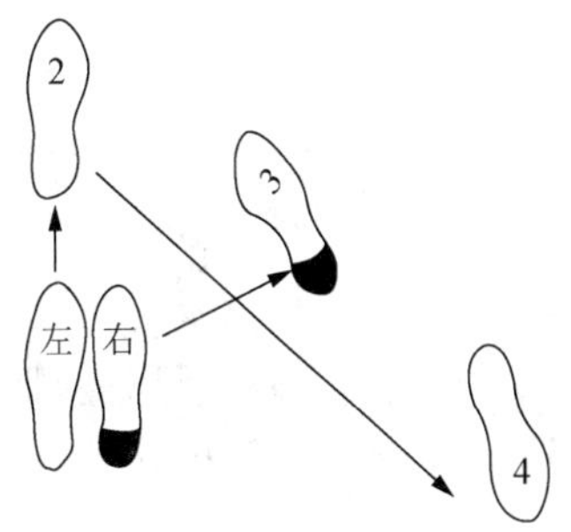


图 7-25　扇形步步法

6）曲棍步。曲棍步动作如表 7-18 所示，曲棍步主要动作如图 7-26 所示，曲棍步步法如图 7-27 所示。

**表 7-18　曲棍步动作**

| 小节 | 步骤 | 节拍 | 男士 | 女士 |
|---|---|---|---|---|
| 1 | 1 | 1～4 | 做“前进十字步”，引导女伴到自己的身前，右转 45° | 从扇行前位置做开式扭胯步，走到男伴身前 |
| 2 | | 2 | 右脚后退一步，左手拉手举到头旁，肘部抬起，与女伴对视 | 左脚进一步，右手拉手到头前。肘部下压，头右转与男伴对视 |
| | 2 | 3 | 左脚前回一步，左手做“手拉手反绕圈”，引导女伴左转身后左手落到腰间，与女伴相对 | 右脚跨到左脚前，脚跟离地，脚掌转，左转 360° 与男伴相对 |
| | 3 | 4.1 | 右脚向前进一步 | 左脚向后退一步 |

动作要点：前 8 拍时，男伴把女伴从左侧引导到身前，再向右侧送出，走出一个“Λ”形，犹如倒卧的曲棍球棒，因而得名。

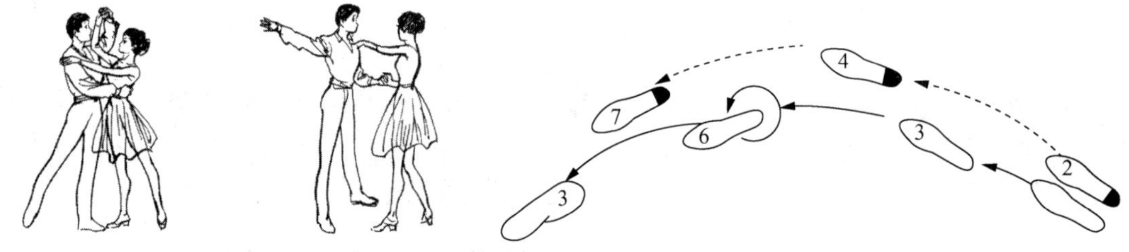


图 7-26　曲棍步主要动作　　图 7-27　曲棍步步法

7）阿依达摇摆步。阿依达摇摆步动作如表 7-19 所示，阿依达摇摆步主要动作如图 7-28 所示。

**表 7-19　阿依达摇摆步动作**

| 小节 | 步骤 | 节拍 | 男士 | 女士 |
|---|---|---|---|---|
| 1 | 1～3 | 1～4 | 右手外展，左手拉手平伸，右脚起后退 3 步 | 左手外展，右手拉手平伸，左脚步起后退 3 步 |
| 2 | 1～3 | 1～4 | 拉手动作不变，左脚在前，右脚在后，向前、向后、向前扭胯 3 次 | 拉手动作不变，右脚在前，左脚在后，向前、向后、向前扭胯 3 次 |
| 3 | 1 | 2 | 右脚上步，左转 90° | 左脚上步，右转 90° |
| | 2 | 3.4.1 | 与女伴相对拉手，右脚上步，做“左点转步”左转 360°，与女伴相对拉手 | 与男伴相对拉手，左脚上步，做“右点转步”右转 360°，仍与男伴相对拉手 |

动作要点：准备姿势为对式舞姿。阿依达摇摆步简单来说就是“退三步”“摇三摇”“转一圈”。

8）阿里曼娜。阿里曼娜动作如表 7-20 所示，阿里曼娜主要动作如图 7-29 所示，阿里曼娜步法如图 7-30 所示。

图 7-28　阿依达摇摆步主要动作

**表 7-20　阿里曼娜动作**

| 小节 | 男士 | 女士 |
| --- | --- | --- |
| 1 | 左脚前进 1 步，重心前移到左脚；重心后移到右脚；左脚后撤经右脚向左侧横侧一步打开 | 右脚后退；左脚向前进一步；右脚前进一步到男伴身前成前交叉步，面向 5 位方向 |
| 2 | 右脚后撤 1 步，重心后移到右脚；重心前移到左脚；右脚经左脚向右侧横侧一步打开 | 左脚跨到右脚前，脚尖朝右；右脚脚尖沿地面顺时针方向画一小圈后踏，脚尖朝右，呈闭式舞姿，再右转 180°，仍与男伴相对；左脚旁点步 |

动作要点：准备姿势为闭式舞姿。阿里曼娜是女士的右转身 360° 动作，右脚在地上顺时针方向画小圈是这个动作的特点动作，转体必须是 180° +180°，分两次完成，不能省略，否则与其他转身步无区别。这个动作要做得柔韧、细腻，转身时用些旁腰，可为舞姿增添魅力。

图 7-29　阿里曼娜主要动作

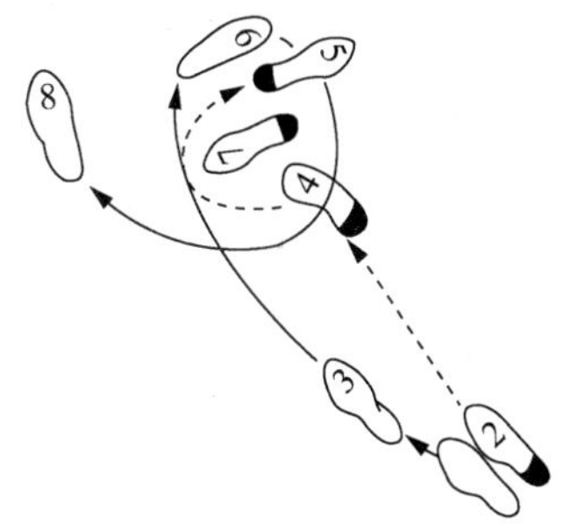


图 7-30　阿里曼娜步法

9）扶肩转（环抱接分离）。扶肩转动作如表 7-21 所示，扶肩转主要动作如图 7-31 所示，女士扶肩转动作步法如图 7-32 所示。

**表 7-21　扶肩转动作**

| 小节 | 步骤 | 节拍 | 男士 | 女士 |
| --- | --- | --- | --- | --- |
| 1 | 1 | 2 | 右脚向右横一步，右手将女伴向左推出后外展，左手相搭 | 左脚退一步，左后转身，左手外展，右手搭在男伴左肩上呈 P.P 舞姿 |
|  | 2 | 3 | 左脚左回一步 | 右脚右回一步 |
|  | 3 | 4.1 | 右脚并步，引导女伴回到自己身前，两手扶女伴腰 | 右转身，左脚上步，回到男伴身前，两手搭于男伴肩上呈 C.P 舞姿 |
| 2 | 1 | 2 | 左脚向前进一步，右手放开外展，引导女伴右转身，右手搭于女伴肩上 | 右脚向后退一步，右后转身，右手外展，左手搭于男伴右肩上呈 P.P 舞姿 |
|  | 2 | 3 | 右脚后回一步 | 左脚左回一步 |
|  | 3 | 4.1 | 左脚并步，引导女伴回到自己身前，双手扶女伴腰 | 右脚上步，向左转身面朝男伴，左手搭在男伴左手，轻轻相握 |

动作要点：准备姿势为闭式舞姿。做扶肩转时，动作不要太缓太柔，要有力度并且必须带上胯部的动作。

图 7-31 扶肩转主要动作　　图 7-32 女士扶肩转动作步法

2. 伦巴舞的组合练习

1）组合 1。准备姿势：开式舞姿。第 1 小节：做开式扭胯步。第 2 小节：做阿里曼娜。第 3～4 小节：做十字步。第 5～6 小节：做扇形步。第 7～8 小节：做开式扭胯步及曲棍步。

2）组合 2。准备姿势：开式舞姿。第 1～3 小节：做十字步。第 4 小节：做扇形步。第 5～6 小节：做开式扭胯步及阿里曼娜。第 7～8 小节：做分展步及扇形步。

3）组合 3。准备姿势：开式舞姿。第 1～2 小节：做十字步。第 3～5 小节：做开式扭胯步。第 6 小节：做阿依达摇摆步。第 7 小节：做摇摆步。第 8 小节：做十字步。第 9～10 小节：做扶肩步。

（四）恰恰舞的基本步形及单元步法组合练习

恰恰舞的发源地是墨西哥，其舞步活泼、诙谐、热情奔放、节奏较快。恰恰舞曲节拍为 4/4 拍，速度为 29～32 小节/分，其节奏为 1、2、3、4&1，其拍子值分别对应为 1 拍、1 拍、1/2 拍、1 拍；第 1、2、3 拍各走 1 步，第 4 拍是两步，因此恰恰舞曲由 5 步构成。

1. 恰恰舞的基本步法

1）恰恰步。

① 左退、右进恰恰步。左退、右进恰恰步动作分别如表 7-22 和表 7-23 所示，恰恰步主要动作如图 7-33 所示，恰恰步动作步法如图 7-34 所示。

**表 7-22 左退恰恰步动作**

| 步骤 | 节奏 | 动作 |
|---|---|---|
| 1 | Q | 左脚后退一步，脚跟往下压，脚尖向外撇，出左胯 |
| 2 | Q | 右脚后靠一步，脚跟靠在左脚的脚尖旁，脚尖向外撇 |
| 3 | S | 左脚再后靠一步，脚尖向外撇 |

注：Q 是指快步，S 是指慢步。

**表 7-23 右进恰恰步动作**

| 步骤 | 节奏 | 动作 |
|---|---|---|
| 1 | Q | 右脚前进一步，脚跟往下压，脚尖向外撇，出左胯 |
| 2 | Q | 左脚前靠一步，脚跟靠在左脚的脚尖旁，脚尖向外撇 |
| 3 | S | 右脚再前靠一步，脚尖向外撇 |

注：Q 是指快步，S 是指慢步。

图 7-33　恰恰步主要动作

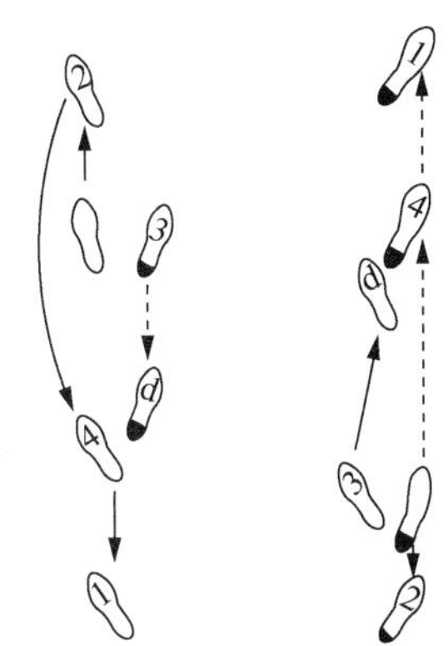

图 7-34　恰恰步动作步法

② 左、右横恰恰步。左、右横恰恰步动作分别如表 7-24 和表 7-25 所示。

**表 7-24　左横恰恰步动作**

| 步骤 | 节奏 | 动作 |
| --- | --- | --- |
| 1 | Q | 左脚左横一步，直步，出左胯 |
| 2 | Q | 右脚并步，直步 |
| 3 | S | 左脚再左横一步，直步 |

注：Q 是指快步，S 是指慢步。

**表 7-25　右横恰恰步动作**

| 步骤 | 节奏 | 动作 |
| --- | --- | --- |
| 1 | Q | 右脚右横一步，直步，出左胯 |
| 2 | Q | 左脚并步，直步 |
| 3 | S | 右脚再右横一步，直步 |

注：Q 是指快步，S 是指慢步。

动作要点：恰恰舞每小节的后两拍总是跳恰恰步，方向不外乎前、后、左、右。凡第 1 步是左退步，则必定是左退恰恰步；凡第一步是右进步，则必定是右进恰恰步。做左退恰恰步时，左肩朝后，右肩在前，上身向左偏 45°，头向正前方，两臂屈肘在两侧，女伴与男伴相拉。当男、女伴做分身跳时，右手在前，左手在后，手心向上，右手、左手、右手上、下轻摆 3 次。做右进恰恰步时，右肩朝后、左肩在前，上身向右偏 45°，头向正前方，两臂屈肘在两侧与舞伴相拉。当男、女做分身跳时，左手在前，右手在后，手心向上，左手、右手、左手上、下轻摆 3 次。

2）十字步（方形步）。十字步（方形步）动作如表 7-26 所示，十字步（方形步）主要动作如图 7-35 所示，十字步（方形步）步法如图 7-36 所示。

**表 7-26　十字步（方形步）动作**

| 小节 | 步骤 | 节拍 | 男士 | 女士 |
| --- | --- | --- | --- | --- |
| 1 | 1 | 2 | 左脚前进一步，出左胯，左手前推 | 右脚后退一步，出右胯，右手后缩 |
|  | 2 | 3 | 右脚后回一步，出右胯，两手拉平 | 左脚前回一步，出左胯，两手拉平 |
|  | 3～5 | 4&1 | 做左横恰恰步 | 做右横恰恰步 |

续表

| 小节 | 步骤 | 节拍 | 男士 | 女士 |
|---|---|---|---|---|
| 2 | 1 | 2 | 右脚前进一步，出右胯，左手前推 | 左脚后退一步，出左胯，右手后缩 |
| | 2 | 3 | 左脚后回一步，出左胯，两手拉平 | 右脚前回一步，出右胯，两手拉平 |
| | 3～5 | 4&1 | 做右横恰恰步 | 做左横恰恰步 |

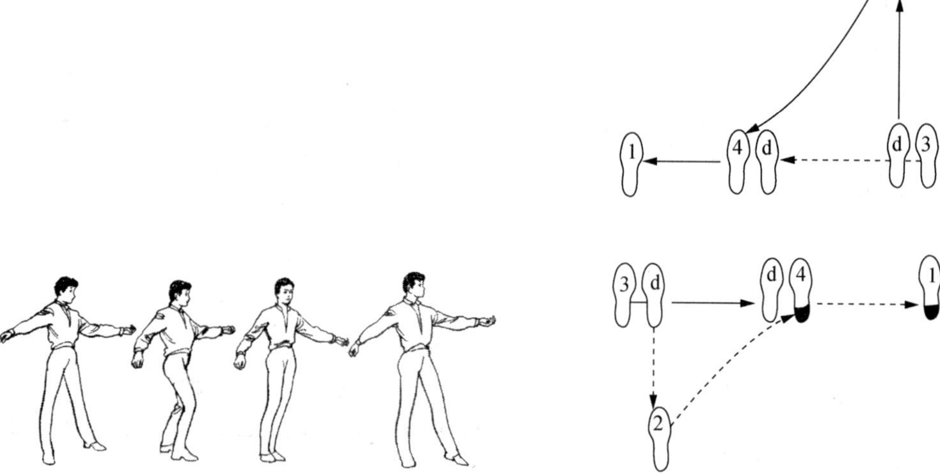


图 7-35　十字步（方形步）主要动作

图 7-36　十字步（方形步）步法

动作要点：准备姿势为闭式舞姿。进退步注意脚尖须外撇；横步时是直步；追步（并步）时要屈膝，脚跟离地。

3）后拖步及拧胯步。后拖步及拧胯步动作如表 7-27 所示。

**表 7-27　后拖步及拧胯步动作**

| 小节 | 步骤 | 节拍 | 男士 |
|---|---|---|---|
| 1 | 1 | 2 | 左脚前进一步，出左胯 |
| | 2 | 3 | 右脚后回一步，出右胯 |
| | 3 | 4 | 左脚后退一步，出左胯 |
| | 4 | & | 右脚后拖半步 |
| | 5 | 1 | 左脚向右脚并步 |
| 2 | 1 | 2 | 右脚后退一步 |
| | 2 | 3 | 左脚前回一步，脚尖外撇 |
| | 3 | 4 | 右脚向左脚并步指向左斜方 |
| | 4 | & | 两脚脚跟离地，脚掌转成正步 |
| | 5 | 1 | 右脚右横一步 |

动作要点：这是十字步的变化舞步，可以和十字步交替使用，是男伴专用的舞步。第 1 小节是后拖步，第 2 小节是拧胯步。男伴必须记住这两个步子的名称，有时在组合时也可将它们拆开使用。

4）交叉拧胯步。交叉拧胯步动作如表 7-28 所示，交叉拧胯步主要动作如图 7-37 所示，交叉拧胯步步法如图 7-38 所示。

**表 7-28　交叉拧胯步动作**

| 小节 | 步骤 | 节拍 | 男士 |
|---|---|---|---|
| 1 | 1 | 2 | 左脚前进一步，出左胯 |
| | 2 | 3 | 右脚后回一步，出右胯 |
| | 3 | 4 | 左脚退到右后方形成后交叉步 |
| | 4 | & | 右脚后撤到左脚旁边并步，两脚脚尖都朝左斜前方，脚跟离地，脚掌辗转，拧胯形成正步 |
| | 5 | 1 | 左脚左横一步 |
| 2 | 1 | 2 | 右脚前进一步，出右胯 |
| | 2 | 3 | 左脚后回一步，出左胯 |
| | 3 | 4 | 右脚跨到左脚的左前方，脚尖朝左 |
| | 4 | & | 左脚向右脚靠步，右脚脚跟离地，脚掌辗转，向右拧胯形成正步 |
| | 5 | 1 | 右脚向右横一步 |

图 7-37　交叉拧胯步主要动作

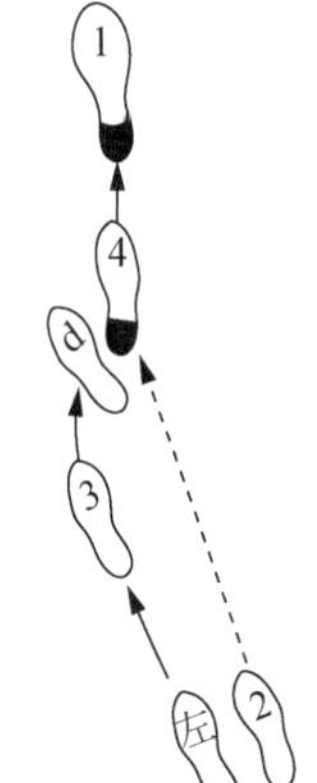


图 7-38　交叉拧胯步步法

动作要点：交叉拧胯步也是男伴专用动作。脚步变化较多，一定要以胯部来带动脚步，身体的重心要稍靠前。第 1 小节为退交叉拧胯步，第 2 小节为进交叉拧胯步。

5）三步式前进步。三步式前进步动作如表 7-29 所示。

动作要点：这个动作实际上是两个恰恰步。第 1 个是左进恰恰步，第 2 个是右进恰恰步。如果做三步式后退步，只要将前进改成后退就可以了。

**表 7-29　三步式前进步动作**

| 步骤 | 节拍 | 男士、女士 |
|---|---|---|
| 1 | 2 | 左脚前进一步，出左胯 |
| 2 | & | 右脚前靠一步 |
| 3 | 3 | 左脚再前进一步 |
| 4 | 4 | 右脚前进一步，出右胯 |
| 5 | & | 左脚前靠一步 |
| 6 | 1 | 右脚再前进一步 |

6）开式扭胯步。开式扭胯步动作如表 7-30 所示。

**表 7-30　开式扭胯步动作**

| 步骤 | 节拍 | 女士 |
| --- | --- | --- |
| 1 | 2 | 右脚脚尖擦地，慢慢靠向左脚，膝向左脚，膝盖并拢，上身转向左侧，脚掌向外辗转 45°，脚跟落地，同时左脚脚跟离地，膝盖向右侧并拢，左胯向前拧出 |
| 2 | 3 | 左脚再前进一步，右脚脚跟离地，右胯向前拧 |
| 3 | 4 | 右脚前进一步，出右胯 |
| 4 | & | 左脚前靠步 |
| 5 | 1 | 右脚再前进一步 |

动作要点：准备姿势为左脚立地，右脚旁步。开式扭胯步动作是非常有特点的女伴专用动作，在进行这个舞步时要尽量做得细腻、柔韧。同时开式扭胯步也是一个过渡动作，一般来说在扇形步舞姿后接其他动作时常用这个动作过渡。

7）曲棍步和扇形步。曲棍步和扇形步动作如表 7-31 所示。

**表 7-31　曲棍步和扇形步动作**

<table>
<tr><th>小节</th><th>步骤</th><th>节拍</th><th>男士</th><th>女士</th></tr>
<tr><td>1</td><td>1</td><td>2</td><td>做前进十字步，把女伴引导到自己的身前，左手拉手举起</td><td>做五步式前进步到男伴身前，右手拉手举起</td></tr>
<tr><td rowspan="5">2</td><td>1</td><td>2</td><td>右脚后退一步，左手肘部抬起</td><td>左脚前进一步，与男伴对视</td></tr>
<tr><td>2</td><td>3</td><td>左脚前回一步，左手“拉手反绕圈”引导女伴转身后仍与自己相对</td><td>右脚前进一步，迅速转身 180° 与男伴相对</td></tr>
<tr><td>3</td><td rowspan="3">4&1</td><td>右脚前进一步</td><td>左脚后退一步</td></tr>
<tr><td>4</td><td>左脚前靠一步</td><td>右脚后靠一步</td></tr>
<tr><td>5</td><td>右脚前进一步</td><td>左脚后退一步</td></tr>
<tr><td rowspan="3">3</td><td>1</td><td>2</td><td>左脚前进一步</td><td>右脚后退一步</td></tr>
<tr><td>2</td><td>3</td><td>右脚后回一步</td><td>左脚前回一步</td></tr>
<tr><td>3~5</td><td>4&1</td><td>做左退恰恰步</td><td>做开式扭胯步，到男士左侧</td></tr>
<tr><td rowspan="5">4</td><td>1</td><td>2</td><td>右脚后退一步，左手在腰间向左侧轻摆</td><td>左脚上一步，左手向前伸直，向右转身 45°</td></tr>
<tr><td>2</td><td>3</td><td>左脚前回一步，左手向右侧轻摆，引导女伴左转身</td><td>右脚退一步，左手展开，向左转身</td></tr>
<tr><td>3</td><td rowspan="3">4&1</td><td rowspan="2">右脚向右横一步<br>左脚并步</td><td rowspan="2">左脚向左横一小步<br>右脚并步</td></tr>
<tr><td>4</td></tr>
<tr><td>5</td><td>右脚右横一步，右手右侧伸展</td><td>左脚左横一步，左手左侧伸展</td></tr>
</table>

动作要点：准备姿势为闭式舞姿。其行进路线与伦巴舞相同，男伴前进时左手要对女伴右手加压，女伴则要有抵制。带上胯的动作要有韧劲。

2. 恰恰舞的组合练习

1）组合 1。准备姿势：闭式舞姿。每小节所对应的舞步如表 7-32 所示。

表 7-32　组合 1 每小节所对应的舞步

| 小节 | 男士 | 女士 |
| --- | --- | --- |
| 1～2 | 十字步 | 十字步 |
| 3 | 前进十字步 | 后退十字步 |
| 4 | 拧胯步 | 扇形步 |
| 5 | 后交叉拧胯步 | 开式扭胯步 |
| 6 | 后退十字步 | 阿里曼娜 |

2）组合 2。准备姿势：闭式舞姿。每小节所对应的舞步如表 7-33 所示。

表 7-33　组合 2 每小节所对应的舞步

| 小节 | 男士 | 女士 |
| --- | --- | --- |
| 1 | 前进十字步 | 后退十字步 |
| 2 | 后退十字步 | 前进十字步 |
| 3 | 十字步引导女伴 | 后退十字步 |
| 4 | 扇形步 | 扇形步 |
| 5 | 后拖步 | 开式扭胯步 |
| 6 | 后退十字步 | 前进十字步 |

# 第二节　健　美　操

健美操是以有氧运动为基础，以健、力、美为特征，融体操、音乐、舞蹈为一体的体育项目，具有竞技性、娱乐性和观赏性。通过徒手、手持轻器械和在专门器械上进行的健美操练习，可达到健身、健美和健心的目的。

## 一、健美操的起源与发展

现代健美操起源于 20 世纪 60 年代末的美国，最早是由著名的医学博士库珀设计的一些动作，配上音乐作为训练宇航员体能的内容之一，后来逐渐发展成为一项独立的运动。健美操作为一项独立的体育项目是在 20 世纪 70 年代末，在此期间涌现出一批健美操的代表人物，好莱坞影星简・方达就是其中一位，她著有《简・方达健美术》。

健美操在 20 世纪 80 年代传入我国，迅速受到了青年学生的喜爱，并且在高校中和社会上普及开来。在不断发展的过程中，健美操已逐渐形成了一套科学的健身、训练和竞赛体系。

## 二、健美操运动的分类

按照健美操运动的目的、任务，健美操可分为健身性健美操和竞技性健美操两类，如表 7-34 所示。

### 1. 健身性健美操

健身性健美操是集健身、娱乐于一体的群众性普及性健身运动，其主要目的在于锻炼身体，保持健康。

健身性健美操按练习形式可分为徒手健美操、器械健美操和特殊场地健美操三大类。

**表 7-34　健美操的分类**

| 类型 | 主要项目 | |
|---|---|---|
| 健身性健美操 | 徒手健美操 | 传统有氧健美操、搏击健美操、街舞、瑜伽健身术、拉丁健美操 |
| | 器械健美操 | 踏板操、哑铃操、杠铃操、橡皮筋操、健身球操 |
| | 特殊场地健美操 | 水中健美操 |
| 竞技性健美操 | 男子单人、女子单人、混合双人、3 人、集体 6 人 | |

2. 竞技性健美操

竞技性健美操是在健身性健美操的基础上发展形成的。目前世界上较为公认的竞技性健美操的定义是“竞技健美操是在音乐伴奏下，完成连续复杂的和高强度动作的能力，该项目起源于传统的有氧健身舞”。竞技性健美操以成套动作为表现形式，在成套动作中必须展示连续的动作组合、柔韧性、力量与 7 种基本步伐的综合使用，并结合难度动作高质量地完美完成。其主要目的是竞赛，比赛项目有男子单人、女子单人、混合双人、3 人和集体 6 人等。竞技性健美操在参赛人数、比赛场地和成套动作的时间等方面必须严格按照规则进行。规则对成套的编排、动作的完成、难度动作的数量等也有严格的规定。

**知识窗**

**健美操锻炼的关键**

科学的锻炼方法、循序渐进的原则、持之以恒的毅力是健美操锻炼取得成效的关键。

## 三、健美操的基本步法及动作

### （一）健美操的基本步法

健美操的基本步法是体现健美操练习者下肢动作基本姿态的主要练习手段。根据动作的特点及运动强度的差异，健美操的基本步法分为以下十二大类。

1. 踏步类

踏步类动作运动强度较低，要求在运动过程中至少有一只脚与地面保持接触。常见的步法如下。

1）踏步。分类：按种类分为脚尖不离地的踏步、脚离地的踏步、高抬腿的大幅度主踏步；按形式分为原位踏步、移动踏步及转体踏步；按方向分为向前、向后、向左、向右走的踏步。要点：落地时，由脚尖过渡到脚跟着地；屈膝时，胯微收，两臂自然前后摆动。

2）走步。分类：按方向分为前走、后走、斜向走、弧形走。要点：基本同踏步。

3）“V”字步。分类：按种类分为正“V”字步、倒“V”字步；按形式分为平移的、转体的、小幅度跳的正“V”字步和倒“V”字步；按方向分为左、右腿的正“V”字步和倒“V”

字步。要点：脚迈出，另一脚随之迈出呈一条平线，两脚距离略比肩宽，两膝自然弯曲，然后依次收回。

4）恰恰步（水兵步）。分类：按形式分为平移的和转体的恰恰步；按方向分为向前、向后、向侧的恰恰步。要点：在 2 拍节奏中，快速踏步 3 次。

### 2. 并步类

常见的并步类步法如下。

1）点地。分类：按种类分为脚尖点地、脚跟点地；按形式分为原位点地、移动点地及转体点地；按方向分为脚尖向前、向侧、向后、向斜方向的点地，脚跟向前、向侧、向斜方向的点地。要点：点地要有弹性，腿自然伸直。

2）左右移重心。分类：按种类分为双腿、单腿的移重心；按形式分为原位的移重心、移动的移重心、转体的移重心、跳的移重心；按方向分为向前、向后、向左、向右的移重心。要点：身体重心从一端移向另一端时，必须经两腿之间。

3）并步。分类：按种类分为两腿同时屈的并步、一直一屈的并步；按形式分为原位的并步、移动的并步（“之”字步）、转体的并步；按方向分为向前、向后、向左、向右的并步。要点：一脚并于另一脚，重心要随之移动，两膝自然屈伸。

4）交叉步。分类：按形式分为平移的交叉步、转方向的交叉步、小幅度跳的交叉步；按方向分为向前、向后、向侧的交叉步。要点：一脚迈出，另一脚在前或在后交叉，重心随着移动。

### 3. 弓步类

分类：按种类分为静力性的弓步、动力性的弓步；按形式分为原地左右移重心的弓步、移动的弓步、转体的弓步、跳的弓步；按方向分为上步弓步、后撤弓步、向侧伸弓步。要点：一腿屈膝，脚尖与膝垂直；另一腿伸直，重心落于两腿之间。

由于弓步的形式很多，因此在做法上有所不同。

### 4. 半蹲类

分类：按种类分为小分腿半蹲、大分腿半蹲；按形式分为向侧一次、向侧两次、转体；按方向分为向左侧、向右侧。要点：半蹲时，立腰。

### 5. 吸腿类

分类：按形式分为原位的吸腿及跳、移动的吸腿及跳和转体的吸腿及跳；按方向分为向侧、向前的吸腿及跳。要点：大腿用力上提，小腿自然下垂。

### 6. 弹踢类

分类：按形式分为原位的弹踢腿及跳、移动的弹踢腿及跳和转体的弹踢腿及跳；按方向分为向前的弹踢腿及跳、向侧的弹踢腿及跳、向后的弹踢腿及跳。要点：大腿抬起至一定角度后，小腿自然弹直。

7. 开合跳

分类：按种类分为双起双落的开合跳（两次开开合合、连续开合）、单起双落的开合跳；按形式分为原位的开合跳、移动的开合跳和转体的开合跳；按方向分为向前的开合跳、向后的开合跳。要点：分腿时，两脚自然外开，膝关节沿脚尖方向弯曲；跳起落地时，注意屈膝缓冲。

8. 踢腿类

分类：按种类分为有弹动的踢腿、一般的直踢腿；按形式分为原位的（弹）踢腿及跳、移动的（弹）踢腿及跳和转体的（弹）踢腿及跳；按方向分为向前的、向侧的、向斜前的（弹）踢腿及跳。要点：腿上踢时，须加速用力，立腰，上体尽量保持不动。

9. 后踢腿跳

分类：按形式分为原位的后踢腿跳、移动的后踢腿跳、转体的后踢腿跳；按方向分为向后的后踢腿跳。要点：腿和膝在一条线上，小腿尽量叠于大腿。

10. 点跳

分类：按形式分为原位的点跳、移动的点跳、转体的点跳；按方向分为向侧、向前、向后的点跳。要点：点地时身体重心在一条腿上。

11. 摆腿跳

分类：按形式分为原位的摆腿跳、移动的摆腿跳和转体的摆腿跳。按方向分为向侧、向前、向后的摆腿跳。要点：摆腿时上体顺势前倾、后倒或侧倾。

12. 并跳

分类：按形式分为移动的并跳、转体的并跳；按方向分为向前、向后的并跳。要点：一腿迈出蹬地，另一腿并上，身体重心随着跟上。

**说明**：①种类是根据动作的特点划分的；②形式是根据做动作时身体位置发生的变化来划分的；③方向是根据身体轴面来划分的。

（二）健美操的基本动作

1. 徒手动作

健美操的基本徒手动作是根据人体结构的活动特点而确定的。常见的基本动作如下。

1）头颈动作。分类：按形式分为头颈的屈、头颈的转、头颈的平移、头颈的绕与绕环；按方向分为向前的、向后的、向左的、向右的屈和平移，向左的、向右的转和绕、绕环。要点：做各种形式的头颈动作时，节奏一定要慢，上体保持正直。

2）肩部动作。分类：按形式分为单肩的、双肩的担肩和沉肩，收肩和展肩，单肩的、双肩的绕和绕环，振肩；按方向分为向前的、向后的绕及绕环。要点：担肩、沉肩时两肩在同一额状面尽量上下运动；收肩、展肩幅度要大，肩部要平；振肩动作要有速度、力度和弹性。

2. 上肢动作

手形：健美操中有多种手形，它是从爵士舞、芭蕾舞、西班牙舞、迪斯科、武术等中吸收和发展来的。合理地运用手形可以使手臂动作更加生动活泼。

分类：按形式分为坐（直角坐、分腿坐、跪坐、盘腿坐）、卧（仰卧、俯卧、侧卧）、撑（仰撑、俯撑、跪撑）等。

要求：做各种坐姿时，收腹、立腰、挺胸；撑时，腰背张紧。

## 四、健美操的基本步法组合

健身性健美操是以健美操基本步法为基础，配以上肢、髋部、躯干等部位动作组合而成的，符合当前健美操发展的方向，对学生有重点地掌握健美操的基本动作，形成良好的身体姿态，提高有氧代谢的能力及协调、灵敏的素质均有较大的作用。全操由 7 节组成，每节 4×8 拍。

（一）踏步、走步组合练习

第 1 个 8 拍：练习动作如图 7-39 所示。第 2 个 8 拍：练习动作如图 7-40 所示。第 4 个 8 拍：同第 3 个 8 拍，方向相反，如图 7-41 所示。

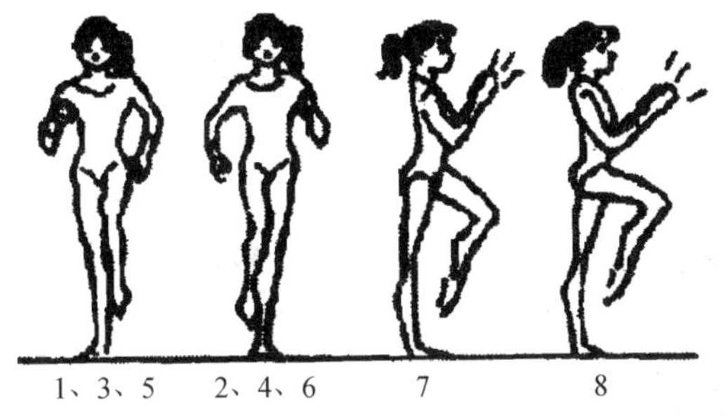

图 7-39　踏步、走步第 1 个 8 拍练习动作

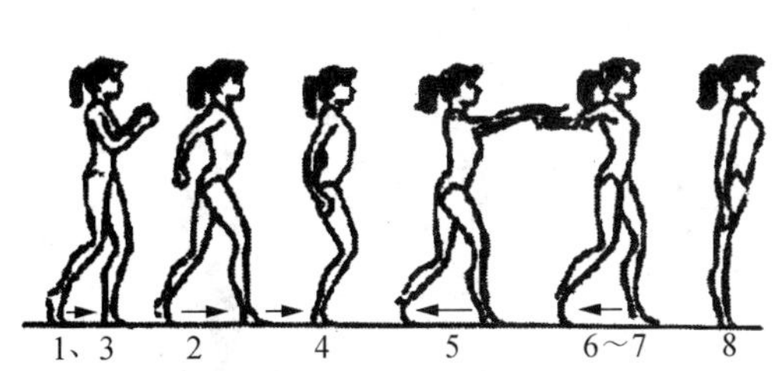

图 7-40　踏步、走步第 2 个 8 拍练习动作

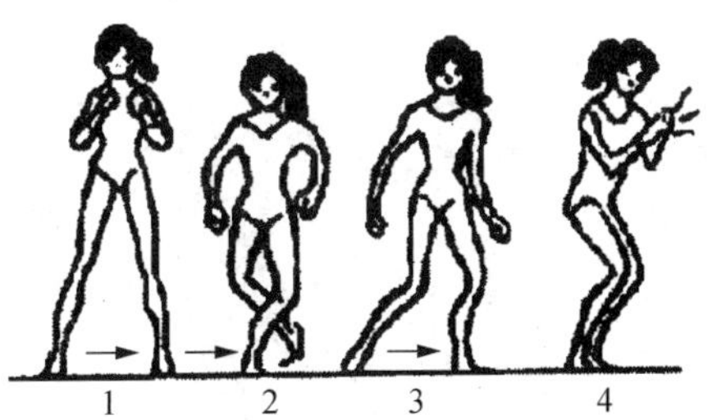

图 7-41　踏步、走步第 4 个 8 拍练习动作

（二）并步组合练习

第 1 个 8 拍：3～4 拍同 1～2 拍，5～8 拍同 1～4 拍，如图 7-42 所示。第 2 个 8 拍：3～4 拍同 1～2 拍，方向相反，5～8 拍同 1～4 拍，如图 7-43 所示。第 3 个 8 拍：5～8 拍同 1～

4 拍，方向相反，如图 7-44 所示。

图 7-42　并步第 1 个 8 拍练习动作

图 7-43　并步第 2 个 8 拍练习动作

图 7-44　并步第 3 个 8 拍练习动作

（三）“V”字步组合练习

第 1 个 8 拍：练习动作如图 7-45 所示。第 2 个 8 拍：练习动作如图 7-46 所示。第 3～4 个 8 拍：同第 1～2 个 8 拍，方向相反。

图 7-45　“V”字步第 1 个 8 拍练习动作　　图 7-46　“V”字步第 2 个 8 拍练习动作

（四）半蹲步、髋步组合练习

第 1 个 8 拍：练习动作如图 7-47 所示。第 2 个 8 拍：同第 1 个 8 拍，方向相反。第 3

个 8 拍：练习动作如图 7-48 所示。第 4 个 8 拍：同第 3 个 8 拍，方向相反。

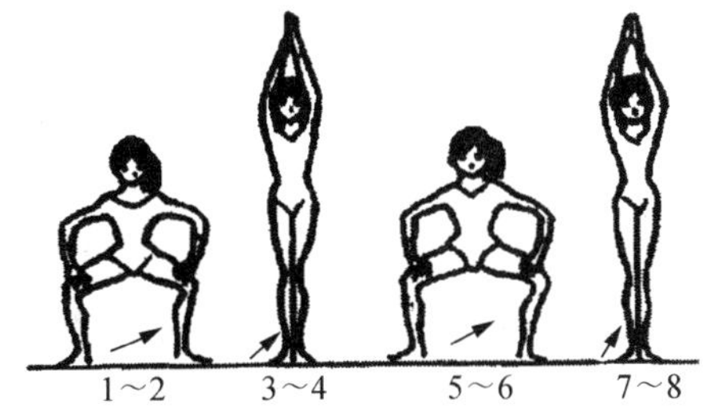


图 7-47　半蹲步、髋步第 1 个 8 拍练习动作

图 7-48　半蹲步、髋步第 3 个 8 拍练习动作

（五）吸腿跳、弓步跳组合练习

第 1 个 8 拍：练习动作如图 7-49 所示。第 2 个 8 拍：同第 1 个 8 拍，方向相反。第 3～4 个 8 拍：同第 1～2 个 8 拍。

图 7-49　吸腿跳、弓步跳第 1 个 8 拍练习动作

（六）分腿跳、开并腿跳、踢腿跳、弹踢跳、摆腿跳组合练习

第 1 个 8 拍：练习动作如图 7-50 所示。第 2 个 8 拍：同第 1 个 8 拍，但最后 1 拍左腿后屈。第 3 个 8 拍：1～4 拍如图 7-51 所示，5～8 拍同 1～4 拍。第 4 个 8 拍：练习动作如图 7-52 所示。

图 7-50　分腿跳、开并腿跳、踢腿跳、弹踢跳、摆腿跳第 1 个 8 拍练习动作

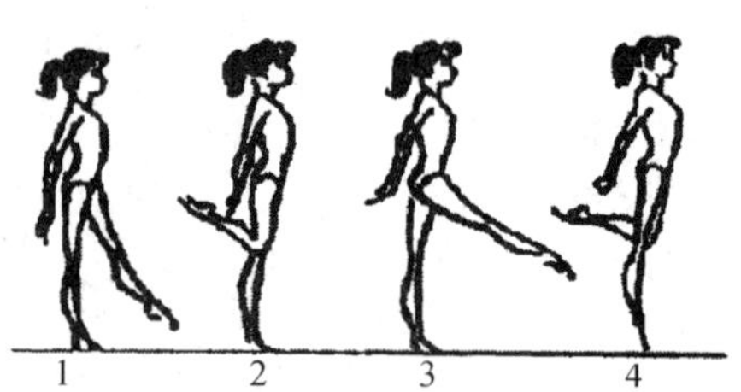


图 7-51　分腿跳、开并腿跳、踢腿跳、弹踢跳、摆腿跳第 3 个 8 拍中的 1～4 拍练习动作

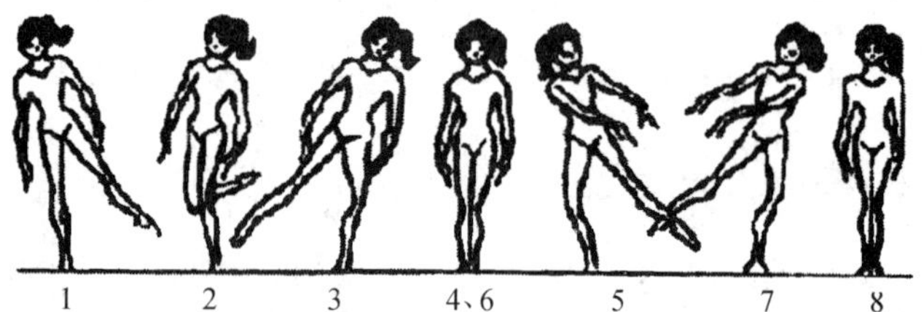


图 7-52　分腿跳、开并腿跳、踢腿跳、弹踢跳、摆腿跳第 4 个 8 拍练习动作

（七）伸展、体侧区、呼吸调整组合练习

第 1 个 8 拍：练习动作如图 7-53 所示。第 2 个 8 拍：同第 1 个 8 拍，方向相反。第 3 个 8 拍：练习动作如图 7-54 所示。第 4 个 8 拍：练习动作如图 7-55 所示。

图 7-53　伸展、体侧区、呼吸调整第 1 个 8 拍练习动作

图 7-54　伸展、体侧区、呼吸调整第 3 个 8 拍练习动作

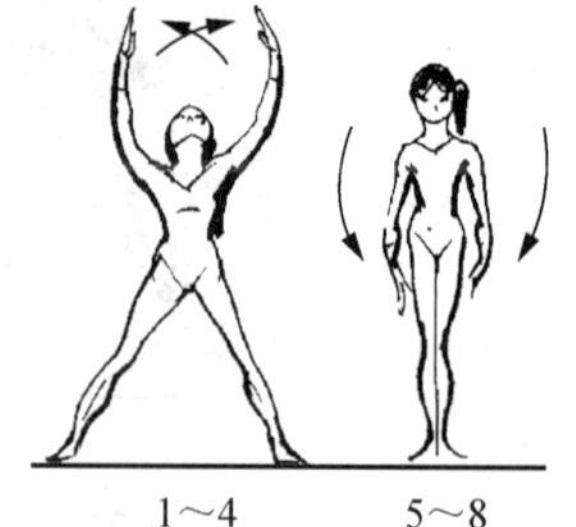


图 7-55　伸展、体侧区、呼吸调整第 4 个 8 拍练习动作

## 五、健美操套路练习

进行健美操套路练习的目的是使学生对健美操的基本步法、风格、要求等形成初步的了解，通过反复练习，促进力量、柔韧、协调等身体素质的全面发展及动作节奏感和审美意识

的提高。本练习共 30 个 8 拍，由健美操的 6 类难度动作（动力性力量、静力性力量、跳跃、踢腿、平衡、柔韧）配以健美操几种主要的跳步和规范有力的上肢动作组合而成。在本套练习中留有部分节拍要求学生自己创编，这样有助于培养学生的创造意识、创编能力和自主学习的精神。

预备姿势：两脚左右开立，右臂上举（五指分开，掌心向前），左臂上屈，肘外开，手扶头后（五指并拢），稍抬头。

1. 第 1 个 8 拍

第 1 个 8 拍练习动作如图 7-56 所示。1～2 拍：不动。3～4 拍：两臂还原至体侧（两手五指并拢，掌心向内）。5 拍：前半拍两腿稍屈，同时左臂侧举（拳心向下），右臂胸前平屈（拳心向下）；后半拍左腿直立（重心移至左腿），同时右腿侧下举，右臂侧举，左臂胸前平屈。6 拍：不动。7～8 拍：右腿并向左腿成直立，掌心向内，同时两臂还原至体侧（五指并拢，掌心向内）。

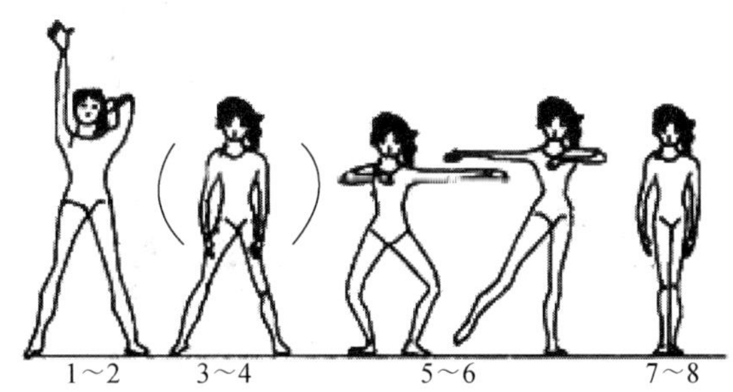


图 7-56　第 1 个 8 拍练习动作

2. 第 2 个 8 拍

第 2 个 8 拍练习动作如图 7-57 所示。1～2 拍：高姿态跳（自选，如鹿跳或双飞燕跳等），上肢动作自编。3～4 拍：落地成并立，同时两臂还原至体侧。5～7 拍：左脚侧出一步，同时向左平转 360° 成并立，两臂经体侧至上举（五指并拢，掌心由向上至向内）。8 拍：两臂还原至体侧。

图 7-57　第 2 个 8 拍练习动作

3. 第 3 个 8 拍

第 3 个 8 拍练习动作如图 7-58 所示。1～8 拍：左腿侧举成侧平衡，同时身体向右侧倾，右臂侧上举（掌心向下）。

图 7-58　第 3 个 8 拍练习动作

4. 第 4 个 8 拍

第 4 个 8 拍练习动作如图 7-59 所示。1～4 拍：还原成并立。5～6 拍：右脚侧出一步成两腿屈膝开立，同时两手扶膝，上体稍前屈，抬头。7～8 拍：还原成并立。

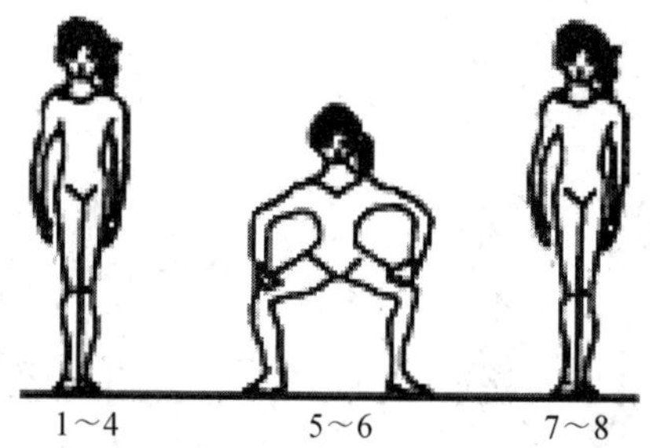


图 7-59　第 4 个 8 拍练习动作

5. 第 5 个 8 拍

第 5 个 8 拍练习动作如图 7-60 所示。1 拍：跳成开立，同时左臂侧举（拳心向下），头向左转。2 拍：跳成并立，同时左臂肩侧上屈（拳心向内），头还原。3 拍：右脚向后跳成左前弓步，同时右臂侧举（拳心向下）。4 拍：跳成并立，同时两臂肩侧上屈（拳心向内）。5 拍：跳成开立，同时两臂胸前屈（拳心向后）。6 拍：跳成并立，同时两臂胸前平屈（拳心向下）。7 拍：跳成右前弓步，同时两臂上举（五指并拢，掌心向外）。8 拍：跳成并立，同时两臂还原至体侧（掌心向内）。

图 7-60　第 5 个 8 拍练习动作

6. 第 6 个 8 拍

第 6 个 8 拍由学生自编一个 8 拍的跳跃动作。

7. 第 7 个 8 拍

第 7 个 8 拍练习动作如图 7-61 所示。1 拍：左脚向侧一步，同时左臂上举（五指并拢，掌心向内），右臂前举（五指并拢，掌心向内）。2 拍：提右膝同时向右转体 90°，左臂胸前上屈（拳心向后），右臂胸前平屈 （指尖搭在左上臂）。3 拍：右腿后伸成左前弓步，同时左臂侧举（掌心向下），右臂肩侧上屈（拳心向内），头向左转。4 拍：右腿还原跳成并立，同时两臂还原至体侧（掌心向内），头还原。5 拍：左腿提膝跳，同时两臂胸前平屈（拳心向下）。6 拍：还原成并立，同时两臂还原至体侧（拳心向后）。7 拍：右腿高踢跳。8 拍：右腿落下成并立。

图 7-61 第 7 个 8 拍练习动作

8. 第 8 个 8 拍

第 8 个 8 拍练习动作如图 7-62 所示。1 拍：向右跳转 90°，成开立，同时左臂侧举（五指并拢，掌心向下），右臂胸前平屈（五指并拢，掌心向下）。2 拍：跳成并立，同时两臂上举（掌心向内）。3 拍：右腿提膝跳，同时右臂侧举（掌心向下）。4 拍：向右跳转 90°，成并立，同时两臂还原至体侧（掌心向内）。5～6 拍：全蹲（脚跟提起），同时两手体前撑地。7～8 拍：两脚蹬地伸膝，成俯撑。

图 7-62 第 8 个 8 拍练习动作

9. 第 9 个 8 拍

第 9 个 8 拍练习动作如图 7-63 所示。1～8 拍：做一次俯卧撑（4 拍落下，4 拍撑起）。

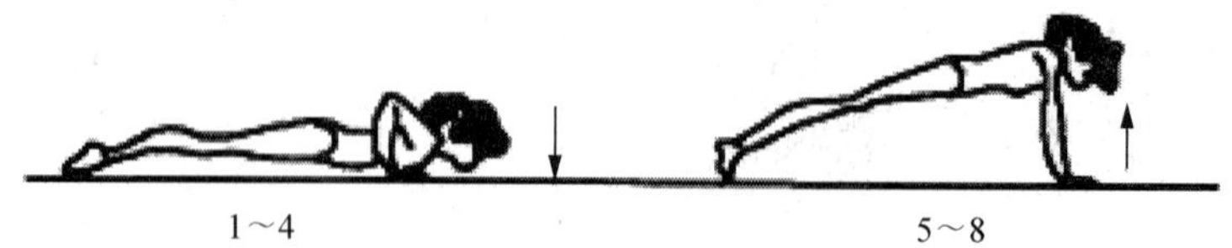


图 7-63　第 9 个 8 拍练习动作

10. 第 10 个 8 拍

第 10 个 8 拍同第 9 个 8 拍。

11. 第 11、12 个 8 拍

第 11、12 个 8 拍由学生自编移动俯卧撑两个。

12. 第 13 个 8 拍

第 13 个 8 拍练习动作如图 7-64 所示。1～2 拍：两脚蹬地跳，成蹲撑。3～4 拍：起立，同时两臂还原至体侧（五指并拢，掌心向内）。5～6 拍：左脚向前一步向左转体 270°，同时右腿屈膝上提，两臂经体侧（左手掌心向上，右手掌心向下）至上举（握拳，拳心向内）。7～8 拍：还原成并立，两臂落至体侧（五指并拢，掌心向内）。

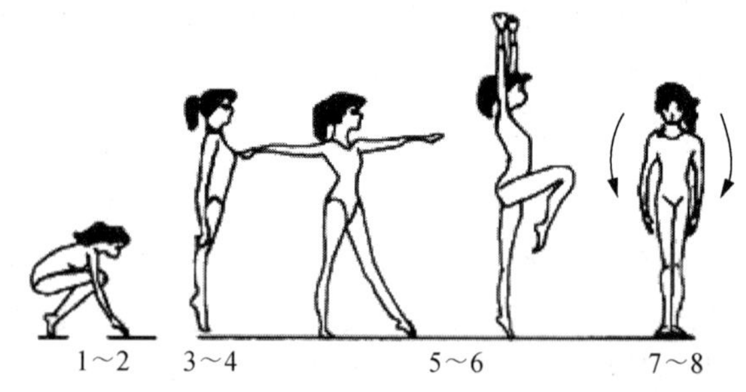


图 7-64　第 13 个 8 拍练习动作

13. 第 14 个 8 拍

第 14 个 8 拍练习动作如图 7-65 所示。1 拍：跳成开立，同时两臂侧举（拳心向下）。2 拍：左腿屈膝后踢，同时右脚提踵，向左转体 45°，两臂体侧屈手半握拳置于腰部（拳心向上）。3 拍：左腿后伸（左脚前脚掌着地），同时两臂前伸（由拳变掌）。4 拍：左脚还原成并立，同时两臂落至体前（掌心向内）。5 拍：左脚向前迈步跳起，同时右腿屈膝后踢，两臂胸前屈（拳心向后）。6 拍：右腿向前迈步跳，同时左腿屈膝后踢，两臂胸前屈交叉（五指分开，掌心向后）。7 拍：左脚向前迈步跳，同时右腿屈膝后踢，两臂肩侧上屈（拳心向内）。8 拍：右脚上步成并立，同时向右转体 45°（还原成面对正前方），两臂还原至体侧（掌心向内）。

14. 第 15 个 8 拍

第 15 个 8 拍由学生自编一个 8 拍的跑、跳动作。

图 7-65　第 14 个 8 拍练习动作

15. 第 16 个 8 拍

第 16 个 8 拍练习动作如图 7-66 所示。1～3 拍：左腿微屈向左小跳 3 步，同时右腿侧下举（绷足尖），左臂慢举至侧上（五指并拢，掌心向前），上体左倾，头向左转。4 拍：右腿并向左腿成并立，同时上体立起，头还原，面对正前方，左臂肩侧上屈，左手扶头后。5 拍：跳成开立，同时左臂侧上举（掌心向前）。6 拍：跳成并立，同时左臂还原至体侧（掌心向内）。7 拍：分腿跳，同时两臂侧举（五指分开，掌心向前）。8 拍：落地成并立，同时两臂还原至体侧（五指并拢，掌心向内）。

图 7-66　第 16 个 8 拍练习动作

16. 第 17 个 8 拍

第 17 个 8 拍由学生自编一个 8 拍的跑、跳动作。

17. 第 18 个 8 拍

第 18 个 8 拍练习动作如图 7-67 所示。1～8 拍：向右转体 90°，同时两腿前后伸逐渐下滑成右腿在前的纵劈叉，两臂经上举（掌心向内）至侧举（五指分开，掌心向前），头向左转。

18. 第 19 个 8 拍

第 19 个 8 拍练习动作如图 7-68 所示。1～4 拍：左腿伸膝经侧向前并至右腿（两脚绷足尖），同时以臀部为轴向右转体 180°，两手体后扶地。5～6 拍：两腿屈膝（大小腿夹角为 90°）。7～8 拍：仰卧，同时两臂置于体侧（五指并拢，掌心向下）。

图 7-67　第 18 个 8 拍练习动作

图 7-68　第 19 个 8 拍练习动作

19. 第 20 个 8 拍

第 20 个 8 拍练习动作如图 7-69 所示。1～4 拍：两手撑地，臀部抬起，同时左腿前上举。5～8 拍：臀部落地成屈膝坐。

图 7-69　第 20 个 8 拍练习动作

20. 第 21 个 8 拍

第 21 个 8 拍练习动作如图 7-70 所示。1～4 拍：两手撑地，臀部抬起，同时右腿前上举。5～6 拍：臀部落地成屈膝坐。7～8 拍：上体后倒成仰卧，同时两臂上举。

图 7-70　第 21 个 8 拍练习动作

21. 第 22 个 8 拍

第 22 个 8 拍练习动作如图 7-71 所示。1～4 拍：上体抬起（背与地面夹角为 40°），手臂动作自编。5～8 拍：还原成仰卧，手臂动作自编。

图 7-71　第 22 个 8 拍练习动作

22. 第 23 个 8 拍

第 23 个 8 拍同第 22 个 8 拍。

23. 第 24 个 8 拍

第 24 个 8 拍练习动作如图 7-72 所示。1～4 拍：上体起，同时两腿伸直（绷足尖）成直角坐，两手体侧撑地。5～8 拍：形成直角支撑。

图 7-72　第 24 个 8 拍练习动作

24. 第 25 个 8 拍

第 25 个 8 拍练习动作如图 7-73 所示。1～2 拍：两腿落地。3～4 拍：左腿屈，左脚跨至右腿外侧，同时向右转体，屈左臂抬肘，左手扶左膝，右手撑地。5～8 拍：起立成并立，同时两臂置于体侧（五指并拢，掌心向内）。

图 7-73　第 25 个 8 拍练习动作

25. 第 26 个 8 拍

第 26 个 8 拍练习动作如图 7-74 所示。1 拍：右腿做后踢跑，同时两臂胸前屈（拳心向后）。2 拍：左腿做后踢跑，同时两手胸前击掌。3 拍：右腿做后踢跑，同时两臂肩侧上屈（拳心向内）。4 拍：并腿，手同 2 拍。5 拍：双脚向右蹬跳成右侧弓步（左脚跟着地），右臂胸前平屈（拳心向下），头稍左转。6 拍：还原成并立，同时两手胸前击掌。7～8 拍：同 5～6 拍，方向相反，但 8 拍两臂还原至体侧。

图 7-74　第 26 个 8 拍练习动作

26. 第 27、28 个 8 拍

第 27、28 个 8 拍要求学生自编两个 8 拍的跳跃动作，最后要求侧对主席台。

27. 第 29 个 8 拍

第 29 个 8 拍练习动作如图 7-75 所示。1～4 拍：两腿交替连续做两次直膝高踢腿跳（先踢左腿），两臂置于体侧（拳心向后）。5 拍：提左膝向右跳转 90°，同时两臂胸前屈（拳心向后）。6 拍：还原成并立，同时两臂体侧下垂。7 拍：右腿侧踢，同时两臂侧举（掌心向下）。8 拍：同 6 拍。

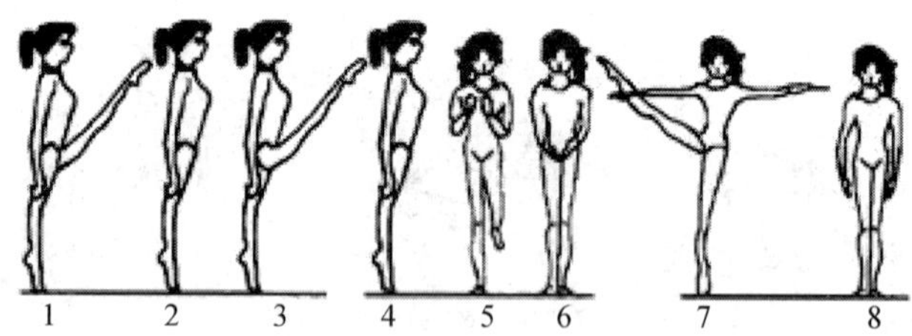


图 7-75　第 29 个 8 拍练习动作

28. 第 30 个 8 拍

第 30 个 8 拍要求学生自编一个 8 拍的动作，最后 4 拍为结束造型。音乐选择：节奏感强的音乐。要求：跳跃轻快、有弹性；上肢动作到位、有力度；高质量地完成每一个动作；整套动作连贯，节奏准确，富有表现力；创造性地完成几段自编任务，以培养创编能力和自主学习精神。

# 第三节　排　舞

## 一、排舞概述

排舞，简言之，就是排成一排一排的队形跳舞。排舞是以一段完整的歌曲或音乐为伴奏，以国际流行的多元化操舞动作作为舞码元素，编者按照一定规律创编的一套完整的动作，是高度兼容各种风格的一项全球化的、新型时尚的大众健身运动。它以有氧运动为基础，以身体练习和多变的步法为基本手段，使练习者达到舒缓压力、调节身心健康、塑造形体及增强身体协调性等目的，从而提高自身的健康水平。它的舞步简单易学，受到各个年龄层的欢迎，可以说是老少皆宜的舞蹈。

### （一）排舞的产生与发展

排舞最初来源于 20 世纪初期美国较为流行的社交舞。由于这些舞蹈必须由男女结伴才能起舞，在很大程度上限制了喜欢跳舞却没有舞伴的人群。因此，当时美国的一些社交舞俱乐部尝试着让大家站成一排一排的队形跳舞，而不用男女结伴按照方块或圆形的站位形式跳舞，这种尝试即排舞的最初萌芽形式。受此启发，美国一些 DISCO 俱乐部和西部乡村民间舞蹈俱乐部也相继派生出不同风格的排舞。排舞这一概念的出现让人们认识到跳舞时并不总需要男女结伴，既可以单独跳，也可以集体跳。排舞真正意义上的发展是在 20 世纪 70 年代，有 3 个方面的因素促使排舞在此期间在美国广泛传播：①社交舞俱乐部教授的社交舞风格的排舞；②DISCO 俱乐部教授的一些流行舞风格的排舞；③美国西部乡村民间舞蹈俱乐部教授的乡村舞风格的排舞。其中乡村舞风格的排舞的传播与发展，促成了现代排舞最为典型的风格。20 世纪 80 年代，排舞在美国和加拿大受到人们的广泛喜爱。90 年代，这项运动已经遍布欧美各国，并于 90 年代后期传播到全世界。排舞从 2000 年开始逐渐传入亚洲并掀起了一股热潮，受到各个年龄层的欢迎。因排舞融合了流行音乐、动感服饰等国际上多种时尚舞蹈元素，其魅力无限。

### （二）排舞在我国的发展

排舞在中国叫全健排舞（全民健身排舞）。北京市体操协会 2006 年开始从国外引进这一项运动，很快在一些大中城市开展起来。2007 年 11 月，中国组建排舞代表队，前往马来西亚参加国际排舞嘉年华活动，实现中国参加国际排舞活动零的突破。2008 年 11 月，中国全健排舞队出访马来西亚国际排舞嘉年华并载誉归来，中国排舞《永远的朋友》《我们准备好了》《卓玛》声名鹊起，震动国际排舞界。2008 年 3 月，在北京举办了全国第一期全健排舞初级培训班，来自全国 19 个省 35 个市的学员们首次接触了全健排舞，北京卫视、《北京日报》、《北京晚报》、中央人民广播电台、新浪网等进行了报道。借助 2008 年北京举办奥运会的东风，在国家体育总局体操运动管理中心、中华全国总工会中国职工文化协会、中央电视台体育频道（CCTV-5）、北京市体操协会的大力支持和推动下，全健排舞作为新兴的全民健身项目在全国推广。全民健身排舞积极向上、健康阳光、简单快乐、互动性强，几乎人人都能参与。2008 年 8 月 8 日 8 点 08 分，在天安门广场，800 名排舞爱好者身着奥运五环颜色 T 恤组成 5 个方阵，伴随着奥运主题歌曲，排舞《永远的朋友》《We Are Ready》等翩翩起舞，以表达对北京奥运会的祝福。2009 年，国家体育总局体操运动管理中心首次将排舞列为全国万人健美操的比赛项目，并同时成为 20 多个分赛区的比赛项目。全健排舞组委会已经建立了拥有上千首舞曲的国外排舞曲库、排舞舞谱库、排舞视频库，建立了全健排舞网站，并推出了中国排舞十大金曲，把中国排舞舞曲推向世界，向世界展现中西文化合璧的更高境界。

## 二、排舞的分类

### 1. 按照舞蹈动作的难易程度与变化分类

1） 初级排舞。从开始到结束反复重复固定的舞码组合，动作难度及变化简单。

2）中级排舞。由两个或 3 个段落组合而成，舞码重复不固定，或某一段落的舞码还未跳完，就又从头开始跳，动作难度及变化较为复杂。

3）高级排舞。由 3 个或 3 个以上段落组合而成，段落重复不固定，没有规律性，动作难度及变化复杂。

### 2. 按照舞蹈段落重复时身体方向的变化分类

1）没有方向（面）变化的排舞。在整个舞蹈段落当中，无论舞步动作的方向怎样变化，段落结束时都保持段落开始时的方向。

2）两个方向（面）变化的排舞。在段落与段落之间有一次方向的变化，一般情况下是在转体 180° 的方向上开始。

3）4 个方向（面）变化的排舞。每重复一次舞蹈段落，都在转体 90° 的方向上开始。

### 3. 按照排舞的动作风格分类

排舞的风格有拉丁和非拉丁两种，其中拉丁风格的排舞有恰恰、曼波、伦巴、桑巴等；非拉丁风格的排舞有摇摆风格、传统风格和其他风格等。

## 三、排舞的基本步法与手形

1）交叉前进步。交叉前进步所对应的脚步、手臂动作如表 7-35 所示，交叉前进步动作如图 7-76 所示。

**表 7-35　交叉前进步所对应的脚步、手臂动作**

| 节 | 拍 | 脚步动作 | 手臂动作 |
|---|---|---|---|
| （一） | 1 | 左脚向右前方前进一步 | 左臂经下向内绕至侧平举，右臂侧平举 |
| | 2 | 右脚继续前进一步 | |
| | 3 | 左脚并右脚同时向左转体 90° | |
| （二） | 1 | 右脚向左前方前进一步 | 右臂经下向内绕至侧平举，左臂侧平举 |
| | 2 | 左脚继续前进一步 | |
| | 3 | 右脚并左脚，同时向右脚转体 45° | |

图 7-76　交叉前进步动作

2）前进后退步。前进后退步所对应的脚步、手臂动作如表 7-36 所示，前进后退步动作如图 7-77 所示。

**表 7-36　前进后退步所对应的脚步、手臂动作**

| 节 | 拍 | 脚步动作 | 手臂动作 |
|---|---|---|---|
| （三） | 1～3 | 左脚开始向前华尔兹 | 两臂经下向上摆至前平举 |
| （四） | 1～3 | 右脚开始向前华尔兹 | 两臂继续向上摆至斜上举 |
| （五） | 1～3 | 左脚开始向后华尔兹 | 两臂经上向下摆至前平举 |
| （六） | 1～3 | 右脚开始向后华尔兹 | 两臂继续向下摆至侧下举 |

图 7-77　前进后退步动作

3）左旋转步。左旋转步所对应的脚步、手臂动作如表 7-37 所示，左旋转步动作如图 7-78 所示。

**表 7-37　左旋转步所对应的脚步、手臂动作**

| 节 | 拍 | 脚步动作 | 手臂动作 |
|---|---|---|---|
| （七） | 1 | 左脚向左旁侧一步，同时左转 90° | 两臂经胸前向左摆至上举，掌心相对 |
| | 2 | 右脚前进一步，继续左转 90° | |
| | 3 | 左脚并右脚，转体 180° | |

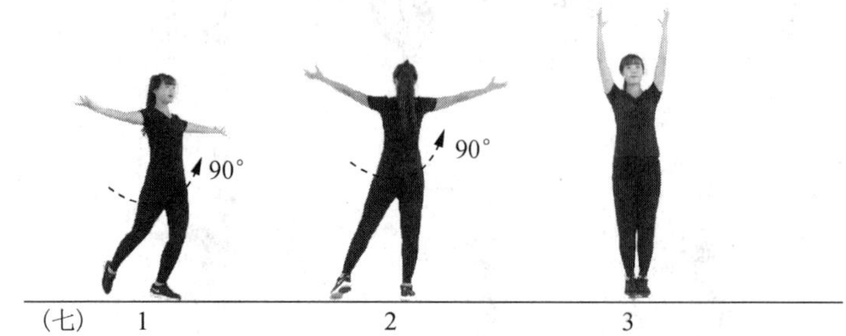


图 7-78　左旋转步动作

4）前进步。前进步所对应的脚步、手臂动作如表 7-38 所示，前进步动作如图 7-79 所示。

5）后退步。后退步所对应的脚步、手臂动作如表 7-39 所示，后退步动作如图 7-80 所示。

**表 7-38　前进步所对应的脚步、手臂动作**

| 节 | 拍 | 脚步动作 | 手臂动作 |
|---|---|---|---|
| （八） | 1～3 | 右脚开始向左前方前进华尔兹 | 两臂前后绕环摆至右臂前平举，左臂后举 |

图 7-79　前进步动作

**表 7-39　后退步所对应的脚步、手臂动作**

| 节 | 拍 | 脚步动作 | 手臂动作 |
|---|---|---|---|
| （九） | 1～3 | 左脚开始向后华尔兹 | 右臂后绕，左臂前绕至左臂前平举，右臂后举 |

图 7-80　后退步动作

6）旋转步。旋转步所对应的脚步、手臂动作如表 7-40 所示。

表 7-40　旋转步所对应的脚步、手臂动作

| 节 | 拍 | 脚步动作 | 手臂动作 |
|---|---|---|---|
| （十） | 1 | 右脚向右旁侧一步 | 两臂经胸前右摆至上举，掌心相对 |
| | 2 | 左脚前进一步，继续右转 90° | |
| | 3 | 右脚并左脚，转体 180° | |

7）交叉前进步。交叉前进步所对应的脚步、手臂动作如表 7-41 所示。

表 7-41　交叉前进步所对应的脚步、手臂动作

| 节 | 拍 | 脚步动作 | 手臂动作 |
|---|---|---|---|
| （十一） | 1 | 左脚向右前方前进一步 | 左臂经下向内绕至侧平举，右臂侧平举 |
| | 2 | 右脚继续前进一步 | |
| | 3 | 左脚并右脚，同时向左转体 90° | |
| （十二） | 1 | 右脚向左前方前进一步 | 右臂经下向内绕至侧平举，左臂侧平举 |
| | 2 | 左脚继续前进一步 | |
| | 3 | 右脚并左脚，同时向右转体 45° | |

8）左转步。左转步所对应的脚步、手臂动作如表 7-42 所示，左转步动作如图 7-81 所示。

表 7-42　左转步所对应的脚步、手臂动作

| 节 | 拍 | 脚步动作 | 手臂动作 |
|---|---|---|---|
| （十三） | 1 | 左脚前进一步，开始左转 | 两臂经侧摆至上举，掌心相对 |
| （十三） | 2 | 右脚向旁横步，同时左转 90° | |
| | 3 | 右脚并左脚，转体 90° | |

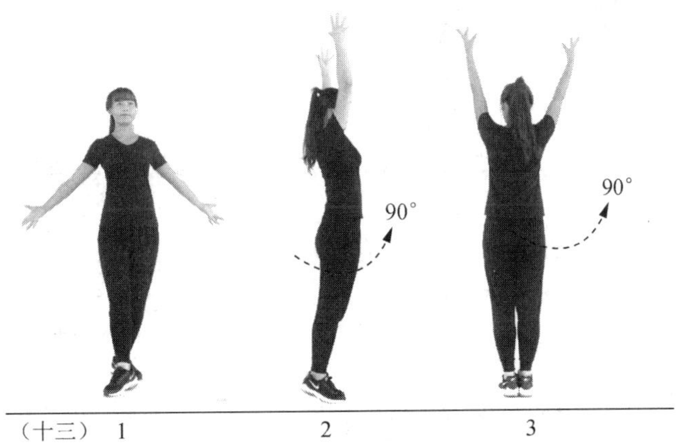


图 7-81　左转步动作

9）后退步。后退步所对应的脚步、手臂动作如表 7-43 所示，后退步动作如图 7-82 所示。

表 7-43　后退步所对应的脚步、手臂动作

| 节 | 拍 | 脚步动作 | 手臂动作 |
|---|---|---|---|
| （十四） | 1～3 | 右脚开始后退华尔兹 | 两臂经前下摆至体侧 |

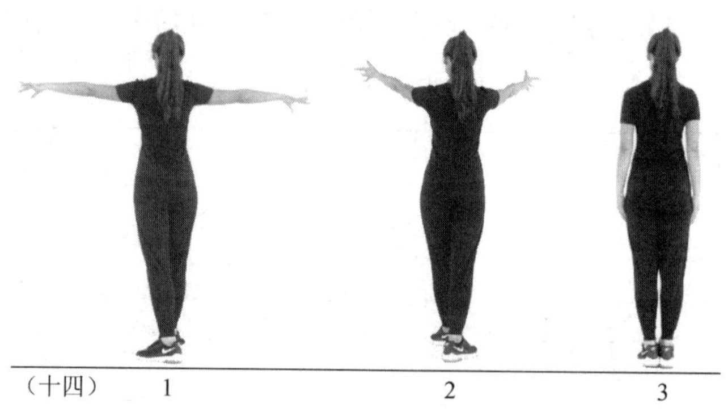


图 7-82　后退步动作

10）并退摇摆步。并退摇摆步所对应的脚步、手臂动作如表 7-44 所示，并退摇摆步动作如图 7-83 所示。

**表 7-44　并退摇摆步所对应的脚步、手臂动作**

| 节 | 拍 | 脚步动作 | 手臂动作 |
|---|---|---|---|
| （一） | 1～2 | 向左追步，同时向左转体 90° | 两臂上举，握紧向左自然摆动 |
| | 3～4 | 向右追步，同时向左转体 90° | 两臂上举，握紧向右自然摆动 |
| | 5～6 | 向左追步，同时向左转体 90° | 两臂上举，握紧向左自然摆动 |
| | 7～8 | 向右追步，同时向左转体 90° | 两臂上举，握紧向右自然摆动 |

图 7-83　并退摇摆步动作

11）左右摆臂前追步。左右摆臂前追步所对应的脚步、手臂动作如表 7-45 所示，左右摆臂前追步动作如图 7-84 所示。

**表 7-45　左右摆臂前追步所对应的脚步、手臂动作**

| 节 | 拍 | 脚步动作 | 手臂动作 |
|---|---|---|---|
| （二） | 1 | 左脚向左一步，脚尖点地 | 两臂经下向右摆至左臂侧平举，右臂胸前平屈，拳心向下 |
| | 2 | 还原，微屈膝 | 还原 |
| | 3 | 右脚向右一步，脚尖点地 | 两臂经下向左摆至左臂胸前平屈，右臂侧平举，拳心向下 |
| | 4 | 还原，微屈膝 | 还原 |
| | 5 | 左脚脚尖前点地 | 两臂体侧自然摆动（下同） |

续表

| 节 | 拍 | 脚步动作 | 手臂动作 |
|---|---|---|---|
| （二） | 6 | 左脚脚尖后点地 | |
| | 7～8 | 左脚前进锁步 | |

图 7-84　左右摆臂前追步动作

12）前进后退锁步。前进后退锁步所对应的脚步、手臂动作如表 7-46 所示，前进后退锁步动作如图 7-85 所示。

**表 7-46　前进后退锁步所对应的脚步、手臂动作**

| 节 | 拍 | 脚步动作 | 手臂动作 |
|---|---|---|---|
| （三） | 1 | 右脚脚尖前点地 | 两臂体侧自然摆动 |
| | 2 | 右脚脚尖后点地 | |
| （三） | 3～4 | 右脚前进锁步 | |
| | 5 | 左脚前进一步，重心前移 | |
| | 6 | 右脚原地步，重心后移 | |
| | 7～8 | 左脚后退锁步 | |

图 7-85　前进后退锁步动作

13）曼波转体。曼波转体所对应的脚步、手臂动作如表 7-47 所示，曼波转体动作如图 7-86 所示。

**表 7-47　曼波转体所对应的脚步、手臂动作**

| 节 | 拍 | 脚步动作 | 手臂动作 |
|---|---|---|---|
| （四） | 1 | 右脚后弓步 | 右臂握拳经前向后摆至后上举，同时向内（逆时针）绕环一周，左手叉腰 |
| | 2 | 左脚原地步 | |
| | 3～4 | 前进锁步 | |

续表

| 节 | 拍 | 脚步动作 | 手臂动作 |
|---|---|---|---|
| （四） | 5 | 左脚曼波步 | 两臂体侧自然摆动 |
| | 6 | 右脚原地步，重心后移，<br>同时向右后转体 180° | |
| | 7 | 左脚前进一步 | |
| | 8 | 右脚并左脚 | |

图 7-86　曼波转体动作

# 第八章 武术运动与瑜伽

## 第一节 武术运动

武术是一种以技击动作为主要内容，以套路和格斗为运动形式，注重内外兼修的中国传统体育项目。它具有悠久的历史和广泛的群众基础，是中华民族在长期的社会生活实践中逐步积累和丰富起来的一项宝贵的文化遗产。

### 一、武术的起源与发展

武术是我们的先祖在适应大自然的过程中逐步产生的。远古时期，原始先民过着茹毛饮血的生活。在弱肉强食的险恶环境中，他们逐渐积累起自卫搏杀的经验，并在祭祀仪式和狩猎收获的庆祝活动中，通过集群跳舞的方式，有节奏有秩序地将搏杀动作表现出来，即是原始武术的萌芽。

殷周时期，形成了“呼以多方小子小臣”（《殷契粹编》）来殷习武的局面，武术具有吸引八方来客的魅力。在周代称为“痒”“序”的学校里，将含有“射、御”的六艺作为教育的内容。武王所制的“成童舞象”（《礼记》）是当时武术的少儿教育活动，表明我国“蚤（早）喻教”思想对武术教学有相当重要的影响，武术文化教育的气象由此萌生，这昭示着武术开始成为中国古文明的一部分。

春秋战国时期，庄子首开哲学解释拳理之先河，将中国阴阳哲学思维方式浸透于武术理论之中，由此武术逐渐摆脱了野蛮的形象。

秦汉三国时期的大量刻画是继殷周的象形字、文字画之后的一种文化发展，奠定了诞生武术图谱的基石。

两晋南北朝时期，武术理论的发展表现在 3 个方面，一是产生了“武术”名称；二是出现了“谱”；三是形成了“击有术，舞有套，套有谱”的武术体系的雏形。同时，这一时期的武术技术也发生了一些显著的变化。

入唐以后，武术兼容并包艺术美学的倾向更显突出，尤以剑术为盛。至宋代，武术理论上的总结多以系统的拳谱为代表。继两宋之后，明、清武术再次呈现大发展的势态。太极拳、八卦掌、形意拳就是这个时期武术套路的典型代表作。

20 世纪初，西方体育传入，体操对武术产生了较大的影响。马良组织了一些武术名家编辑推广“中华新武术”，它借鉴西方体操的锻炼形式，将传统武术动作按口令节拍编组成套。这是中西合璧的产物，预示着中国武术开始突破传统，步入新的发展阶段。这时期民间出现了许多拳术社、武士会、体育会等武术组织。中国武术队还进行了学术研究工作，出版了不少国术书籍，这对武术的传播和发展起到了一定的作用。然而，由于当时的中国处在半殖民地半封建社会，政治、经济、文化、教育受到帝国主义和封建主义的影响，这一时期的武术发展相对缓慢。

中华人民共和国成立后，武术成为社会主义文化和人民体育事业的一个组成部分，得到了蓬勃发展。在原国家体育运动委员会（现为国家体育总局）和中国武术协会的领导下，群众性武术活动开展广泛。同时，武术在各级学校也成为体育教育的内容之一。中国武术还进行了国际交流，并具有相当的影响。

## 二、武术的分类和内容

武术按其运动形式，可分为套路运动和格斗运动两大类。

### 1. 套路运动

套路运动是以踢、打、摔、拿、击、刺等技击动作为素材，按照攻守进退、动静疾徐、刚柔虚实等矛盾运动的变化规律编成的整套练习形式，主要内容有拳术、器械、对练、集体表演。其中，拳术包括长拳、太极拳、南拳、形意拳、八卦掌、通背拳、劈挂掌、八极掌、翻子拳、少林拳、象形拳等。器械是指短器械、长器械、双器械和软器械 4 种套路运动。短器械包括刀术、剑术、匕首等；长器械包括棍术、枪术、大刀等；双器械包括双刀、双剑、双钩、双枪、双边等；软器械包括三节棍、九节鞭、绳标、流星锤等。对练是两人或两人以上按照编制套路进行的假设性攻防格斗练习，包括徒手对练、器械对练、徒手与器械对练。集体表演是 6 人或 6 人以上的徒手或器械的集体演练。

### 2. 格斗运动

格斗运动是两人在一定条件下，按照一定的规则进行的斗智较力的对抗练习形式，包括散打、推手、短兵 3 项。

## 三、武术的特点和作用

武术在长期的历史演变中，逐渐形成了自己的运动规律，它以独特的技术风格和各种社会功能享誉于世。

### 1. 武术的特点

1）寓技击于体育之中。“技击”一词原意是“以勇力击斩敌者”，其性质是实战搏杀，目的在于致敌死命。因此，技击是指可以采取各种技击术，快速、有效地打击对手的要害部位，使对手失去对抗的能力。武术在历史的演变中始终保持着技击的特点。

2）内外合一、形神兼备的民族风格。中国人很早就对“内外兼修，心身交益”“形持神立，神须形存”有洞见底蕴的认识，无论在武术理论还是技术实践中，都体现着这种内与外、形与神和谐一致的整体意识。

3）广泛的适应性。中国武术在其历史衍生和发展中形成了流派众多、内容丰富多彩的格局，武术的不同流派与内容可供不同年龄和性别的人因地因条件地选择练习。

### 2. 武术的作用

1）锻炼身心，增强体质。武术素以身心双修为大要。通过外练可以利关节、便手足、强筋骨、壮体魄；通过内修可以理脏腑、通筋脉、调精神、出智慧，使习武者身心得到全面锻炼。

2）磨炼意志，培养道德情操。武术历来将“夏练三伏，冬练三九”视为座右铭，激励习武者躬行实践。持之以恒的锻炼能培养习武者坚韧不拔的精神毅力，磨炼其吃苦耐劳的意志品质。为武之道，以德为本。通过习武崇德的教育，可以培养尊师重道、讲礼仪、守信用等良好的心理素质和高尚的道德情操，有益于社会主义精神文明建设。

3）掌握技击，提高防身技能。武术具有技击的特点，通过习武，可以掌握各种技击方法。坚持练功，能增劲力、抗摔打，多方面身体素质和专项技术技能可得到发展，从而提高克敌制胜、防身自卫的能力。

4）娱乐观赏，丰富文化生活。武术具有观赏的价值，格斗运动和套路运动作为体育的两种形式，不仅对运动员是极好的锻炼，而且竞赛场上势均力敌的斗智较技及各种精彩的套路演练，都会给观众带来乐趣，给人以健与美的享受，丰富人们的文化生活。

## 四、武术礼仪

### （一）武术礼仪基本常识

#### 1. 抱拳礼

1）行礼的方法。并步站立，右手成拳，左手四指并拢伸直成掌，拇指屈拢，左掌心掩贴右拳面（左指根线与右拳棱相齐），左指尖与下颏平齐，右掌眼斜对胸窝，置于胸前屈臂成圆，肘尖略下垂，拳掌与胸相距 20～30 厘米。头正、身直，目视受礼者，面容举止大方。

2）抱拳礼的含义。左手四指并拢伸直成掌表示德、智、体、美“四育”齐备，屈拇指表示不自大，右拳表示勇武顽强，左掌掩右拳表示“勇不滋事”“武不犯禁”；左掌右拳拢屈，两臂环抱成圆，表示五湖四海，天下武林是一家，以武会友；左掌为文，右拳为武，表示文武兼备。

3）抱拳礼的应用。拳礼：晚辈（学习者）向长辈和教师行礼的方式。注目礼：并立步，身体自然直立，目视受礼者。点首礼：并立步，身体自然直立，目视施礼者，点头示意，身体保持中正。注目礼和点首礼为长辈和教师对晚辈（学习者）还礼的方式。

#### 2. 鞠躬礼

1）行礼的方法。并步站立，两手垂置于体侧，手心向内贴于大腿外侧，上体向前倾斜 15°。

2）鞠躬礼的应用：①见到师长或领导时使用此礼；②表演、比赛演练结束时使用此礼；③不适于应用抱拳礼的正规场合。

#### 3. 持械礼

1）抱刀礼。并步站立，左手抱刀，屈臂使刀斜横于胸前，刀背贴于小臂上，刀刃向上，右手拇指屈拢成斜侧立掌，以掌根附于左腕内侧，两腕部与锁窝同高，两臂外撑，肘略低于手，目视受礼者。

2）持剑礼。并步站立，左手抱剑，屈臂使剑身贴于小臂外侧，斜横于胸前，其他同抱刀礼，如图 8-1 所示。

图 8-1　持剑礼

3）垂剑礼。并立步，身体自然直立，右手虎口向上握剑柄，剑尖向下，剑身垂直，剑刃朝左右，左手拇指屈拢成立掌，掌心贴于右手指根，掌指向上，双臂撑圆，平屈于体前，腕与肩平，双肘不可扬起，目视前方。

4）递接剑方式。

① 双手托剑递。并立步，身体自然直立，左手托护手，右手托剑身，双手平举，使剑平托于胸前，目视接剑者。

② 双手捧剑递。并立步，身体自然直立，双手掌心向上，掌指向前，捧住护手平举于体前，剑身垂直，剑刃朝左右，目视接剑者。

③ 单手提剑递。并立步，身体自然直立，右手拇指、食指、中指捏住剑镡（剑柄的顶端部位），剑尖下垂，剑身直立，剑刃朝左右，直臂举于体前，目视接剑者。

④ 双手接托剑递。并立步，身体自然直立，左手掌心向上，平托剑身，右手掌心向下握剑柄，目视递剑者。

⑤ 单手接捧剑递。并立步，身体自然直立，左手靠近护手处，虎口向上握剑柄，目视递剑者。

⑥ 单手接提剑递。并立步，身体自然直立，左手虎口向上，靠近护手握剑柄，目视递剑者。

⑦ 双手捧接提剑递。并立步，身体自然直立，双手掌心向上，掌指向前，捧住护手，平举于体前，目视递剑者。

5）持枪（棍）礼。并步站立，右（左）手枪（棍）把端 1/3 处，屈臂置于胸前，枪（棍）身直立，枪尖（棍梢）向上，左（右）手拇指屈拢成斜侧立掌，以掌根附于右（左）腕内侧，两臂外撑，肘略低于手，目视受礼者。

抱刀礼、持剑礼、持枪（棍）礼一般在武术的竞赛、表演、训练活动中应用。

### （二）武术实用场所相关礼仪

#### 1. 武术竞赛场所礼仪

1）举行武术竞赛活动时，应有升、降国旗的仪式。在升国旗时应唱（奏）国歌，全体在场人员应面对国旗肃立，行注目礼。

2）如无升、降国旗仪式，也可事先将国旗悬挂在赛场的适当位置。在竞赛开始时，举行面对国旗、肃立唱（奏）国歌的仪式。

2. 武术训练场所礼仪

1）在适当位置悬挂国旗。

2）在适当位置悬挂中国武术协会会徽。

3）在适当位置张贴中国武术协会颁布的“武德守则”和“习武十戒”。

4）从武人员进入和离开训练馆时，必须向国旗行鞠躬礼；运动员（学生）还须向教练员（教师）行抱拳礼。

3. 传统武礼

先是左脚上步，右脚跟上并步站直，意为视对方为尊；再步上前，以表示敬仰。左手四指伸直意为练武之人应该艺德齐备，拇指弯曲意为不逞强不做大。

两臂平颌环抱当胸拢成圆，意为五湖四海天下武林是一家；掌为文拳为武，右拳紧握抵于左掌中指端，意为武不犯禁，勇不滋乱，就文止武。两手手心向上外推，意为有缘相会是朋友，来请师友前辈指教；拳眼向胸意为友情记心中；两手高举过头为至礼，表示对对方佩服得五体投地。

两手相抵，出声为响拳，表示心急意切，情绪激烈；抱拳四面环绕为罗圈礼，是对众人的大礼；若抱拳于左胸为武礼，意为晏文就武，以拳说话，准备开打。

4. 教学礼仪

武术课堂是一个严肃的教育场所。师生要用武术礼仪来约束自己，言行有礼。

1）技术教学、训练礼仪。上课铃响时，班长或值日生整队集合（同学间距约10厘米），清点人数完毕，向教师（教练）报告时，师生均行抱拳礼。教师向学生问“同学们好”的同时，行抱拳礼。学生在回答“老师好”的同时，也行抱拳礼。然后落手立正。礼毕，上课开始。

下课时，教师向学生说“同学们再见”，学生在答教师“再见”的同时，互行抱拳礼；教师落手站立，然后学生落手立正。礼毕，师生下课。

2）理论课堂礼仪。当教师走向讲台时，班长发口令：“起立，敬礼！”学生起立行鞠躬礼。待学生已行礼端正，教师亦行鞠躬礼答谢。班长发口令：“坐下！”学生就座，开始授课。

下课时，教师说：“下课！”班长发口令：“起立，敬礼！”学生起立行鞠躬礼。教师看学生都已行礼端正，亦行鞠躬礼回谢。礼毕，下课。

5. 竞赛礼仪

1）武术竞赛开幕式、闭幕式仪式。武术比赛开幕式上，当主持人宣布大会开幕时，全体人员起立面向国旗方向肃穆站立。升国旗，奏国歌。闭幕式举行降旗仪式时，全体人员唱国歌。

2）运动员礼仪。套路运动员听到上场比赛的点名时，应向裁判长行抱拳礼，然后走到裁判长的右侧半场完成相同方向的起势和收势。听到宣布最后得分时，也应向裁判长行抱拳礼，以示答谢。

散打运动员上场，当被介绍时，先面向裁判长原地行鞠躬礼，再转向观众行鞠躬礼。场上裁判检查护具完毕，双方运动员面对，互行鞠躬礼。比赛结束，双方运动员上场。当听到宣布最后胜负时，应先向裁判长行鞠躬礼，然后转向观众行鞠躬礼，再面向对手行鞠躬礼。

3）裁判员礼仪。裁判员穿着统一的服装，佩戴统一的裁判标志。比赛开始，广播员介绍技术监督委员会成员时，被介绍者起立行抱拳礼；介绍仲裁委员会时，被介绍者原地行抱拳礼；当介绍总裁判长、裁判员时，被介绍者左脚向前一步，右脚跟上并步站立，行抱拳礼。礼毕，右脚后退一步，左脚向后与右脚并步站立。

在比赛开始或结束时，当运动员向裁判长行抱拳礼或鞠躬礼时，裁判长应点头示意，以示还礼。

#### 6. 表演礼仪

1）表演者在表演开始前，应向主席台的贵宾、领导和现场观众行抱拳礼或鞠躬礼；表演结束后，行鞠躬礼。

2）武术活动中，被人介绍时，应行抱拳礼或鞠躬礼。

3）武术器械递接方法。递接器械是武术外在形象的一个重要方面。向对方递交器械时，刀尖、剑尖向下，切忌刀尖或剑尖指向对方，枪、棍垂直离地约 20 厘米递给对方，切忌枪尖朝向对方，以失礼节。

## 五、武术基本功

武术基本功是练习武术必须具备的身体活动能力、技术技巧能力及心理素质等。进行基本功训练时，有一系列专门的综合性训练人体内、外各部位功能的方法和手段，这些方法和手段突出了武术运动的专项要求，具有鲜明的内外兼修的运动特点。基本功包括腿功、腰功、肩功和桩功等主要内容。腿功表现的是腿部的柔韧性、灵活性和力量等功夫；腰功表现的是腰部灵活性、协调控制上下肢运动的能力和身法技巧的功夫；肩功表现的是肩关节柔韧性、活动范围的大小及力量等方面的功夫；桩功表现的是腿部力量和呼吸内息的功夫。

### （一）腿功

#### 1. 正压腿

动作方法：面对一定高度的物体，左脚跟放在物体上，脚尖勾起，两腿伸直，两手扶按在左膝上，或用两手抓握左脚，然后上体立腰向前下方振压，用头顶尽量触及脚尖。两腿交替进行，如图 8-2 所示。

动作要点：两腿伸直，立腰挺胸前压。

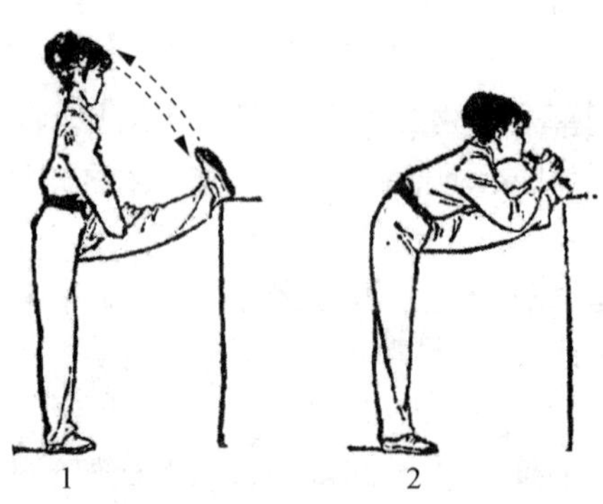


图 8-2 正压腿

2. 侧压腿

动作方法：右腿支撑站立，左脚从体侧放置到一定高度的物体上，脚尖勾起，右臂上举，左掌立于胸前，两腿伸直，腰部挺立，上体向左侧下振压，振压幅度要逐渐加大，直到上体能侧倒在左腿上。两腿交替进行，如图 8-3 所示。

动作要点：两腿伸直，开髋立腰挺胸，上体完全侧倒。

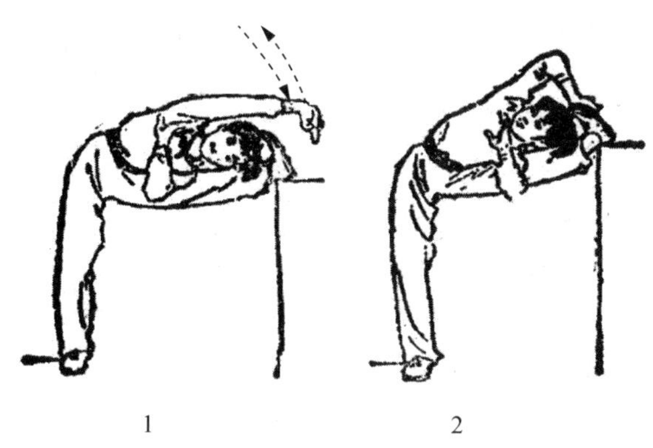

1　　2

图 8-3　侧压腿

3. 后压腿

动作方法：背对一定高度的物体，两手叉腰，右腿支撑站立，左腿后伸，脚背放到物体上，两腿伸直，上体向后下振压，并逐渐增大振压幅度。两腿交替进行，如图 8-4 所示。

动作要点：两腿伸直，立腰挺胸，头随上体后仰。

4. 仆步压腿

动作方法：右腿屈膝全蹲，全脚着地；左腿向左侧伸直，脚尖内扣；两手分别抓住两脚脚背，成左仆步；腰部挺直，左转前压。左右仆步交替进行，如图 8-5 所示。

动作要点：直腰抬头，一腿全蹲，另一腿伸直，两脚压紧地面。

图 8-4　后压腿

1　　2

图 8-5　仆步压腿

5. 正搬腿

动作方法：右腿伸直支撑，左腿屈膝提起，左手扶膝，右手抓住左脚，然后将左脚向前方伸出，直至膝关节挺直，左脚外侧朝前。两腿交替进行，如图 8-6 所示。

动作要点：两腿伸直，立腰挺胸，被搬腿的脚尖勾紧。

图 8-6　正搬腿

6. 侧搬腿

动作方法：左腿伸直支撑，右腿从体侧抬起，右手经右小腿内侧绕脚后抱住右脚跟，右腿伸直，脚尖勾紧。两腿交替进行，如图 8-7 所示。

动作要点：两腿伸直，立腰挺胸，身体直立平稳。

7. 劈竖叉

动作方法：两腿伸直前后叉开成直线。左腿后侧着地，脚尖上翘；右腿前侧着地，脚背扣在地上，两臂立掌侧平举。两腿交替进行，如图 8-8 所示。

动作要点：立腰挺胸，沉髋挺膝。

图 8-7　侧搬腿

图 8-8　劈竖叉

8. 劈横叉

动作方法：两腿伸直向左右两侧开下坐成直线，两腿内侧着地，两臂立掌侧平举，如图 8-9 所示。

动作要点：髋关节完全打开，立腰挺胸。

图 8-9　劈横叉

### （二）腰功

#### 1. 前俯腰

动作方法：并步站立，两手十指交叉，直臂上举，手心向上；上体前俯，挺胸，塌腰，两手尽力触地。然后两手松开，并绕过双腿，抱住两脚跟部，尽量使自己的上体、脸部贴紧双腿，如图8-10所示。

动作要点：两腿挺膝伸直，上体前俯时挺胸、塌腰、收髋。

#### 2. 甩腰

动作方法：开步站立，两臂伸直前举，以腰为轴，上体做前后屈和甩腰动作，两臂也随之甩动，如图8-11所示。

动作要点：两腿伸直，腰部放松，后甩时抬头挺胸，甩腰动作紧凑而有弹性。

图8-10　前俯腰　　图8-11　甩腰

#### 3. 涮腰

动作方法：两脚开立，略宽于肩，上体前俯，以髋关节为轴，两臂向左前下方伸出。然后挥动两臂，随上体向前、向右、向后、再向左做翻转绕环。左右涮腰交替进行，如图8-12所示。

动作要点：两腿伸直，以腰为轴，翻转绕环圆活、和顺。

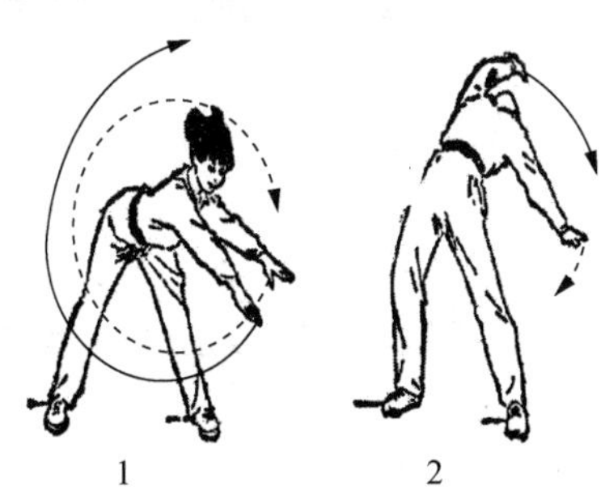


图8-12　涮腰

4. 下腰

动作方法：两脚开立同肩宽，两臂伸直上举；腰向后弯，抬头，挺腰，双手撑地，身体呈桥形，如图 8-13 所示。

动作要点：两脚支撑站稳，膝关节尽量挺直，腰部后弯上顶，脚跟不能离地。

图 8-13　下腰

（三）肩功

1. 压肩

动作方法：面对一定高度的物体，两脚开立同肩宽，上体前俯，两手抓住横杆，抬头挺胸，塌腰，用力向下振压，如图 8-14 所示。

图 8-14　压肩

动作要点：两腿伸直，肩部松沉，用力振压，力点集中于肩部。

2. 单臂绕环

动作方法：左弓步站立，左手扶按左膝，右臂以肩为轴做直臂的顺、逆时针绕环。两臂交替进行，如图 8-15 所示。

动作要点：臂伸直，肩放松，绕立圆。

3. 双臂绕环

动作方法：开步站立，以肩关节为轴，两臂分别向前和向后做直臂绕环。顺、逆时针绕环交替进行，如图 8-16 所示。

动作要点：身体正直，臂伸直，肩放松，绕环协调、和顺。

4. 两臂交叉绕环

动作方法：开步站立，两臂直臂上举，左臂以左肩关节为轴，向前下做顺时针绕环；同时，右臂以右肩关节为轴，向后下做逆时针绕环。两臂顺、逆时针交替进行，如图 8-17 所示。

动作要点：身体正直，两臂伸直，绕环协调、和顺。

图 8-15　单臂绕环

图 8-16　双臂绕环

图 8-17　两臂交叉绕环

（四）手形

1）拳。四指并拢卷握，拇指紧扣食指和中指的第二指节。拳握紧，拳面平，腕要直，如图 8-18（a）所示。

2）掌。四指并拢伸直向后伸张，拇指第一指节弯曲扣虎口处，如图 8-18（b）所示。

3）勾。五指尖撮拢，屈腕，如图 8-18（c）所示。

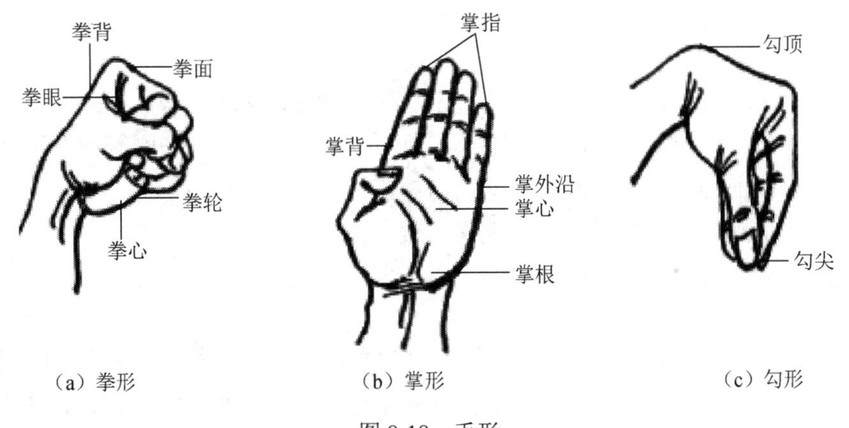


（a）拳形　（b）掌形　（c）勾形

图 8-18　手形

（五）步形

1. 弓步

动作方法：两脚前后开立，后脚尖与前脚跟距离为本人脚长的 3～4 倍，前腿屈膝半蹲，大腿略高于水平，脚尖稍内扣斜向前方。两脚全脚掌着地，前脚与后脚跟内侧的横向距离为 5～10 厘米，两拳抱贴腰侧，眼平视。弓左腿为左弓步，弓右腿为右弓步，如图 8-19 所示。

动作要点：前弓后绷不拔跟，挺胸立腰胯要沉，髋要里合身要正，两尖（脚尖、膝盖尖）相照成垂线。

2. 马步

动作方法：两脚平行站立，两脚内侧相距为本人脚长的 3～3.5 倍，脚尖正对前方，屈膝、屈髋成半蹲，两膝内扣，膝垂线不超过脚尖在大腿中间稍偏前。两拳抱贴腰侧，两眼平视，如图 8-20 所示。

动作要点：挺胸立腰，开髋裹膝，脚跟外撑，脚平头正。

3. 仆步

动作方法：左腿屈膝全蹲，大小腿靠紧臀部接近小腿，脚尖和关节外展为 30°～45°；右腿侧出挺直平仆，脚尖内扣。两脚全掌着地；两拳抱贴腰侧，上体稍右转，眼向右前方平视。仆左腿为左仆步，仆右腿为右仆步，如图 8-21 所示。

动作要点：挺胸、立腰、沉髋、腿仆直，不拔根。

图 8-19　弓步

图 8-20　马步

图 8-21　仆步

4. 虚步

动作方法：两脚前后站立，重心落于左腿，左腿屈髋屈膝或半蹲，脚尖外展约 45°；右腿稍屈膝，膝稍内合，脚跟提起，脚面绷平，脚尖虚点地。两拳抱贴腰侧或双手叉腰，眼向右前平视。左脚在前为左虚步，右脚在前为右虚步，如图 8-22 所示。

动作要点：前虚后实，虚实分明，挺胸立腰。

5. 歇步

动作方法：两脚左右交叉，左脚在前，右脚尖与左脚跟在一条直线上，两脚相距约为本人小腿长，两大腿靠拢贴紧屈膝全蹲，左脚全脚掌着地，脚尖外展，右脚前脚掌着地，左膝外侧与右小腿外侧贴紧，臀部坐于右小腿接近脚跟处，上体稍前倾并向前方拧转，两拳抱贴腰侧，眼看左方。左脚在前为左歇步，右脚在前为右歇步，如图 8-23 所示。

动作要点：两腿贴紧，挺胸立腰，前脚外展。

图 8-22　虚步

图 8-23　歇步

（六）手法

1. 冲拳

预备姿势：两脚左右平行站立与肩同宽，两手握拳抱贴于腰侧，拳心向上。

动作方法：右拳从腰际向前快速冲击，拧腰顺肩，右肘过腰时右前臂快速内旋，平拳拳心向下，立拳拳眼向上，臂要伸直，高与肩平；同时左肘后引，挺胸立腰收腹，眼向前看，如图 8-24 所示。

动作要点：冲拳时拧腰顺肩，肩肘放松，拳走直线，急旋前臂，要有寸劲，力达拳面。

图 8-24　冲拳

2. 架拳

动作方法：预备姿势与冲拳相同；右拳向下、向左、向上经头前向右上方画弧，前臂急速内旋在头右上方架起，拳眼向前下，眼随拳走，上架的同时向左甩头，眼看左方，如图 8-25 所示。

动作要点：拳过肩急旋放松，肘外屈使臂略呈弧形，力点在尺骨外侧。

图 8-25 架拳

3. 推掌

动作方法：预备姿势与冲拳相同；右拳变掌从腰侧向前快速推出；右肘过腰时前臂旋内、坐腕、挑指成侧立掌，臂要伸直，掌根高于肩平，成侧立掌时，手腕后屈并向拇指一侧旋转使小指一侧向前，两眼平视，如图 8-26 所示。

动作要点：拧腰、顺肩、旋臂、坐腕要协调一致；立掌沿直线要快速有力，力达掌根。

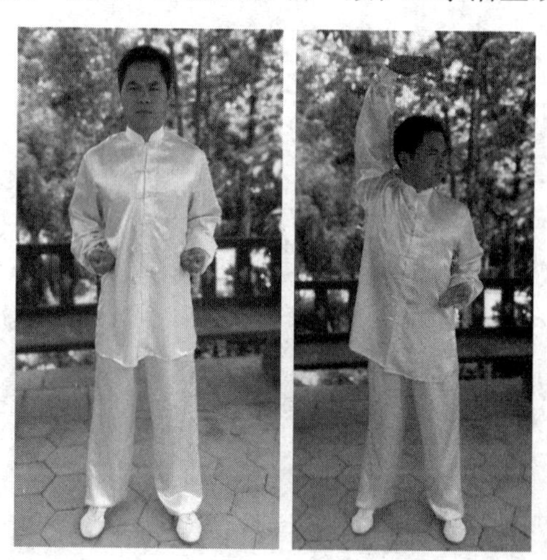

图 8-26 推掌

4. 亮掌

动作方法：预备姿势与冲拳相同；右拳变掌，臂伸直经体侧向右、向上画弧至头右前上方，前臂内旋，抖腕、亮掌，臂略呈弧形，掌心向前上（或向上），手指向左，眼随右掌转动，抖腕、亮掌的同时稍向左转体、甩头，眼视左前方，如图 8-27 所示。

动作要点：抖腕、亮掌、甩头要配合一致且同时完成，运行时肘腕放松，定势时挺胸、立腰、直颈。

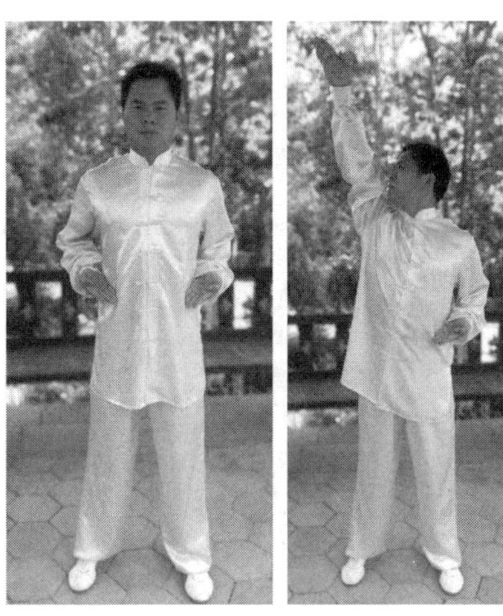

图 8-27　亮掌

（七）腿法

1. 正踢腿

动作方法：并步直立，两臂侧平举，两手成侧立掌或立掌。左脚向前半步，左脚支撑，右脚勾起向前额处猛踢，脚尖可勾起勾落也可勾起绷落（即下落时绷脚面），眼向前平视，如图 8-28 所示。

动作要点：踢腿时头正、沉肩、挺胸、立腰、收髋、猛收腹，踢过腰高时加速上踢脚尖勾紧，用力脚要有寸劲。支撑腿脚趾抓地、挺膝、脚踩紧。上踢快下落轻，两臂平举不晃动。

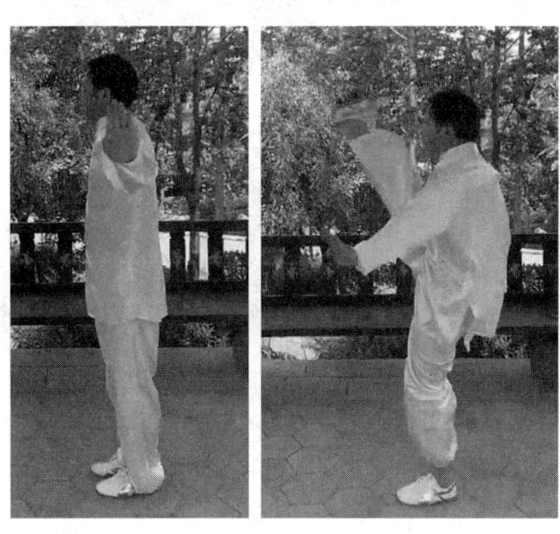

图 8-28　正踢腿

2. 弹腿

动作方法：支撑脚直立或稍屈，另一腿由屈到伸向前弹出，脚面绷平，力达脚尖，如图 8-29 所示。

动作要点：收髋，弹击有寸劲，力达脚尖。

图 8-29　弹腿

3. 侧踹腿

动作方法：一腿伸直支撑，另一腿屈膝提起，脚跟用力向侧下方或侧上方蹬出，脚外侧朝上，如图 8-30 所示。

动作要点：开髋、挺膝、猛蹬，力点在脚心，上体稍侧倾以维持平衡。

图 8-30　侧踹腿

## 第二节　瑜　　伽

瑜伽起源于 5000 多年前的古印度，是东方古老的强身术之一。通过瑜伽练习可以消除精神上的疲劳，调整身心，达到健体的目的。尤其是它的音乐及语音冥想可以唤起人们对大自然的憧憬，以净化心灵、美化灵魂。

## 一、练习瑜伽的准备

### （一）练习前的准备

1）环境应安静幽雅，温度应适宜怡人。如果在室内练习，灯光应偏向自然柔和；通风换气，保证空气清新，以便静心和集中注意力。

2）练习前，排尽体内废物，换上宽松、柔软、舒展、有弹性的服装，严禁穿紧身内衣练习；在允许的环境中，赤脚练习较好；不戴任何饰物，保持脸部洁净。

3）为让紧张的大脑和神经系统更快地放松，可以点上香熏炉，让空气中弥漫着自己喜欢的、沁人心脾的芬芳香味。

4）配上宁静、舒缓、悠扬的瑜伽音乐，使人联想到纯净、美好的大自然，易于消除杂念。

5）对于初学者和柔韧性欠佳的人来说，准备一条毛巾做辅助是不可缺少的。为防止做地面动作时受伤，应准备一块薄地毯或健身垫。

### （二）练习的心理提示

1）将瑜伽当作娱乐、当作令人快乐的事来做。放松心情，愉快地练习，不要一味地追求高难度的动作，不要强迫自己在短时间内达到演出者的水平。

2）瑜伽的练习需要抱着对自己身心健康高度负责的态度来进行。对于较高难度的动作，在还没完全明白前，不要擅自进行练习。务必在教练指导下逐步完成，以确保身体免受损伤。

3）瑜伽的奥妙要亲自体会才能有所领悟。参考书中的内容最适合业余瑜伽爱好者，但不要期望立即生效。至少需要一段时间持续练习，方能有效果，持续时间越长，效果越显著。

### （三）饮食提示

瑜伽练习要达到健身、美体、养颜的效果，饮食是不可忽视的要素。

1）练习前3小时内不进正餐，半小时前不大量饮水（除特殊要求外）；练习结束一刻钟至半小时后，饮富含维生素的果汁或纯净水一杯，帮助补充水分，排出毒素。

2）平常饮食适时、适量，以绿色植物为主。饮食是血液质量、纯度的根源，摄入果蔬类植物性食物与肉类动物性食物的比例应为3∶1。

3）少食或不食用刺激性强的食物，如过冷、过热、辛辣、油炸、腌制、含防腐剂或甜食类食品。

4）饮食过程情绪平和，速度适中。

## 二、练习瑜伽时的呼吸方法

瑜伽呼吸是自然而完全的呼吸。正确的呼吸可以加强全身的系统功能，增进健康，增强生命力。呼吸介于瑜伽姿势与冥想练习中，正确的呼吸可以清洁肺部及加速消除体内的毒素。

### （一）腹式呼吸

仰卧平躺，把两只手放在腹部，当吸气时把空气直接吸向腹部，这时腹部就会鼓起来。呼气时腹部下沉，要慢慢地、深深地呼吸。吸气时肋骨是向外和向上扩张的，呼气时肋骨是向下并向内收的。这种呼吸方式可以把空气带入肺部最宽最底部，增加呼吸量。

（二）胸式呼吸

采取仰卧或坐姿，深深吸气，不让腹部扩张，把空气直接吸入咽喉、支气管及胸部。

（三）完全的呼吸

完全的呼吸是一种自然的日常的呼吸方法，是将腹式呼吸和胸式呼吸结合起来完成的。吸气时尽量将胸部吸满空气而扩张到最大程度，双肩可略微提起，胸部也将扩大，腹部会向内收紧。呼气时先放松胸部，然后放松腹部。有效地交换体内所需的氧气，加强排泄体内的废气，滋养身体的每一部分，减慢心率，增强肺活量和耐力，按摩内脏。

（四）口吸式呼吸

向内吸一口气，两手拇指按向鼻子两侧，口充满气，仰头，屏住气，低头，停住。抬头，松开拇指，通过鼻孔呼气。这种呼吸可以增加肺活量，能集中能量，刺激神经系统。有站立、坐式、地面（仰卧）站立和前弯、后仰、侧弯、斜面等姿势。

## 三、瑜伽的基本动作

1. 伸臂势练习

动作方法：按基本站姿站立，两手于胸前合十。吸气，两手慢慢举至头顶上方，挺胸，收腹，伸展脊柱，头尽量后仰。呼气，慢慢伸直上体，合十的双手放于胸前，低头放松。重复此姿势 3 次，如图 8-31 所示。

锻炼效果：扩展胸部，伸展颈部，伸展两手臂及整个身体前侧；减除腹部多余脂肪，并使腹肌平滑、有力；增强胸椎、脊柱的弹性；增大肺活量。

2. 扩胸势练习

动作方法：按基本站姿站好。吸气，两手从旁分开，慢慢上举至头顶上方，双手合十，尽量伸直肘部。呼气，屈膝，臀部往下坐，身体重心下移，保持自然呼吸 30～60 秒。吸气，慢慢抬高身体。呼气，两手从旁分开，慢慢放下，放于体侧。重复 3 次后，闭眼放松全身，如图 8-32 所示。

锻炼效果：扩展胸部，增强胸大肌力量；增加肺活量，提高血液中氧的含量，延缓全身器官的衰老，促进血液循环。

图 8-31　伸臂势练习动作

图 8-32　扩胸势练习动作

### 3. 顶天势练习

动作方法：按基本站姿站立。吸气，两手臂前举。呼气，两手臂侧分，在体后十指相交。伸直肘部，手心朝内（如肘部不能伸直，切勿勉强），双肩后收，夹紧背部。抬头，伸展颈部，眼望上方，保持自然呼吸。呼气，放松双肩，双手臂在胸前相抱，微微低头，全身放松。吸气，慢慢恢复到正中位置。重复2～3次，如图8-33所示。

锻炼效果：扩展胸部，紧收腹部，缓解肩部疼痛及肩周炎；颈部前侧得到伸展，消除下颚多余脂肪，增强脊柱的弹性。

### 4. 腰躯摇摆势练习

动作方法：按基本姿势站立，双腿分开，屈肘，十指在背后相交。以腰部为支点，身体按顺时针方向转动3～5次，然后按逆时针方向转动3～5次，如图8-34所示。

锻炼效果：柔韧两手臂，减少上臂、腰、腹部多余脂肪，按摩腹部内脏器官，增强肠胃功能，改善消化不良。

图8-33　顶天势练习动作

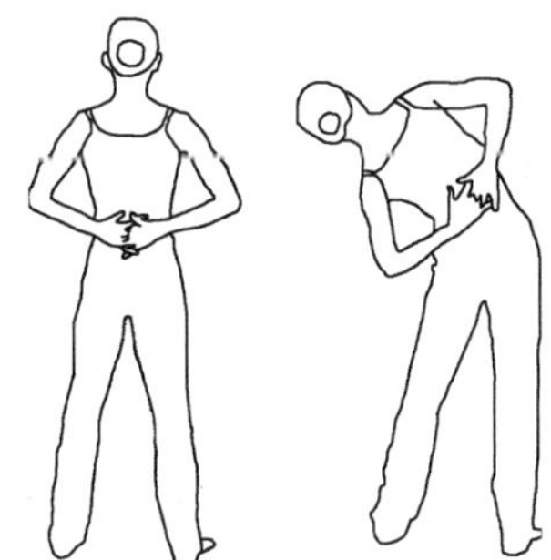

图8-34　腰躯摇摆势练习动作

### 5. 侧身伸展势练习

动作方法：按基本三角势站立。屈右膝，双手侧平举。呼气，以腰为轴，上体右转，右手尽量触及右脚以外的地面，左手指向天空，再继续指向右前方，保持自然呼吸，体会从左脚外侧沿左腰腋窝、手臂到指尖伸展的感觉。吸气，右手离开地面，上体缓缓回到中间。呼气，以腰为轴上体左转，在左侧做同样的练习，如图8-35所示。

锻炼效果：加强两腿的力量，消除腰腹部多余脂肪；加强脊柱的柔韧性与弹性，锻炼身体的平衡感。

### 6. 束脚势练习

动作方法：按基本坐姿坐好，屈膝脚心相对。双手十指交叉，手心抱住脚尖，脚跟向后挪，尽量靠近会阴，伸直脊柱、颈椎，眼望前方。呼气，以腰部为支点，身体前倾，慢慢使整个身体及前额贴近地面，同时肘部贴近膝盖窝，将两膝压向地面，保持自然呼吸20～30秒。吸气，继续以腰部为支点，慢慢抬起整个背部，抬起两肘，伸直脊柱，放松。重复此练习3～5次，如图8-36所示。

锻炼效果：按摩腹部内脏器官，预防和缓解坐骨神经痛，预防腿部静脉曲张。

图 8-35　侧身伸展势练习动作

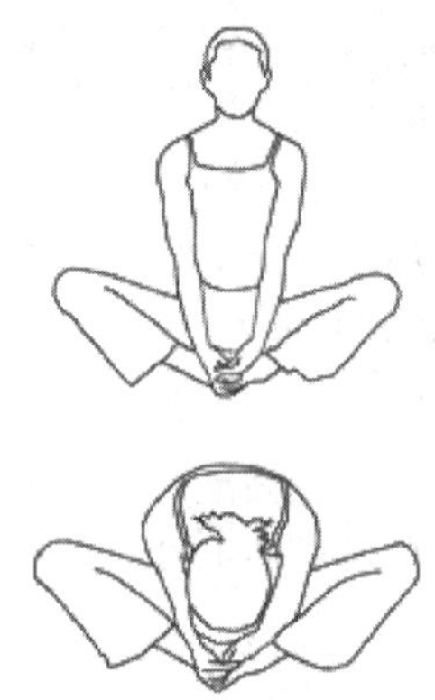

图 8-36　束脚势练习动作

7. 小桥势练习

动作方法：仰卧，双手放于体侧，手心朝下，向上稍屈膝。吸气，慢慢抬起臀部，伸直双膝，收紧臀部，保持此姿势数秒。呼气，慢慢放下所有抬起的部位，自然呼吸。重复 2~3 次，如图 8-37 所示。

锻炼效果：强壮双腿、腰骶椎和背部，使腹部变得平滑、有力；使臀部变窄并上翘；身体前侧全部得以伸展。

8. 后伸展势练习

动作方法：俯卧，两手放于体侧，手心向下。双手在臀后十指交叉，伸直肘部。吸气，两肩后收，夹紧背部，手用力向腿的方向伸展，头颈、胸离开地面，大腿前侧紧紧贴近地面，并自然呼气数秒。呼气，分开十指，将头、颈、胸及双臂轻轻地放落到地面。重复 3～5 次，如图 8-38 所示。

锻炼效果：增强脊柱的弹性，加强下背部力量，缓解腰背的疼痛；扩张胸部，增强胸肌的弹性，锻炼胸大肌，伸展颈部，延缓衰老。

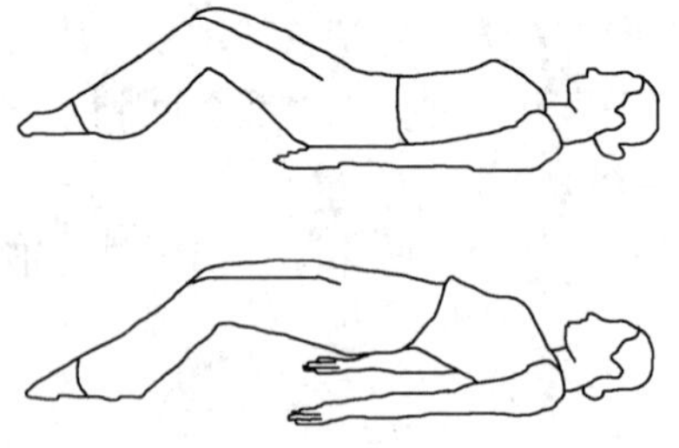

图 8-37　小桥势练习动作

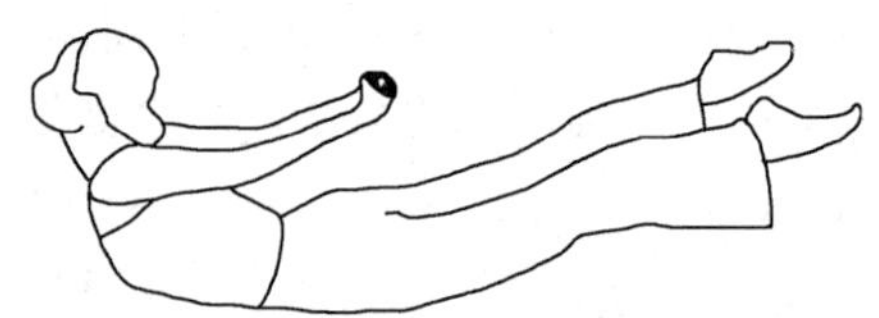

图 8-38　后伸展势练习动作

9. 单腿前伸展势练习

动作方法：按基本坐姿坐好，屈左膝，左脚心紧贴左腹股沟处。呼气，上体前移，尽量贴近右腿前侧，双手前抓住右脚尖。吸气，抬头，伸展整个背部。换左腿做同样练习，如图 8-39 所示。

锻炼效果：减少腹部多余脂肪，伸展两腿；预防膝关节疼痛及轻度关节炎，放松两髋及脚踝，矫正扁平足。

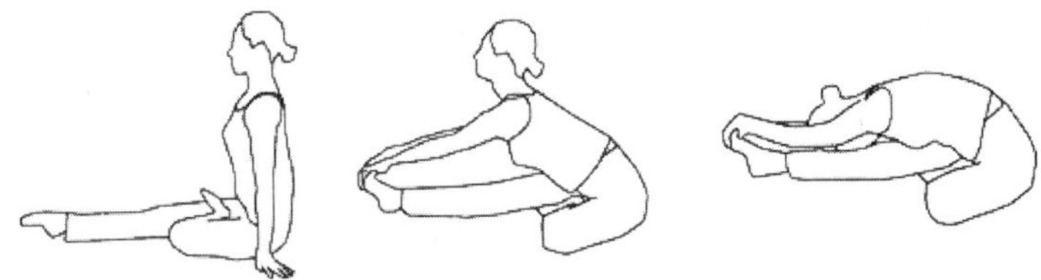

图 8-39　单腿前伸展式练习动作

10. 鞠躬势练习

动作方法：按基本站姿站立，两手臂举至头顶，屈肘，手握另一手的肘部。呼气，以腰部为支点，上体前屈 90°，保持 30～60 秒。吸气，慢慢抬起上体。呼气，两手臂侧分，放于体侧。重复此姿势 3～5 次，如图 8-40 所示。

锻炼效果：延伸脊柱；对腹直肌和内脏器官有一定的益处，也可缓解腰、背部疼痛。

11. 屈膝站立势练习

动作方法：按基本站姿站立。左腿屈膝，左脚心紧靠右大腿内侧，左手抓住左脚背，将脚跟移至会阴处，脚尖指向下方左膝向外侧展，双手合十于胸前。用右腿平衡身体，慢慢将双手举至头顶上方，做几次深呼吸。呼气，慢慢放下双手臂及右脚。换左脚做同样练习。每侧做 2～3 次，回到基本站立式，放松，如图 8-41 所示。

锻炼效果：扩张胸部，提高平衡感，增强集中注意力的能力；使脊柱更稳固，体态更好。

图 8-40　鞠躬势练习动作

图 8-41　屈膝站立势练习动作

12. 臀部平衡势练习

动作方法：按基本坐姿坐好。吸气，屈膝，两手抓住两脚尖。呼气，两脚慢慢上举，伸直膝盖，身体以臀部着地保持平衡，自然呼吸 30～60 秒。吸气，屈膝收回腿。呼气，松开两手放于体侧，两腿向前伸直放松。重复 2~3 次，如图 8-42 所示。

锻炼效果：改善人体的平衡，减少腹部的多余脂肪，强壮腰、背部，拉长双腿韧带。

图 8-42　臀部平衡势练习动作

13. 腰躯转动势练习

动作方法：按基本三角势站立。呼气，以腰为轴，上身躯干朝左方转动，左手触摸到右侧腰，右手触摸左肩，右肘部与两肩平齐，保持自然呼吸 30～60 秒，体会右侧腰部的拉伸。吸气，回到中间。呼气，转右侧做同样练习。吸气，恢复到基本三角势后重复两次，如图 8-43 所示。

锻炼效果：增强脊柱的弹性，同时减轻长时间坐姿给脊柱、腰椎造成的压力，减轻腰部疼痛，放松肩关节。

14. 铲斗势练习

动作方法：按基本站姿站立，两脚分开。两臂上举，手腕放松，手指自然垂落。深吸一口气，然后呼气，以腰为轴，上体快速垂下，两手臂在两腿中间自然摇摆。吸气，以腰为轴，从下背到中背、上背、颈椎、头，逐渐抬高上体。重复此姿势 3 次，如图 8-44 所示。

锻炼效果：滋养脊柱神经，安神补气，消除紧张的思想，清新头脑。

图 8-43　腰躯转动势练习动作

图 8-44　铲斗势练习动作

15. 瑜伽调息练习

呼吸是联系生理和心理的桥梁，是了解生理状况和心理状况的窗口。正常的呼吸是身心健康的基础，也是瑜伽修炼的灵魂。调息的目的既在身体方面，也在精神方面。

动作方法：以一种舒适的瑜伽坐姿打坐，合双眼。连续做呼的动作，让吸气慢慢自发地进行。每次呼气之后，只做瞬间的悬息，然后慢慢吸气。在呼气 50 次之后，再做一次呼气时（即第 51 次呼气），尽量呼出肺部的气体；悬息，同时一起做收颔收束法、收腹收束法和会阴收束法。在做这种练习时，集中精力意守两眉之间的眉心。尽量长久地悬息，以感到舒适为限，然后解除 3 种收束法，慢慢吸气。这样就完成了一个回合，再做 25 个回合，如图 8-45 所示。注意：不可在空气污浊的地方练习。

图 8-45　瑜伽调息练习动作

锻炼效果：可使腹部肌肉、脾脏、肝脏和胰脏活动旺盛，并具有洁净和加强肺脏的功能。

16. 瑜伽冥想练习

瑜伽冥想练习的目的在于获得内心的平和与安宁，可以与呼吸法同步进行练习。

动作方法：按一种舒服的姿势静坐（图 8-46），可以闭起双眼或部分睁开双眼。做完 5 次完全的呼吸。继续做完全的呼吸，以感到舒适为限，然后与呼气过程一样长，诵念瑜伽语音“噢——姆——”约 10 次。在呼气和吸气时，默念“噢姆”语音。此练习至少 50 次。

17. 身体放松练习

身体放松练习主要是通过瑜伽的姿态调整（调身）、呼吸（调息）、意念（调心）而达到松、静、自然的放松状态。

动作方法：静卧，微闭双眼，深沉吸气，慢慢呼气，精神安宁，注意呼吸节律；全身放松，体验全身肌肉放松后的无比舒适感，同时暗示：“全身肌肉放松后，精神得到充分放松，四肢不能动了，眼睛睁不开了，脑子也不想了，睡吧！睡吧！睡着了，精神彻底放松解脱了……”，如图 8-47 所示。

图 8-46　瑜伽冥想练习动作

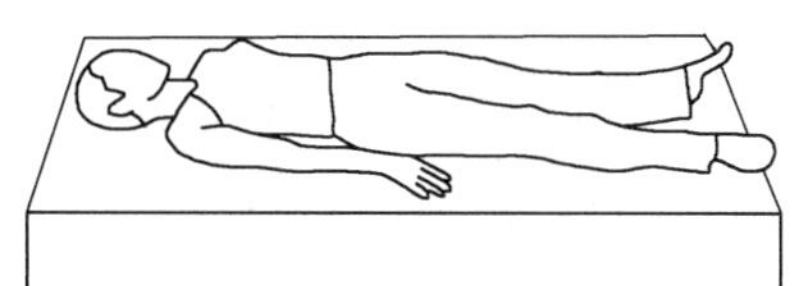

图 8-47　身体放松练习动作

# 第九章　其他体育运动

## 第一节　体育游戏

体育游戏是以身体练习为基本手段，以增强体质、娱乐身心、陶冶性情为目的的一种现代游戏方法。

### 一、体育游戏的特点

1）目的性强。有利于增强体质，促进身心健康发展，提高体能，提高智力，达到教育与娱乐的双重目的。

2）教育性强。积极向上的体育游戏，不仅使参加者身体得到锻炼，还能增强其审美能力，培养良好的思想品德及团结奋斗的集体主义观念。

3）适应性强。游戏的内容及形式丰富多样，不受年龄、性别、场地和器材等客观条件的限制，可因人、因时、因地、因条件灵活开展，深受广大青少年喜爱。

4）竞争性强。参加者可以在公平、合理的规则下，充分发挥自己的体能、技能及才智去战胜对手，获取胜利。

### 二、体育游戏的作用

1）培养学生兴趣，提高练习的积极性。体育游戏因具有娱乐的特性，吸引了广大学生的积极参与，因而有利于培养他们参加体育活动的兴趣，在一定程度上提高了练习的积极性。在进行体育教学时，将那些重要、需要反复练习且比较单调、枯燥的技术动作，设计成游戏的形式进行练习，可激发学生练习的积极性，使其乐而不厌地练习，就会收到良好的练习效果。

2）是发展学生身体素质的有效方法。体育游戏通过身体活动来进行，不仅能发展学生的速度、灵敏、协调和耐力素质，而且通过以综合动作为主的球类游戏，能够提高学生的基本活动能力。学生在快乐的情绪下运动，进一步增强了呼吸系统、心肺系统及运动器官的功能，达到增强体质的目的。

3）改善心态，提高心理素质水平。人们由于各种各样的原因，心理承受能力不高或欠缺，这对学习和生活造成了潜在的威胁。体育游戏以丰富有趣的活动形式，在竞争中频繁出现胜负结果，使每一个参与者都能感到有获胜的可能，从而达到提高自信心、鼓舞士气和改善心态的目的。

4）消除疲劳，给学生留下美好愉快的回忆。在常规体育课的结束部分，采用伴随音乐的体育游戏，可减轻疲劳或消除由疲劳引起的不愉快感。这样改善了心理环境，调节了运动器官的生理机能，使学生愉快而轻松地完成一堂课的学习任务，既达到了放松、恢复的目的，又增强了体育课自身的吸引力。

5）培养学生的思维能力、创造能力和竞争能力。体育游戏一般以争夺最后的胜利为目的。体育游戏，不仅是体力的竞争，也是智力的竞争。胜负的评判，无论是以完成任务的数量、质量为基本指标，还是以完成任务时间的快慢为基本指标，其完成任务的方法都起决定性的作用。例如，在“运送弹药”的游戏中，如何才能搬得快而又不丢失？在“架桥过河”的游戏中，怎样才能争时间、抢速度，而不至于落水？如此等等，都需要积极的思维，选择和创造最有效的方法，而方法的选择和创造必须考虑个人的特点和能力。集体性的游戏还讲究重要的战术配合和战略，更是智慧的较量。因此，好的辅助性体育游戏，对培养学生的思维能力、创造能力和竞争能力是大有裨益的，而这些能力正是现代社会对人才的要求。

## 三、奔跑类游戏

### （一）换球接力游戏

游戏目的：①发展快速奔跑能力和灵活性；②培养团队协作精神和竞争意识。

游戏准备：在平整的场地或跑道上，画一条线作为起跑线，在起跑线的正前方，每隔 6～8 米画一个直径约 50 厘米的圆圈，每组两个；准备实心球 12～15 个。

游戏方法：学生 6～8 人一组，成纵队站在起跑线后，每组第一人手持两个实心球，站在起跑线后，听到“开始”的口令或口哨声后，快速向前奔跑，把两个实心球分别摆放进两个圆圈内，然后返回起跑线，与本组第二人击掌；第二人跑出，把前一人放进圆圈的两个实心球拿回，交到下一个队员手中；该队员快速向前奔跑，再将球分别放进两个圆圈内。游戏依次进行，直到全组完成，先完成的组获胜，如图 9-1 所示。

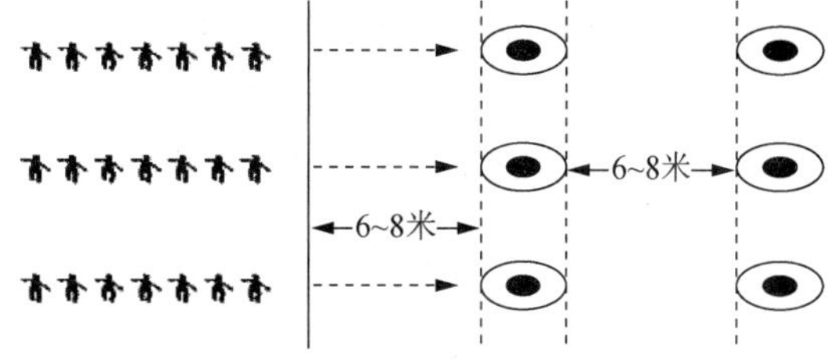

图 9-1　换球接力游戏

### （二）单足跳接力游戏

游戏目的：①发展下肢的弹跳能力、身体的灵敏性和协调性；②培养团结协作的集体精神。

游戏准备：在平整宽阔的场地上，画两条相距约 10 米的平行线，一条为起跳线，另一条为折回线，在折回线上摆放两个标志物。

游戏方法：将学生分成人数相等的两队，分别成纵队站在起跳线后。听到“开始”的口令后，两队排头以单足跳的方式前行，跳到对面绕过标志物返回起跳线后，与本组下一队员击掌，下一队员以单足跳的方式跳出；游戏依次进行，所有队员跳完一轮，以最后一名队员返回起跳线的先后顺序判定胜负，如图 9-2 所示。

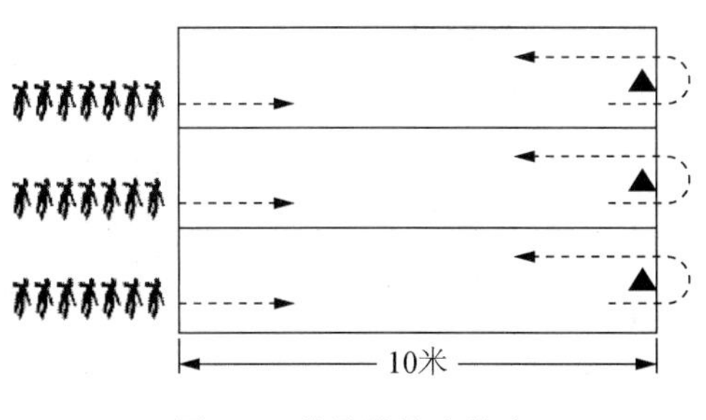

图 9-2　单足跳接力游戏

游戏规则：①途中不允许换腿，必须绕过标志物后再返回；②不能抢跑，必须等上一名队员回到起跳线与其击掌后再跳出。

游戏组织要点：①行进方式还可采用蛙跳、跨步跳等；②跳跃距离可根据学生的实际情况适当调整。

## 四、追逐接力类游戏

### （一）两人三足游戏

游戏目的：①发展奔跑能力、协调性和灵敏性；②培养团体默契、互相协作的精神。

游戏准备：在跑道或平整空旷的草地上画两条相距 20 米的线，一条为起跑线，另一条为终点线，在终点线上相距约 5 米处平行放置两根标志杆；准备布带 3～4 条、标志杆 2～3 根。

游戏方法：将学生分成人数相等的两队，每队两人一组成纵队依次站在起跑线后。每队第 1 组的相邻腿绑在一起（布带绑在踝关节处），双臂互相搭肩，准备起跑。听到发令员口哨响后，第 1 组以两人三足的方式跑向终点，绕过标志杆，再跑回到起跑线，解下布带交给第 2 组；第 2 组以相同方法将两人相邻的腿绑好后，向前奔跑；依次进行，每队每组轮流一次，先跑完的队获胜。

游戏规则：①不能抢跑，必须在起跑线后把布带绑好再跑出；②若中途布带散开，应在原地绑好后再继续跑。

游戏组织要点：①游戏前必须强调安全，可以让学生先在草地上进行练习，以免受伤；②系布带时需注意绑的松紧度和打结方法，以免脱落；③每组男女生组合的比例需适当调配；④游戏方式还可以采用三人四足、四人五足合作向前行进。

### （二）迎面障碍接力游戏

游戏目的：①发展跑速、腿部肌肉力量和身体的灵活性；②培养集体主义精神和竞争意识。

游戏准备：场地为跑道或平整空地。在地面上画两条相距 40 米的线，一条为起跑线，一条为终点线。两线之间每隔 10 米横放一个高 84～91.4 厘米的栏架，在平行于栏架约 2 米处放一根标志杆；准备接力棒 4～5 支。

游戏方法：将学生分成人数相等的两队，每队分成对等的两组，一组成纵队站在起跑线后，另一组站在终点线后。听到“开始”的口令后，每队的第一人手持接力棒向前奔跑，钻过两个栏架，将接力棒传给对面的同伴，同伴接到接力棒后，以蛇行快速绕过两根标志杆，将接力棒传给对面的同伴，以此类推。先完成的队获胜或以各队时间长短排定名次，如图 9-3 所示。

游戏规则：①学生必须站在起跑线后，接到接力棒再向前跑出；②绕行标志杆时不能将标志杆碰倒，否则以犯规论处。

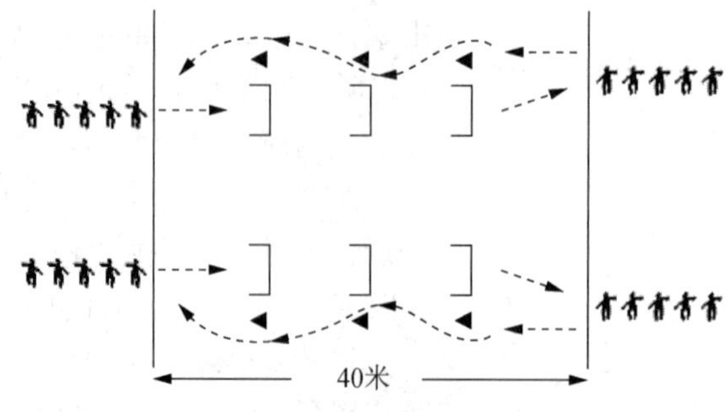


图 9-3　迎面障碍接力游戏

## 五、角斗类游戏

### （一）命悬一线

游戏目的：①培养团队合作精神，消除彼此间的心理隔阂；②提高解决问题的能力。

游戏准备：选择一棵粗壮的大树，在结实的枝杈上悬挂一根能拉起体重最重的队员的长绳，在长绳下的地面上画一条长3～4米的直线作为山洞入口；选择直径约30厘米的圆胶木板10～15个，分散放在山洞内的地面上。

游戏方法：将学生分成人数相同的若干队，每队8～10人，各队按编号顺序依次进行游戏。游戏开始，一名队员跳起并用双手抓紧绳子上端，使身体离地悬空，然后靠绳子摆动牵引，摆到洞内的圆木板上，站稳；抛回绳子，下一人继续游戏。10 分钟后山洞门关闭，换下一队继续游戏；最后以各队有效进洞的人数多少排定名次。

游戏规则：①如果在摆进洞的过程中队员身体任何部分触地，须回到洞外重新开始；②进洞后双脚落到圆木板上必须站稳，如果踩到地面，此次进洞无效；③同组的队员可以帮助悬挂在绳子上的人加力摆动，但不允许在悬挂的绳子上打结。

游戏组织要点：①如果参加人数过多，可以让多余的人做监护员或者再建一个游戏场地；②可以采用体育馆内的爬绳在室内开展该游戏；③游戏结束，组织学生讨论游戏过程中碰到了哪些问题，遇到了什么困难，如何克服这些困难，如何将这项游戏与实际学习和生活联系起来。

### （二）云梯

游戏目的：①建立相互信任感；②培养团队协作精神。

游戏准备：表面光滑的硬木棒或水管10～12根，每根长约1米，直径约32毫米，两人1根。

游戏方法：学生两人为一对搭档，所有搭档肩并肩排成两行；一对搭档拥有一根木棒或水管，两人都用手握紧木棒，使木棒与地面平行，高度介于肩膀和腰部之间，形成一个类似水平摆放的“云梯”。参加游戏的队员轮流做爬梯者，从“云梯”的一端爬到另一端，每人完成一次后，游戏结束。

游戏规则：①每对搭档必须将“云梯”搭稳，不能故意晃动；②参与者须向前爬行，不允许在梯上直立行进。

游戏组织要点：①每根梯线的高度可以略有不同，以形成一定的起伏；②在只有四五对搭档参加游戏的情况下，等爬梯者通过后，每对搭档可以迅速跑到末端站好，延长“云梯”的长度；③游戏结束后组织学生讨论爬梯前后的感受及爬梯和做梯子时的心理感受。

## 六、传递抛接类游戏

### （一）连续抛球游戏

游戏目的：①发展腰背肌肉力量和灵敏素质；②提高全身的协调性。

游戏准备：在平整宽阔的场地上，画两条相距10～12米的线，一根为抛球线，另一根为及格线；准备1千克的实心球20～25个。

游戏方法：将学生分为人数相等的若干队，每队4～5人，分别成纵队站于抛球线后，每队排头队员手持实心球准备，在其脚边另放置实心球 4 个。游戏开始，教师发“投”的口令后，在规定时间内，每队第 1 名队员采用规定姿势连续将 5 个实心球抛出；听到“捡球”的口令后，迅速将实心球全部捡回，放在本队第 2 名队员的脚边；第 2 名队员持球准备；游戏依次进行。所有队员抛完一轮后，根据各队总及格次数的多少排定名次。

游戏规则：①一次只能抛一个实心球，球必须抛过及格线才算有效；②必须双手抛球，超过规定时间未抛出的球不能再继续抛掷；③不允许助跑抛球，抛球时脚踩线或越线应判犯规。

游戏组织要点：①抛球可以采用肩上前抛或从肩上掷出等姿势，但在同一轮游戏中必须规定所有的队员只能采用同一种姿势；②游戏前应先进行练习，掌握抛球动作的要领；③根据学生的实际情况，实心球的重量及及格线的距离可适当调整。

### （二）抛球接力游戏

游戏目的：①发展上肢力量、抛接的准确性；②培养团队协作精神。

游戏准备：在平整宽阔的场地上，画出两条相距 30 米的线，分别作为起点线和终点线；两条线之间每隔 6 米画一根标志线；准备 2 千克的实心球 4～5 个。

游戏方法：将学生分成若干队，每队 6 人，按顺序分别站在起点线、各标志线和终点线上；每队站在起点线处的队员持实心球准备。听到教师发出的口令后，计时开始，站在起点线上的队员将球传给本队第二个队员；第二个队员接球后转身将球传给第三人；依次类推，站在终点线上的队员接球后，将球回传，当球传回到起点线处的队员时，计时停止。最后以各队用时多少排定名次，用时最短的队获胜，如图 9-4 所示。

游戏规则：①抛接球时，每个队员至少应有一只脚踩在所处位置的线上；②如果实心球掉地，此次抛接无效，须由抛球人捡球后重新抛给下一个人。

游戏组织要点：①游戏前各队应协商适宜的抛接球方式，以防掉球和影响抛接球的速度；②男女生比例应合理调配；③根据参与游戏人数可调整接力的距离和每队人数。

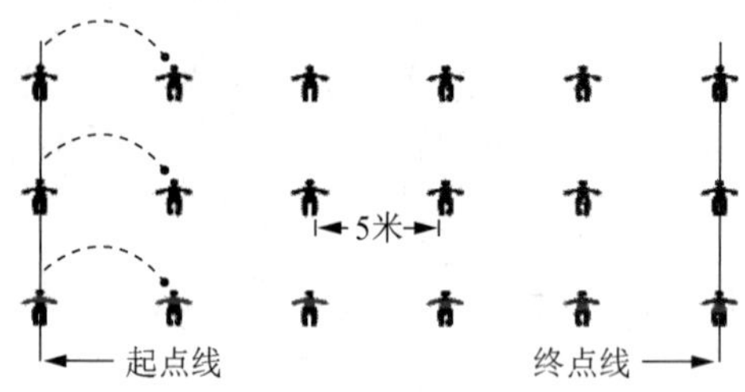


图 9-4　抛球接力游戏

## 七、集体竞技类游戏

### （一）传垫不掉球游戏

游戏目的：巩固和提高传垫球技术和发展团结协作能力。

场地器材：排球场两个、排球若干。

游戏方法：将学生分成人数相等的 4 个组，所有组围成一个大圆圈站在排球场的半场，听到信号后，学生开始传垫球，保证在 5 分钟内球不掉地。传垫球次数最多的组为胜。

游戏规则：①球不能只在几个人之间传垫，每个学生都应击到球；②击球时积极移动，不让球掉地，掉地后，重新计数。

游戏组织要点：①每组学生以6～8人为宜；②游戏中注意调整学生组成的圆圈大小。

（二）颠球游戏

游戏目的：熟悉足球的球性，掌握颠球技术，提高踝关节的灵活性及控球能力。

游戏准备：在足球场上画7个直径为2.5米的圆圈，每个圆圈内放1只足球；足球若干。

游戏方法：将学生分成人数相等的两个队。比赛开始，教师发口令并计时，各队第1名学生进入1号圈内颠球5次（未到5次的，回本队队伍中再由本队队员进入圈内继续颠球），在1号圈内颠满5次后进入2号圈内颠球10次，进入3号圈颠球15次；进入4号圈颠球20次，进入5号圈颠球25次，进入6号圈颠球30次。比赛时间为15分钟，然后计算成绩。还在1号圈内颠球者不得分，在2号圈的得2分，在3号圈的得3分，在4号圈的得4分，在5号圈的得5分，在6号圈的得6分，全部通过的得8分。以得分多的队为胜，如图9-5所示。

游戏规则：①颠球不能出圈，在线上或一足出圈的仍算好球，球落地才算失败；②凡达到各圈规定次数者，才能进入下一个圈去颠球；③允许一脚颠球或两脚轮流颠球；④每人颠球的机会不受限制，只计比赛时间。在哪个圈失球，就从哪个圈内捡起球继续颠球。

游戏组织要点：①各队可先派出颠球技术较好的学生参加比赛；②各圈轮流要快、衔接要紧密，尽可能不留空闲。

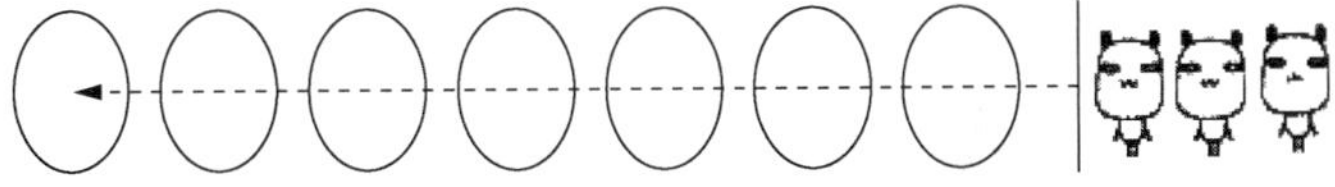

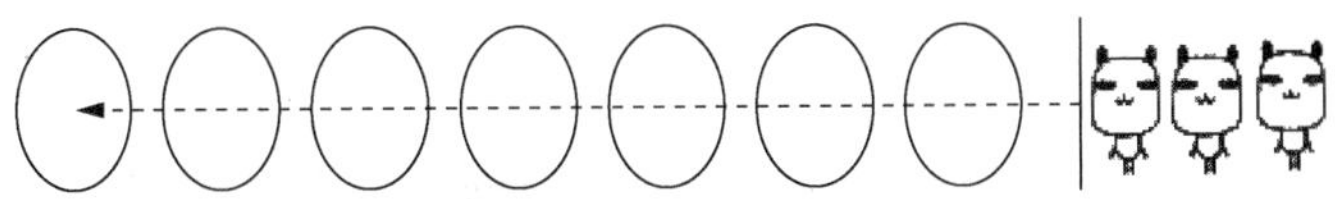

图9-5　颠球游戏

## 八、攻防争夺类游戏

（一）护“犊”游戏

游戏目的：提高在有人防守下的传球、运球、停球技术。

游戏准备：在足球场上画两个同心圆（圆的大小根据班级人数的多少而定），两圆之间的距离为1米或1.5米；足球若干。

游戏方法：将学生分成人数相等的甲、乙两队，每队分成1、2两组，先让甲队1组与乙队1组的学生混合站在同一圆内（2组站在另一圆内），圆内放两个足球。比赛开始，教师发出口令后并计时，甲队1组带球，传向同队队员或控球，而乙队1组学生必须想方设法拦截并尽可能把球踢出圆外，每踢出圆外1次得1分（如球未踢出大圆外，而留在两圆之间则不算失误，可将其踢回内圆，继续比赛）。第1局在规定的时间内结束后，甲队1组与乙队1组交换攻守，进行第2局比赛，最后以得分多的为胜。甲队1组和乙队1组退出圆外，甲队 2 组和乙队 2 组进入圈内按上述方法进行比赛，胜者再与第 1 组的胜者进行决赛。

游戏规则：①球如果压在圆线上仍算好球，滚出圆外才算失分；②如果球留在两圆之间，双方都可互相争抢，守者设法将球踢往圆外，攻者尽力将其拨回圆内；③队员不得离开大圆，捡球的除外；④不可对持球队员采取推、拉、抱等动作。

游戏组织要点：①如参加游戏的人数较多，为了有较大的活动量，可多分几个队同时比赛；②内圆范围的大小，以保证攻方队员能充分活动为准。

### （二）胜进败退游戏

游戏目的：发展下肢力量和反应速度。

游戏准备：在场地上画两条相距 40 米的平行线作为起点线，将学生分成人数相等的两队，各成纵队分别站在两条起点线后，彼此相对站好。

游戏方法：游戏开始，教师发令后，两队排头做滑步滑向对面的起点线，当两人相遇时，停下来猜拳，胜者继续向前滑，败者退出游戏回到本队队尾。与此同时，败者队的第 2 人立即滑步，与胜者相遇时，停下来猜拳。依次进行，以先到达对方起点线的队为胜，如图 9-6 所示。

游戏规则：①猜拳输的必须立即归队，不准阻挡对方前进；②在猜拳输方队员向回跑时，输方的下一个人才能启动滑步。

游戏组织要点：根据课堂需要，在前进中可以采用其他步法。

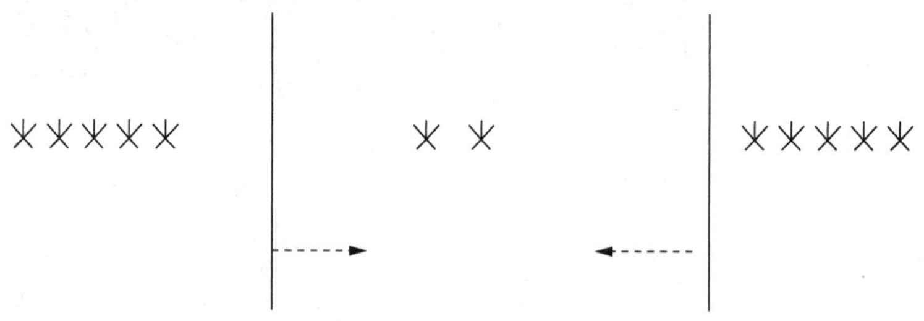

图 9-6　胜进败退游戏

## 九、放松性游戏

### （一）跳短绳游戏

游戏目的：培养动作的协调性，发展弹跳力，做放松运动。

游戏准备：在场地上画一条起跑线，线前 10 米左右并排若干直径为 1.5 米的圆圈（间隔 2 米），每个圈内放一条短绳。

游戏方法：将学生分成人数相等的若干队，各成一列横队面对前面的圆圈站好。教师发令后，各队排头立刻向圆圈跑去，拿起短绳，按规定的方法跳 20 次，跳完后将绳放回原地，再跑回来拍第 2 人的手，自己站到队尾。依次进行，先做完的队名次列前。

游戏规则：①发令前或击掌前不得起跑；②必须按规定的方法跳，如有失误，可接着跳，但只计算正确的次数。

游戏组织要点：①跳绳时须放松肌肉和关节，脚尖和脚跟须用力协调，防止扭伤；②跳绳前先让足部、腿部、腕部、踝部做些准备活动，跳绳后则可做些放松活动。

### （二）骑“马”打仗游戏

游戏目的：提高腿部力量，提高协同配合的能力，放松身心。

游戏准备：足球场。

游戏方法：将学生分成人数相等的两个队，各队每两个人一组，一人为“马”，将另一人驮于背上。教师发令后，两队开始战斗，被背的人努力将对方上面的人拉下“马”。

游戏规则：①只许拉扯对方的手部、肩部，不许打、顶头部或肋部；②被拉下的“马”要退出游戏，不许重组再参加游戏。

游戏组织要点：根据学生的具体情况安排练习，时刻注意安全监督。

## 十、室内和室外体育游戏

### （一）打肩

游戏目的：训练抓住时机快速进攻和快速防守的能力。

游戏准备：选择 10 米×20 米的松软平整场地。学生两人一组，相距一步呈武术散打格斗姿势相对站立。

游戏方法：教师发出口令后，每组学生在规定的场地内进行步法移动，双方寻机出手去摸拍对方的两肩。被攻者则进行灵活的躲闪、设防，同时以守为攻，寻机反击。在教师规定的游戏时间内，以拍中对方肩部次数多者为胜。

游戏规则：①进攻者只能摸对方的双肩，否则为犯规，判对方胜一次；②进攻者进攻时，身体不能触及对方身体，否则判对方胜一次；③进攻对方的肩时，可以原地摸拍、追拍、跳拍；④游戏中，学生两人兼裁判，自己记数。

游戏组织要点：①打肩时，前臂应用手指击肩部，不能用手指尖去戳，以防戳伤手指；②防守还击时，也应轻松做，不要用力过猛；③教师在游戏前要讲清规则，要特别强调不能摸拍头部、面部；④场地小、人数多时，也可采取淘汰赛或挑战赛。

### （二）三角拔河游戏

游戏目的：发展力量、协调身体平衡，培养克服困难的能力，提高娱乐健身的趣味性。

游戏准备：在平整场地上画一个半径为 3 米的圆，圆内再画一个半径为 1.8 米的同心圆。将拔河绳围成边长为 3 米的等边三角形。3 个角相对，三角顶点拴短绳。设裁判员 3 名、计时员 1 名。

游戏方法：裁判员发出“预备”口令后，3 名游戏者站在等边三角形拔河绳的 3 个角处，双手握住短绳做准备。裁判员发出“开始”口令后，3 名游戏者开始拔河，当其中一名游戏者的双脚踏到大圆线外时，裁判员宣告“停止”，判踏出圆外的游戏者获胜，如图 9-7 所示。

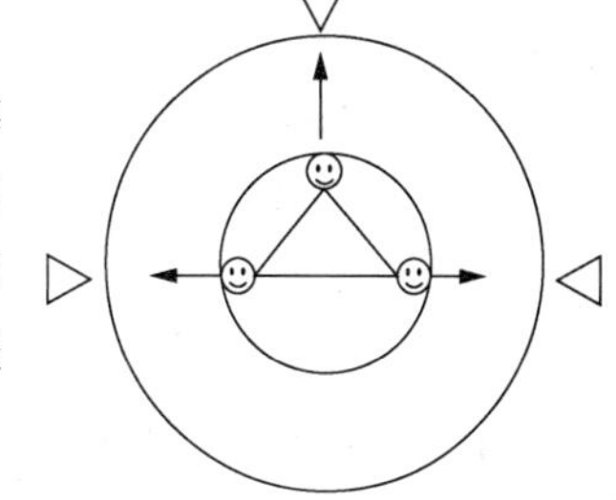

图 9-7　三角拔河游戏

游戏规则：①游戏者不能抢先发力，需听到“开始”口令后，再进行拔河；②游戏者不许戴手套，不许穿带跟的鞋，违者取消比赛资格；③游戏者抢先拔两次，则取消比赛资格；④两名游戏者若蓄意联合对抗另一名游戏者，判两名游戏者共同犯规，取消比赛资格。

游戏组织要点：①拔河绳要坚固，放置成等边三角形，要将三边拉直；②拔河绳三边都拉直，证明 3 人用力方向正确。若裁判员发现有一边的绳弯曲，应迅速警告，及时纠正。

# 第二节　定向运动

定向运动起源于瑞典，最初只是一项军事体育活动。“定向”二字在 1886 年首次使用，是指在地图和指北针的帮助下，越过不被人所知的地带。真正的定向比赛于 1895 年在瑞典斯德哥尔摩和挪威奥斯陆的军营区举行，标志着定向运动开始成为一种体育比赛项目。

定向运动作为一种体育项目开展是从 20 世纪初在欧洲开始的，到 20 世纪 30 年代已在芬兰、挪威、瑞典、丹麦立足。1932 年举行了第一次世界定向运动比赛。1961 年国际定向运动联合会（Internation Orienteering Federation，IOF，以下简称国际定联）在丹麦哥本哈根成立。国际定联是世界定向运动的行政实体，是国际体育联合会总会之一。定向运动也是奥林匹克体育项目。

1991 年 12 月，原国家体育运动委员会（现为国家体育总局）批准成立中国定向运动委员会（1995 年更名为中国定向运动协会）。1992 年 7 月中国成为国际定联会员。1994 年 9 月，中国定向运动协会举办了首届定向运动锦标赛，此后每年均举行一次。2004 年，中国学生定向协会首次成功举办了中国学生定向越野锦标赛，这一赛事的举办，使中国学生定向越野锦标赛成为与全国定向越野锦标赛并列的两大重要赛事。《全国普通高等学校体育教育专业本科专业课程方案》的实施，使定向越野成为大学生运动会正式比赛项目和中小学“2＋1”课程，对国内定向运动起到了积极的推广作用。

## 一、定向运动的特点

定向运动就是运动员借助地形图和指北针，按规定的顺序寻找若干标绘在地面上的地面检查点，并以最短时间完成全赛程的体育运动。

定向运动通常在森林、郊外和城市公园里进行，也可在大学校园里进行。一条标准的定向路线包括一个起点（用等边三角形表示）、一个终点（用两个同心圆表示）和若干带有序号的点标（用单圆圈表示），并从起点开始，用连线将点标按序号连起来，直到终点。定向比赛路线通常按环形设计，起点和终点一般设在地势平坦，而且面积足够大的开阔空地上。

在实际地形中，一个白色和橘黄色相间的点标旗标志着运动员应该寻找的点的位置，为了证实造访过这个点，运动员必须在到达的每一个点标处使用打卡器在卡上打卡，电子打卡系统能准确证实运动员的造访，同时记录造访时间。定向比赛中，要求运动员选择一条最适合自己的由一个点到下一个点的最佳路线。

## 二、定向运动的分类

1）定向运动按运动工具的不同可分为两种：①徒步定向，如传统定向越野、接力定向、积分定向、夜间定向、五日定向、公园定向等；②工具定向，如滑雪定向、山地车定向、轮椅定向等。

2）定向运动按运动员的性别可分为男子组定向运动和女子组定向运动。

3）定向运动按运动员的年龄可分为青年组定向运动、老年组定向运动和少年组定向运动。

4）定向运动按运动员的技术水平可分为初级组（体验组和家庭组）定向运动、高级组定向运动和精英组定向运动。

5）定向运动按参加的人数可分为个人单项定向运动、个人双项定向运动和集体项定向运动。

## 三、定向运动的锻炼价值

1）定向运动是一项体能与智能相结合的运动，能提高学生的心理素质，帮助学生养成独立分析、解决问题的能力和良好的逻辑思维能力。

2）定向运动是一项精英人才体育项目，因为它富于挑战，要求学生勇于尝试新方案，通过全身心的从双腿到大脑的协调配合来达到预定目标。

3）定向运动具有一定的知识性和军事意义，对于普及全民识图和用图知识，加强国防建设大有益处。开展这一项目，对于调节学生的学习、生活情绪，丰富地理知识，增强体质及培养自我生存能力和爱护环境有独特的好处。

4）定向运动是一项充满趣味性的社会体育项目，不同年龄、性别、种族、文化背景和身份地位的人们通过这项运动相遇、相知，共享快乐。

## 四、定向运动的器材

### 1. 定向地图

地图是定向运动重要的工具之一，它的质量直接影响运动员的成绩和比赛是否公正。因此，国际定联专门为定向运动比赛制定了《国际定向运动地图制图规范》。

### 2. 指北针

指北针一般由组织者提供，若要求自备，则应对其性能、类型等做出原则上的规定。目前，指北针的类型有简单式、液池式、透明式、照准式、电子式等。

### 3. 点标旗

点标旗是用三面标志旗围成的“三角形灯笼”，每面标志旗呈正方形，沿对角线分开，左上为白色，右下为橘黄色，尺寸为30厘米×30厘米。点标旗准确放置在地图所标示的地点圆圈的中心点。

### 4. 检查卡

检查卡是一种证明运动员找到并到访的各个检查点的验证成绩的装置。常见的是检查卡片和电子指卡。

### 5. 点签

点签是判定运动员找到检查点的凭据。常见的是印章式、夹钳式和电子式3种。

### 6. 号码布

号码布的尺寸一般不超过24厘米×20厘米，高不小于12厘米。比赛中要求号码布佩戴于运动员胸前及后背两处。

7. 服装

服装以轻便、舒适、透气，易于活动为宜。

## 五、定向运动的基本方法及技术特点

1. 标定地图

1）概略标定。定向地图上的方位是上北、下南、左西、右东。当我们在现地形点正确地辨别了方向之后，只要将地图的上方对向现地形点的北方，地图即已标定。

2）利用指北针标定。先使指北针的红色箭头朝向地图上方，并使箭头与定向地图上的磁北线重合（或平行），然后转动，使指北针的北端对正磁北方向，地图即已标定。

3）利用直长地物标定。首先在地图上找到直长的地物（如道路、沟渠、高压线等），对照两侧地形，使图与现地形点的关系位置概略相符，即已标定。

4）利用明显的地形点标定。从图上找到自己所在的站立点，利用明显地形点标定地图。先选择一个图上与现地形点都有的远方明显地形点（目标），然后转动地图，使图上的站立点至目标的连线与现地形点的站立点至目标的连线相重合，此时地图即已标定。

2. 确定站立点

1）直接确定。当自己所处位置是明显地形点时，只要从图上找出该地形点，站立点即可确定。在行进中，特别是在奔跑中常用此方法。

2）利用位置关系确定。当站立点位于明显地形点附近时，采用位置关系法确定站立点。一般依据两个要素：一是站立点至明显点的方向，二是站立点至明显点的距离。

3）利用交会法确定。当站立点附近无明显地形点时，可以利用交会法确定站立点。按不同情况，它又可以具体分为90°法、截线法、后方交会法和磁方位角交会法。这些方法的优点是，不需要判断或测量距离也能较为准确地确定站立点位置，这对于帮助初学者学习使用定向地图很有意义。但是，它们中的一些方法，要么只能在某些特定的条件下才能运用，要么就是步骤烦琐、费事费力，因此在定向越野比赛中一般较少使用。

3. 对照地形

1）在站立点尚未确定前。首先应概略地标定地图，然后迅速地观察一下周围情况，记清最大或最有特征的地物、地貌的大概方位与距离，并从图上找到它们，此时站立点的位置即可概略地确定。

2）在站立点已经确定后。同样首先应概略地标定地图，然后从图上查明自己选定的运动路线上近前方两侧的特征物，同时记清它们的大概方位与距离，并将它们在现地形点辨别出来，然后前进。

4. 走错路的处理方法

首先，运动员要保持镇静，不能慌乱；其次，调整自己的行进步骤，寻找解决的办法。解决的方法有两种：一是重新判定站立点位置。如果能确定站立点在地图上的位置，则重新选择路线寻找下一个检查点。二是按原路返回。在无法确定站立点位置时，只好按原路返回之前的检查点位置，再选择路线行进。

## 六、规则简介

### 1. 技术规则

1）竞赛区域应选择在地形比较复杂、植被较多的地区，应能为设计高难度的竞赛线路提供可能；且竞赛区域不宜使本地参赛运动员获益。

2）竞赛地图的绘制应以国际定联制定的《国际定向运动地图制图规范》为依据。地图比例尺一般为1∶5000、1∶10 000或1∶15 000，等高距为5米或2.5米。

3）竞赛路线应充分体现公平、公正。一般应避开苗圃、播种地、有农作物的田地、铁路、公路和标有“不准入内”的区域。

4）在确定竞赛距离时，以预计完成全赛程的时间作为主要考虑因素，而将赛程的距离作为辅助考虑因素。青年组的完成时间一般为75分钟，最大距离为男子12千米，女子10千米。

5）竞赛路线符号：起点用等边三角形（边长7毫米）表示，检查点用单圆圈（直径6毫米）表示，终点用两个同心圆（直径5毫米和7毫米）表示；必经路线必须用虚线表示。注意三角形或圆圈的中心点表示起（终）点及检查点的准确位置，但中心点不必绘出。

6）检查点说明应使用国际定联制定的《检查点说明符号》。检查点标志应悬挂在图上标明的地点，一般距地面80～120厘米，实际位置应与检查点说明表一致。

7）全国定向竞赛和大型正式定向竞赛，必须使用中国定向协会认定的电子打卡计时系统（由指卡、打卡器和终端管理系统组成）。

8）在竞赛中，运动员按相等的时间间隔一次出发，出发顺序可采用人工或计算机抽签排定，但必须在总裁判长的监督下进行。在接力赛中，同组第一棒的运动员可以同时出发，也可按相等的时间间隔依次出发，但需在比赛前说明。需要注意的是，来自同一运动队的队员不能编排连续出发。

9）出发地点的选择，应使运动员在出发前看不到前一名运动员所选择的行进路线，也应使已到达终点的运动员无法与待出发的运动员取得联系，起点处应有明显的起点标志牌或横幅。运动员通过终点后即竞赛结束，不得以任何理由再次进入竞赛区域。

10）进行接力赛时，每个接力队的运动员应按预先定好的顺序逐个完成个人路线，且所有参赛队所跑的总路线应是等同的，但构成总路线的每段顺序应有所不同。

11）排列名次依据运动员正确完成全赛程的时间长短而定；如有两名以上的运动员取得相同的成绩，则他们的名次并列，空出下一名次。接力赛中，竞赛名次取决于各队所有运动员按要求完成各赛段时间的总和。

12）下列运动员的成绩无效：受到两次警告者；在比赛中丢失检查卡、地图、号码布者；因各种原因退出比赛者；竞赛中超过组委会规定的终点关闭时间者；未按规定读取成绩者。

13）下列运动员被取消竞赛资格：冒名顶替参加竞赛者；定向越野竞赛中使用交通、通信工具者；不符合分组年龄标准或谎报年龄、弄虚作假者；蓄意破坏点标、打卡器或其他竞赛设备者；有意妨碍他人竞赛者。

### 2. 裁判人员

1）裁判委员会。裁判委员会由总裁判长（1人）、副总裁判长（1～2人）和各组裁判长组成，受竞赛委员会领导。裁判委员会直接领导竞赛工作，负责竞赛实施和确定竞赛成绩，并监督领队、教练员、运动员遵守竞赛规则。

2）各裁判组及人数。①起点裁判组的组成：裁判长 1 人，发图员 1～2 人，检录员 2～3 人，序道员 2～3 人，发令员 1 人。②场地裁判组的组成：裁判长 1 人，布点员 4～6 人，看点员 10～20 人，试跑员 2～4 人，场地巡视员 2～3 人。③终点裁判组的组成：裁判长 1 人，预告员 2～3 人，收图员 2～4 人，验卡员 2～4 人。④成绩统计裁判组的组成：裁判长 1 人，裁判员 4～5 人。裁判员的人数视比赛规模可增可减。

### 3. 场地设置

起点、终点及接力设置分别如图 9-8～图 9-10 所示。

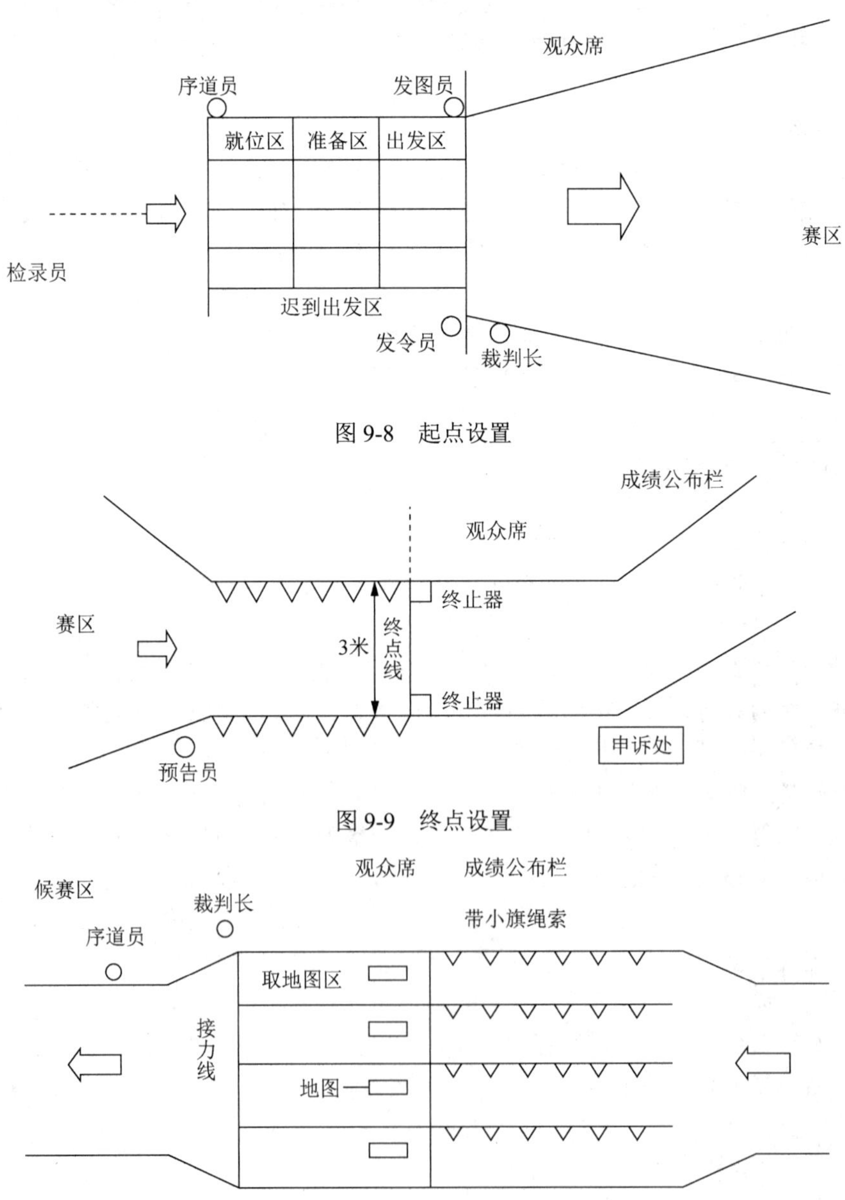


图 9-8　起点设置

图 9-9　终点设置

图 9-10　接力设置

# 第三节　轮滑运动

轮滑运动是一项集健身、竞技、趣味、娱乐、技巧、休闲、惊险于一体，富于变化，展现魅力和个性的国际性体育运动。轮滑运动要求练习者灵活变换重心，维持动态平衡，通过练习不仅能提高人的协调和灵敏素质，还能培养其勇敢果断的意志品质。

## 一、轮滑运动的起源与发展

最早的轮滑鞋是由北欧人发明的，其构造非常简单，就是把骨头装在长皮靴的靴底上。该轮滑鞋可能是猎人在冬天打猎时穿的。1700 年，苏格兰人德茨曼希望能在夏天模拟冰上轮滑，于是制成了第一对现代轮滑鞋（虽然还是很原始）。这一年在爱丁堡出现了第一个轮滑俱乐部。1760 年，伦敦乐器制造商约瑟夫·亚瑟制造了有金属轮子的长靴式轮滑鞋。有一天他去参加化装舞会，从入口轮滑进去演奏小提琴。但他不知道如何刹车及如何控制那双附有轮子的鞋子，而直接撞向了一面价值 500 英镑的镜子（当时的镜子比金子还贵）。虽然他被撞得头晕目眩，小提琴也毁了，但他仍坚持在一面巨大的镜子前表演轮滑。令人发笑的是，直到舞会结束，他仍不知道该如何刹车和掌握方向。

单排轮滑鞋的发明专利在 1819 年由法国的费逊布兰德首先获得，那双鞋的滑行部分由 23 个轮子按直线构成，但这种构造的轮滑鞋却未达到预期的“流行”目的。1823 年，伦敦的罗伯特设计了一双轮滑鞋，5 个轮子排成一排置于鞋的底部。1863 年，美国的詹姆士·普利顿设计了一种 4 轮轮滑鞋，轮子是并排的，轮滑轮可以转弯、前进和向后运动，这就是最传统的轮滑鞋。1884 年，滚珠轴承轮子的出现，大大改进了轮滑鞋的转动部分，使轮滑鞋结构日益完善，从而促进了轮滑运动的蓬勃发展。

## 二、轮滑运动的装备

轮滑运动的装备如图 9-11 所示。

图 9-11　轮滑运动的装备

**知识窗**

### 如何选择轮滑鞋

1）穿着舒适，松紧合适。

2）扣紧使用灵活，不出现滑脱现象。

3）底座牢固，目测时笔直，不偏斜。

4）外观完好无损。

## 三、轮滑运动的特点

轮滑作为一种娱乐项目早在 19 世纪末便传入我国，而作为一种体育项目在我国开展，则始于 20 世纪 80 年代初。作为竞技体育项目，轮滑在我国还处于发展阶段，但作为一种休闲运动，早已在全国各地普及。轮滑是借助机械性轮滑鞋，在路面上展示自己体能与风采的运动，深受青少年的喜爱。它有如下特点。

1）娱乐性。轮滑有很强的娱乐性和趣味性，通过这项运动，可使人们从平时紧张、压力繁重的学习和工作中解脱出来，达到身心放松的目的。

2）健身性。轮滑是一项全身性运动，它能促进心脑血管系统及呼吸系统机能的改善和代谢作用的加强，能增强臂、腿、腰、腹等肌肉的力量和身体各个关节的灵活性，特别是能提高人们掌握平衡的能力。

3）工具性。轮滑还具有很多体育项目所不具备的一个特性——可以当作交通工具。一般情况下，在平整的路面上，轮滑可以代步成为交通工具。在交通越来越拥挤的今天，轮滑不失为一种流行和时髦的交通工具（但一定要注意交通安全）。

## 四、轮滑运动的安全措施

1）练习轮滑前应先做好准备活动，尤其是手腕和下肢各关节及韧带要充分活动开。

2）如有可能，应戴一些防护用具，如专用的护腕、护肘、护膝及头盔等。

3）练习前要检查轮滑鞋的螺钉等紧固部件，以免滑行中因轮滑鞋出问题而受伤。

4）初学者应在初学场内或规定范围内练习，或尽可能在人少的地方练习，不要任意滑行。初次学习轮滑时，最好有滑行熟练的同伴或辅导员进行辅导。

5）禁止做危险或妨碍他人的动作，特别是在人多的公共轮滑场内，如几人拉手滑行，在速滑跑道上逆行或与他人滑行方向相逆，乱蹦乱跳，在场内横插乱窜，追逐打闹，突然停止等，这都是既妨碍他人又容易发生危险的行为。

6）学习轮滑时摔跤是不可避免的，所以要学会在摔跤时做好自我保护。

## 五、轮滑的基本技术

轮滑是一项极易掌握的体育运动，大多数人能很快地掌握。但很多人初次接触轮滑，心理上会产生一种畏惧感，担心摔跤。其实，只要简单地掌握一些轮滑的方法和技巧，就能在这项运动中找到乐趣。练习轮滑，其关键在于控制身体的平衡。由于轮滑鞋与地面接触面积小，加之滑轮与地面摩擦后会滚动，掌握身体的平衡有一定的难度。

### （一）站立、平衡和移动

#### 1. 站立姿势

1）“丁”字形站立。将左脚跟紧靠在右脚的内侧（或将右脚跟紧靠在左脚的内侧），使双脚呈“丁”字形。双膝微屈，重心稍偏于位置居后的脚上，上体略前倾，抬头，目光平视前方，两臂在体侧自然打开，以控制身体平衡，如图 9-12（a）所示。

2）“八”字形站立。双脚呈“八”字形自然分开，两脚跟靠近，双膝微屈。上体微屈，身体重心放在两脚之间，保持身体平衡，如图 9-12（b）所示。

3）平行站立。双脚分开，与肩同宽。两脚尖稍内扣，上体微前倾，双膝微屈。身体重心放在两腿之间，保持身体平衡，如图 9-12（c）所示。

（a）“丁”字形站立

（b）“八”字形站立

（c）平行站立

图 9-12　站立姿势

### 2. 原地移动重心

1）方法要点：在双脚平行站立的基础上，上体向一侧移动，并逐步将身体重心完全移至支撑腿上，待平稳后，上体再向另一侧腿移动，并将身体重心完全移到该腿上。

2）易犯错误：在练习时，易使两脚变成“八”字形站立，这样在重心移动时会造成重心不能完全移到支撑腿上。

3）纠正方法：保持两脚平行站立。

### 3. 原地踏步

1）方法要点：在“八”字形站立的基础上，重心移到一脚；另一腿微屈上抬，脚离地面 5～10 厘米后再落下，重心移至另一脚，交替练习。

2）易犯错误：步幅过大，重心不稳。

3）纠正方法：抬腿要低，速度要慢。当重心完全移到一条腿上时再进行交换。

### 4. 原地蹲起

1）方法要点：在双脚平行站立或“八”字形站立的基础上，做下蹲、起立动作，身体重心放在两腿之间，两臂自然打开，如图 9-13 所示。

2）易犯错误：在起立时身体向前再屈，再直立，只做腿的蹲伸动作。

3）纠正方法：在开始时可以先做半蹲，速度稍微慢些，然后逐渐过渡到深蹲，快速完成，保持身体的垂直升降，注意动作的协调性。

### 5. 两脚原地前后滑动

1）在平行站立的基础上，做一脚向前一脚向后的来回滑动练习，两臂前后摆动，像走路一样配合双腿运动。

2）易犯错误：在滑动过程中，重心落在一条腿上，双脚不能保持平衡。

3）纠正方法：保持双脚平衡，两腿伸直，大腿发力做前后滑动练习，或手扶栏杆、结伴进行练习。

6. 向前“八”字走

方法要点：在“丁”字步或“八”字步的基础上，一脚向前迈出一小步，脚尖向外侧，呈尺字形落地；同时身体重心迅速跟上，当重心完全落到前脚上时，后脚再抬起向前迈，两脚交替进行，移动身体重心。如图 9-14 所示。

图 9-13　原地蹲起

图 9-14　向前“八”字走

（二）滑行

1. 双滑行练习

在“八”字走的基础上，连续走几步，然后双脚迅速并拢，两脚由“八”字形变为平行，借助惯性向前滑行。动作的关键是重心保持在两脚之间。

2. 低姿势交替蹬地滑行

1）方法要点：两脚“八”字形站立，膝踝微屈，两脚同时向外侧蹬使双脚同时开始向前滑行，重心随之偏向左脚，左腿成支撑腿。在稍加蹬地后迅速回收，向左脚靠拢，脚尖向外侧，落地自然呈“八”字步，同时重心向右腿上移，左脚开始蹬地，如此交替进行，如图 9-15 所示。

2）易犯错误：重心处于两腿之间，滑行的步子较小，收腿较快。

3）纠正方法：做横向迈步移动练习，逐渐提高单腿支撑能力。

3. 高姿势交替蹬地滑行

1）方法要点：在低姿势交替蹬地的基础上，右脚侧蹬地，重心移向左脚，成左脚支撑滑行。右脚蹬地结束后放松收腿，当右脚靠近左脚时，重心开始回移，左脚开始蹬地。右脚落地后成右腿支撑滑行，然后收左腿，两脚交替蹬，交替滑行，如图 9-16 所示。

2）易犯错误：蹬地后收腿困难。

3）纠正方法：尽量在短促的蹬地动作结束后马上回收，膝、踝全屈，重心落在前脚掌上。

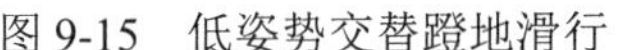

图 9-15　低姿势交替蹬地滑行

图 9-16　高姿势交替蹬地滑行

#### 4. 向前直线滑行

1）方法要点：原地两脚呈“T”字形站立，左脚在前，右脚在后，两腿稍弯曲，用右脚着地，重心慢慢移至左脚；右脚蹬直后右腿蹬离地面，成左脚向前滑行；然后右脚在左脚面落地后，左脚重复上述动作，成右脚向前滑行。两脚交替向前直线滑行，整个滑行过程中，两手自然向侧分开，帮助维持身体平衡。

2）易犯错误：重心在两脚之间，不能形成单脚支撑。

3）纠正方法：在双脚曲线滑行的基础上，身体重心逐渐移至单脚上，成单脚滑行。

#### 5. 蛇形向后滑行

1）方法要点：平行站立开始，两脚分开（约一脚距离），两腿弯曲。用右脚内侧蹬地，身体重心移向左侧，成左脚向后滑行；右腿在体前伸直，随即右脚放在左脚侧面，恢复成开始姿势，然后用左脚蹬地，重复上面动作。做蛇形向后滑行时，要注意在滑行中上体持前倾姿势，两膝保持弯曲，两手在体侧分开侧举。

2）易犯错误：在滑行的过程中身体直立或后仰。

3）纠正方法：在完成向后葫芦步滑行获得一定速度后，进行蛇形向后滑行。左右脚各蹬一次，依靠滑行的惯性两脚平行站立滑行一次，身体保持正确的滑行姿势，反复练习。

### （三）滑行停止法

#### 1. “八”字停止法

1）方法要点：在获得一定的向前滑行速度后，两脚平行分开站立，随后脚尖内转，两脚以内侧轮柔和压紧地面。两腿弯曲，上体稍前倾，臀部下蹲，两臂前伸维持身体平衡。

2）练习方法：①在向前滑行时，两脚平行分开站立，先使右脚脚尖内转，以内侧轮柔和压紧地面。身体重心稍向左移，反复练习。②在能够完成前面动作的基础上，再按照内八字停止方法进行练习。速度可由慢到快循序渐进。

#### 2. “T”字形停止法

1）方法要点：左脚向前滑行，右脚在左脚后跟处呈“T”字形放好后，将右脚慢慢放在地面上，以内侧轮柔和压紧地面，减缓向前滑行速度，直到停下来。

2）练习方法：①原地左脚在前，右脚在后呈“T”字形站立，右脚以内侧轮蹬地，左脚向前滑行，随后右脚在左脚后呈“T”字形停止动作。速度可由慢开始，以便体会动作。②在完成①的动作基础上，加快向前滑行速度，按照“T”字形停止动作进行练习。

#### 3. 双脚急停

1）方法要点：在向前滑行时，两脚同时做顺时针（或逆时针）方向急转，左脚以内侧轮、右脚以外侧轮与滑行方向呈 90° 角压紧地面，同时身体向右急转，重心移到右腿上，两膝弯曲，两臂前侧伸，滑行即可停止。

2）练习方法：①原地两脚平行分开，按上述动作要领，随后在低速向前滑行中完成动作；②保持一定的向前滑行速度，两脚平行向前滑行，做双脚急停练习，熟练掌握后，可以随意使用双脚急停动作。

#### 4. 倒滑停止方法

1）方法要点：在向后滑的过程中，将两脚变为前后开立，身体重心移到前脚的前方，后轮离地，制动脚着地与地面摩擦而停止下来；停止时，身体稍前倾，两臂侧举以维持平衡。

2）练习方法：①手扶栏杆或在同伴扶持下，原地抬起脚跟，身体稍前倾，以制动器支撑站立；②向后慢速滑行，两脚平行站立滑行，随后抬起脚跟，以制动器压紧地面至停止。

### （四）弯道滑行

弯道滑行技术与直道滑行技术有很大的区别，其特点在于练习者用交叉步滑行，由于向心力的作用，上体不仅前倾，还要向后侧倾，如图 9-17 所示。

图 9-17　弯道滑行

1）走步转弯。在向前做八字走或半走半滑时，如向左转弯，在每一次脚落地时脚尖都向左转动一点，身体也随之向左转动一点，逐渐呈弧形的走滑路线。如向右转，动作方向相反。

2）惯性转弯。在滑行获得一定的速度后，两脚平行稍靠近些，如向左转，则左脚略靠前，右脚靠后，重心落在两脚之间 1/3 处，前腿略弓，后腿伸直，身体重心压在左脚和右脚的左侧，利用惯性左侧滑一较大的弧线。如向右转，动作相反。

3）短步转弯。在学会慢转弯技术的基础上，身体姿势较低，重心完全落在左脚上，甚至超出左腿的支点，右脚向右侧蹬地后迅速收回，靠近左脚落地做非常短暂的支撑；此时左脚迅速向左稍转脚尖，右脚再迅速向侧蹬出，连续做此动作就可以加速转弯。如向右转，动作相反。

4）左脚支撑，右脚连续蹬地滑行。从站立姿势开始，左脚用外侧蹬地后迅速与右脚并拢，接着右脚再做一次蹬地动作，左脚继续做前外曲线滑行。

5）在圆弧上不连贯的交叉步滑行。在圆弧上用直线滑行方法，中间插入弯道交叉步，当左脚有稳定的平衡时，右脚向左脚左侧前方迈一小步。只要右脚有短暂的滑行之后，左脚就迅速从右脚后方收回，同时右脚蹬地，左脚直线滑行，反复练习。

**安全提示**

轮滑时的注意事项：

1）在轮滑运动中思想要集中，溜滑的速度应先慢后快，循序渐进；若觉得身体平衡失调，赶紧下蹲，以降低重心，恢复身体平衡。

2）在初学阶段、进行新技术学习或练习时，以及进行山路滑行、速度滑行或各种轮滑比赛时应戴好轮滑护具。

# 第四节　飞盘运动

## 一、飞盘运动的起源与发展

飞盘运动自1948年于美国发明问世以来，仅仅经过数年的发展，即已形成10余种竞赛项目。目前在飞盘的诸多项目中，最受玩家欢迎的竞赛主题有3种：飞盘高尔夫（disc golf）、飞盘自由花式（freestyle）、飞盘争夺赛（ultimate）。其中飞盘争夺赛已于2000年被列入世界运动会（World Game）正式比赛项目。2017年5月22日，世界飞盘联合会（World Flying Disc Federation，WFDF）宣布，国际大学生体育联合会（International University Sports Federation，FISU）已经认可飞盘运动，这意味着在不久的将来，在世界大学生运动会上有可能出现飞盘比赛，而中国大学生体育联合会也会跟进，增加此项目。

中国飞盘运动联盟（China Disc Sports Federation，CDSF）于2007年成立，是致力于推广飞盘运动的组织。因飞盘运动的趣味性深深吸引着各种不同年龄层的群众，且具备技术与各种速度的竞赛条件，所以在时下的体育运动中，它已占据一席之地。

## 二、飞盘运动的组织形式

飞盘可分为一般飞盘、回收飞盘、高尔夫盘、趣味飞盘；飞盘的基本技术分为抛盘技术和接盘技术。在飞盘比赛中设置有低速（low speed）、中速（mid speed）、高速（high speed）3种不同强度的发力方式，并由此组合形成各种体能含量、层次的竞赛项目。参与者可以依据不同的活动形式，适应飞盘运动低、中、高肺活量的运动特点，不断地提高自身的身体素质。

1）飞盘手花。飞盘手花是一种以手指转动飞盘为主的飞盘花招技术，可分为转盘、换盘、绕盘、抛盘、带盘、翻盘、滚盘、定盘、接盘等。

2）地靶掷准。将绘制的同心圆帆布铺于地面，令选手将飞盘投到相应的区域来进行技术练习及游戏。

3）飞盘保龄。以瓶状物6枚呈三角形置于地面，令选手以盘投的方式将瓶状物击倒。

4）掷接速度。每队由两人组成，面对面相距8米站立，在1分钟的规定时间内，计算两人相互抛接时所接到的总盘数。

5）掷准接力。每队有8名选手，在6～8米的区域内进行3分钟的活动，计算各选手轮流投接与传递飞盘的总数。

6）传接掷准。在距离 10～25 米的范围内先传递飞盘再行掷准，考验参与者的投掷与投准能力。

7）投盘赛跑。在操场上规定 500～1000 米的抛接飞盘跑道，以参与者在抛接过程中通过规定距离用时的长短来衡量其活动水平。

## 三、常见的飞盘竞赛

1）掷远赛（distance）。掷远赛一般使用高尔夫 DD（distance disc，远距离投）飞盘，这是一项高速飞盘项目，对爆发力的要求很高，故参与者在活动前需进行充分的热身，以免肌肉拉伤。

2）掷准赛（accuracy）。掷准赛使用的是高尔夫 AD（approach disc，近距离投）飞盘，比赛采用预赛、复赛、决赛及公开组最终决赛等赛制来组织竞赛。

3）越野赛（discathon）。越野赛使用的是高尔夫 AD 飞盘、MD（mid-range disc，中距离投）飞盘、PD（putt disc，敲杆与低速准确投）飞盘，比赛跑道为 1000 米或 1500 米，选手携带两枚飞盘，前一枚盘落地后即为标示盘，两枚飞盘轮流使用来进行竞赛。

4）掷接赛（disc tennis）。掷接赛使用 Wham-O 110 克系列或 National 110 克的飞盘，场地是两个 12 米的正方形，中间距离 15 米，比赛的两位选手相互投掷飞盘，以类似网球比赛的形式来进行竞赛。

5）双飞盘比赛（double disc competition，DDC）。双飞盘比赛使用 Wham-O DDC110 克或其他 110 克系列飞盘，每队两位选手，比赛使用两枚飞盘，由两边的选手同时喊“1——2——3”后投出飞盘。运用技术的关键在于掌握时间差，让对方同时接触两枚飞盘，攻方即可获得 2 分。本项竞赛技术性很高，不仅需要投接的个人能力，两位选手间也必须具备充分的默契。

## 四、飞盘的技术和战术

### （一）掷盘和接盘技术

#### 1. 反手掷盘

基本的掷盘方式有两种：反手和正手，其中反手是最为人熟知的基本掷盘方式。尽量将肘部远离身体后再掷盘。

（1）握盘

手在盘的边缘握成一拳，拇指放于盘的顶部，其他手指置于底部。调整拳头的角度，令食指关节对准目标方向。

（2）身体姿势

膝关节略微弯曲，两脚与肩同宽，双眼直视目标。右腿向前，迈向左方，绕转身体，肩部直对目标但双眼不离目标方向（身体略微转向后方）。

（3）手臂动作

肘部和手臂与上半身保持自由空间，平直地完成掷盘动作。

（4）出手

用手腕的甩动将盘旋转掷出手（旋转可令盘更加平稳）。如果盘容易翻转落地，则调整角度，将盘的外侧边缘放低（低于内侧边缘）。出手时不可转动手腕。

（5）技能

基本技能有薄饼接盘法和边缘接盘法。薄饼接盘法是指一手在上另一手在下去接盘，边缘接盘法是指拇指在下其他手指在上去接盘，其中薄饼接盘法更加安全。这两种方法都需要示范给学生，鼓励其用双手接盘，双眼紧盯飞盘。

（6）训练

1）两人一组掷接盘。短距离练习反手掷盘。传接成功一次则往后退一两步，失败一次则靠近一两步，盘可以掷得高一点，以练习跳跃接盘，分别计算不同接盘方式的失误次数（单手接盘法、薄饼接盘法和边缘接盘法），如图 9-18 所示。

2）车轮替换练习。所有人面朝内站成一圈，持盘者传盘给右手边的人，然后绕着圈子外围往左跑。其他人继续往右传盘，在跑动者回到自己的位置时将盘传回给他。接着，他右手边的人接住他的盘，再传盘，然后绕圈子外围跑。只用反手掷盘，但可以改动跑动方向和传盘路线，如图 9-19 所示。

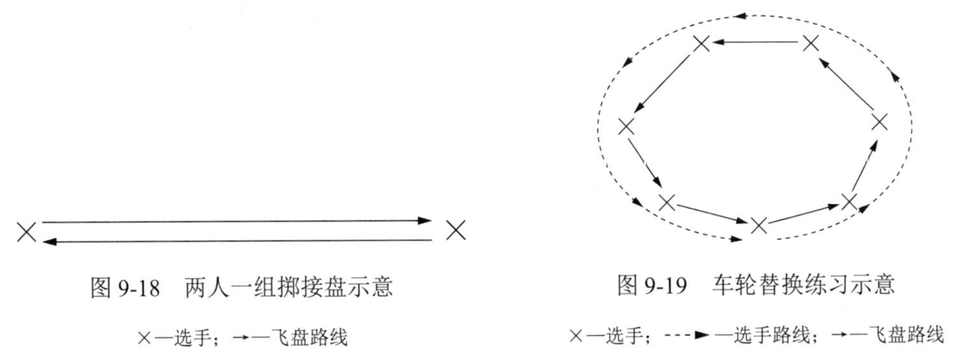

图 9-18　两人一组掷接盘示意

×—选手；→—飞盘路线

图 9-19　车轮替换练习示意

×—选手；---►—选手路线；→—飞盘路线

（7）游戏

1）不得靠近游戏。用 4 根标杆布置一块正方形区域。通过传盘给队友的方式，尽可能持久地保持持盘权。它与飞盘游戏相似，不允许持盘跑动，而且必须在计数到达 5 之前掷盘出手。只由一人去防盘。

2）简易版飞盘游戏。此游戏仅用 10 项简易规则，但必须强调的是，任何一方的掩护和身体接触都是不允许的。将掷盘者与防盘者之间的最小间距扩大为 1 米（通常是飞盘的直径）。一定要让学生明白，只允许一人去防守掷盘者——禁止双重防守；接盘后，必须尽快停下来——禁止持盘跑动。延迟计数到 10 秒，如果防盘者数到 10，则视为掷盘者失误，掷盘者要将盘放在脚下，然后比赛继续，无须中断。

### 2. 正手掷盘

学完正手掷盘，盘既可以掷向左侧也可以掷向右侧，就像打网球。通常，正手的掌握要比反手难。

（1）握盘

拇指在上，食指和中指置于盘缘内侧，中指指肚顶住盘缘。为增强盘的稳定性，食指可指向盘的中心。

（2）身体姿势

面向目标，两膝略微弯曲，两脚与肩同宽。右脚往右、稍微靠前跨出。将身体重心移向掷盘一侧的脚上。

（3）手臂动作

肘部和手臂与上半身保持自由空间，平直地完成掷盘动作（不可弯曲）。用肘部引导掷盘动作。

（4）出手

用明显的手腕甩动动作，增加盘的旋转，就像甩毛巾一样。旋转可以让盘在飞行过程中更加平稳。如果盘容易翻转落地，则调整角度，将盘的外侧边缘放低（低于内侧边缘）。出手时不可转动手腕。为达到好的掷盘效果，可让学生从低于腿部的位置出盘。并且要引导他们联想到那些注重手腕动作的壁球和羽毛球运动。

（5）训练

1）菱形训练。安排参与者相距 15 米面对面站立成两队列。其中一队的第一位学生向右 45° 方向跑，另一队的第一位学生掷盘。然后掷盘者进行下一轮跑位，同时接盘者继续往前跑入对面队列的末尾。可以额外增加两个角标，用来指示跑位和掷盘方向，如图 9-20 所示。

2）轴转与掷盘训练。这一训练方法涵盖了轴转与掷盘动作，要让学生习惯于正确地确立轴心脚。两人一组传接盘，让掷盘者掷盘时往不同的方向去轴转，正手和反手两侧各重复 10 次，如图 9-21 所示。

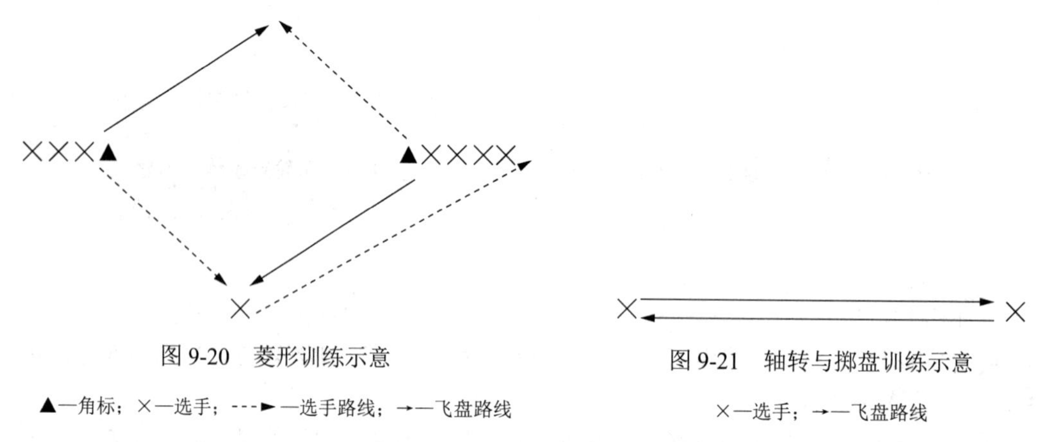

图 9-20　菱形训练示意

▲—角标；×—选手；- - -►—选手路线；→—飞盘路线

图 9-21　轴转与掷盘训练示意

×—选手；→—飞盘路线

（6）游戏

1）不得靠近游戏。用 4 根标杆布置一块正方形区域。通过传盘给队友的方式，尽可能持久地保持持盘权。它与飞盘游戏相似，不允许持盘跑动，而且必须在计数到达 10 之前掷盘出手。只由一人去防盘。计数上限也可以改为 5 或者 7，每人接住一次盘视为得 1 分。要强调不允许走步——掷盘者不可抬起轴心脚。

2）飞盘高尔夫。飞盘高尔夫正如高尔夫球运动，只是高尔夫球运动中的目标或者“洞”可以是手边的任何东西。每次掷盘必须从盘停止的位置开始，参与者的任务就是以最少的次数将盘掷进“洞”。学生两人一组，轮流掷盘（除非盘的个数足够每人一只）。可以增加一些新玩法，如要求盘在进“洞”之前必须绕过大树。在进“洞”之后，学生会去寻找下一个“洞口”。这时，可以鼓励学生发挥想象力，如“穿过树杈击中垃圾箱”，但不必太复杂。呼啦圈可当作“洞口”。

### （二）掷弧线盘技术

改变盘的角度，可以令盘以弧线轨迹飞行。抬高外侧边缘，盘会以外摆的弧线倾斜飞行；

放低外侧边缘，盘会以内摆的弧线倾斜飞行。这两种弧线盘在反手一侧要比正手一侧简单。应当鼓励学生先尝试反手，再练正手。

### 1. 飞盘的飞行轨道

1）外摆。一般用右手掷反手外摆弧线盘时，盘的轨迹是从左往右，且外侧边缘稍高。

2）内摆。一般用右手掷反手内摆弧线盘时，盘的轨迹是从右往左，且内侧边缘稍高。

3）正手。相对而言，正手的外摆要比内摆简单。难点在于，让学生掷出水平的盘。教会学生掷正手内摆后，他们就会开始掌握掷出水平轨迹的盘的方法。

### 2. 训练

1）盒子里的“小猪”训练。此训练重在练习掷出内侧向下倾斜的盘。将学生分为3组，掷盘者与接盘者站在相距10米的两支标杆处，“小猪”站在他们之间。掷盘者与接盘者传接飞盘，不让“小猪”断下飞盘。所有人都不可移动，掷盘者只能通过改变飞盘外侧边缘的角度掷出内摆或外摆，如图9-22所示。

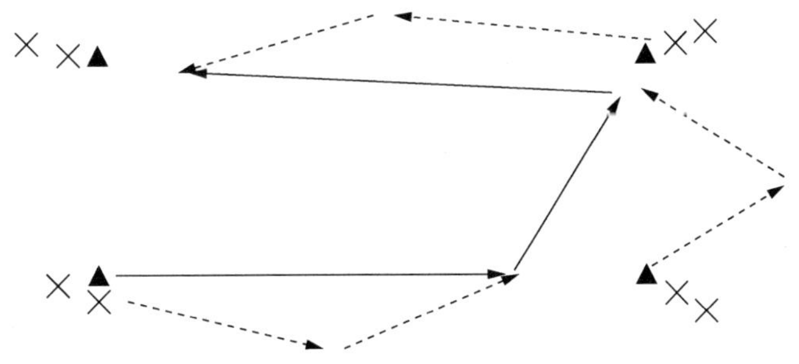

图9-22　盒子里的“小猪”训练示意

▲—角标；×—选手；---►—内摆或外摆路线；→飞盘路线

2）盒子训练。用10支标杆布置成边长10米的正方形场地。每支标杆后面站一组队列，4组队列人数相同，所有人面朝正方形中心点。飞盘在某一组队列第一位学生手中，这组队列的第二位学生往右方跑（假动作），远离飞盘后，再往左折回来接掷盘者传出的盘。这位学生接住盘后，传给下一组队列第一位以同样方式跑位的学生，依次类推。掷盘者掷出飞盘后，加入刚刚他在接盘时靠近的队伍。练习完几轮后，换一下方向。跑位者可以先远离掷盘者跑开，然后折回来朝正方形中心点跑。或者，跑位者先向正方形边外侧45°方向跑开，然后折回来朝正方形中点跑，如图9-23所示。

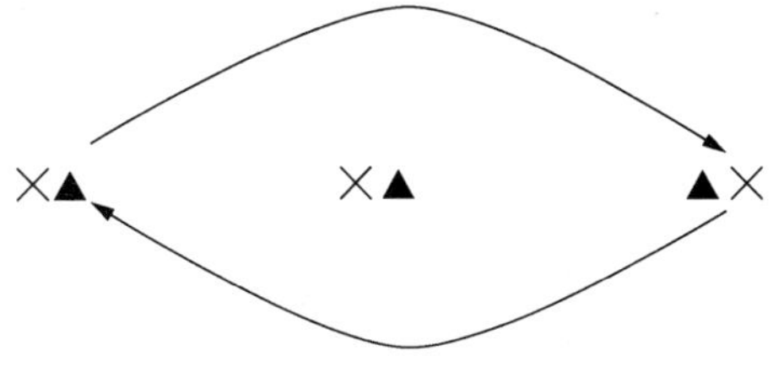

图9-23　盒子训练示意

×—选手；▲—角标；→—飞盘路线

### 3. 游戏

1）双飞盘游戏。游戏场地是相隔5米的两块正方形。每个正方形内各站两名学生，两队各持一只飞盘。两队同时发盘，目标是让盘落入对方场内。如果盘落到界外或滚到界外，接盘方得1分。如果判落入对方场地界内并且未滚到界外，掷盘方得1分。接盘方接住盘，可再掷给对方。如果接盘方接盘失误，掷盘方得1分。如果某一方两名学生同时触碰飞盘，算作一次“双飞盘”，另一方得 2 分。得分后，将两只盘放回两边场内，各组的另外一名学生发盘。每 5 分钟交换一次场地。最先得 11 分的一方获胜。场地的大小和间隔也可以进行调整（正方形边长可设置为 14 米，两场相隔 14 米）。

2）简易版飞盘游戏（参考反手掷盘相关内容）。如果发出的盘落到界外，接盘方可以从盘穿过的边线上的点开始进攻，也可以将盘带到场地中点开始进攻。如果发出的盘落入得分区，接盘方必须从盘的落地点开始进攻。

### （三）轴转、假动作、防盘和计数技术

#### 1. 轴转与假动作

掷盘者必须确立一只轴心脚。确立轴心脚可以帮助掷盘者扩大出盘空间和范围，突破防盘者的防守。在掷盘前和掷盘过程中，绝不可移动轴心脚，也就是禁止“走步”。轴心脚可以帮助掷盘者做好掷盘假动作——吸引防盘者移动身体，腾出掷盘空间。

#### 2. 防盘与计数

只允许一位防守者（即防盘者）站立在掷盘者的 3 米半径范围内。防盘者必须与掷盘者相隔一个飞盘直径以上的距离，以每隔 1 秒的速度对掷盘者计数。如果防盘者数到 10，则视为进攻方失误，掷盘者必须将盘放到脚下，攻防转换。

#### 3. 逼向

逼向是指防盘者的站位偏向一侧，逼迫掷盘者往另一侧掷盘，其他防守者可以优先防守掷盘者被逼传盘的场地，以更有效地看住自己盯的接盘者。通常，在防守进攻方的整个过程中，都是逼对方往同一侧出盘。逼向和队列是两种相辅相成的战术思想。防守方尽力逼迫进攻方往场地的某一侧出盘，而进攻方通过在场地中央站队列的方式为场地两侧创造出空间。

#### 4. 训练

（1）掷盘者与防盘者

3 人一组轮流练习掷盘与防盘。A 掷盘，B 防守 A，C 在距离 10 米远的地方接盘。B 一定要计数。传盘成功后，C 成为掷盘者，A 跑到另一边防守 C，B 成为接盘者。防盘者需要逼反手（逼迫掷盘者掷出反手盘）。可以颠倒一下角色转换的方式，让另外一人防守同一名掷盘者，如图 9-24 所示。

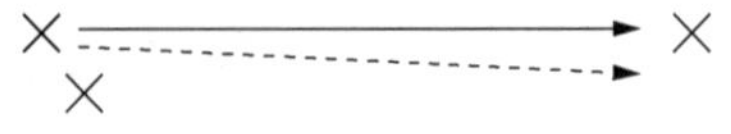

图 9-24　掷盘者与防盘者训练示意

×—选手；→—飞盘路线；---►—选手路线

（2）菱形训练

可以改变跑位的方向掷正手盘，使用不同的假动作和跑位方式。

（3）盒子游戏

在盒子游戏中，两队要进攻同一个得分区。整个场地为边长 20 米的正方形，得分区是场地中心边长 5 米的正方形区域。每队上场 5 人，每 1 分得分后可无限制地替换场上人员。在得分区内接住飞盘算作得 1 分。某一队获得盘权，必须在边长 20 米的正方形之外完成一次传盘后，才能进攻得分区。得分后，另一队获得盘权，他们必须把盘带到大正方形之外再进攻得分区。比分上限为 3 分或 5 分。可以缩小正方形的

大小和减少场上人数。

（4）飞盘游戏

一开始要逼反手（被逼正手的初学者传盘会有困难），遇到阻挡要自行示意。进攻者的跑位如果导致防守者追赶他时与某一人相撞，则形成阻挡。在这种危险的情况下，防守者可示意“阻挡”，比赛暂停，被阻挡的人重新去盯守自己的防守对象。发生阻挡后，掷盘者要将盘交给相应的防盘者，该防盘者应当开盘，示意防守方已做好准备——比赛继续。发生犯规和走步时，也要暂停比赛。

### （四）队列和跑位技术

#### 1. 队列

飞盘比赛中标准的进攻战术就是让接盘者顺着进攻方向站成一队，然后每人依次跑位去接掷盘者的传盘。这种方法可以在掷盘者的前方创造出空间，利于掷盘者跑位进来。一般会通过报数的方式确定跑位顺序。接盘者快要接住飞盘时，其他人（下一位跑位者）就应当提前行动，跑位去接第二次传盘，这称为“连传”。

#### 2. 跑位

跑位的目的是摆脱防守和跑进空位。它不仅要求突然改变跑动方向，还经常需要用假动作甩开防守者。

#### 3. 连传

顺着场地中央以标杆为排头站成 4 个队列。第 1 个（最左边）队列持盘，面朝另外 3 个站在远处的队列。第 2 个队列的排头往某一侧去跑位，然后接第 1 个队列传过来的盘。第 3 个队列的排头再往同一侧跑位，然后接第二次传盘（连传）。然后第 4 个队列再以同样方式跑位和接盘（图 9-25 未体现）。最后一名接盘者带着飞盘加入第 1 个队列中，而其他接盘者则加入下一个队列中，如图 9-25 所示。

#### 4. 训练

跑位与撤离。沿直线放置 3 支标杆，两支标杆相距 10～15 米。在两端的标杆后排两个队列，彼此面对面，两队的人数和飞盘数相等。某一队列排头跑向中间标杆，往右（或左）虚晃（假动作），再跑向左（或右）边去接另一队列排头的传盘。接住盘的跑位者将盘回传给另一队列的第二人，然后撤离，回到自己队列的末尾。这一训练需要强调充分和快速的假动作、跑位及撤离，撤离的速度同跑位，如图 9-26 所示。

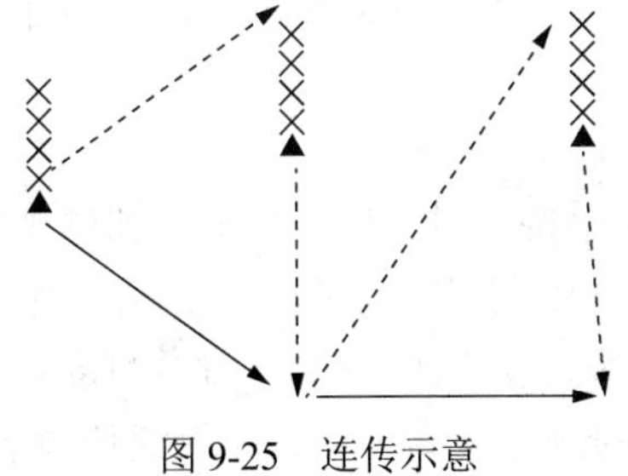

图 9-25　连传示意

▲—角标；×—选手；- - -►—选手路线；→—飞盘路线

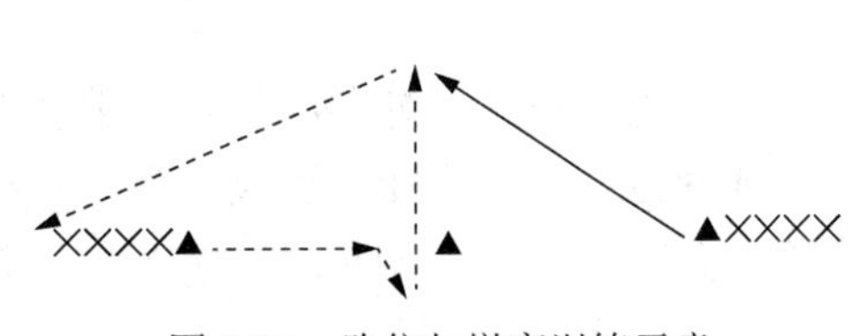

图 9-26　跑位与撤离训练示意

▲—角标；×—选手；- - -►—选手路线；→—飞盘路线

5. 游戏

（1）两个盒子游戏

这是一个小型快速的飞盘游戏。两个相距 20 米、边长 5 米的正方形区域是得分区。某一队持着飞盘从自己的正方形区域内出发去进攻对方的得分区。得分后，得分队伍要立刻进攻另一个得分区。其他规则与飞盘一样。游戏进行到 3 分或 5 分为止。允许无限制地替换场上人员。

规则：接盘后加速、改变方向或者比规定走了更多步，被视为走步。要确保学生避免走步。在飞盘游戏中没有惩罚规定，但一定要让学生明白防盘者不得触碰掷盘者，防守者不得触碰接盘者，尤其是在这种身体接触会导致失误的情况下，这一类的身体接触属于犯规。

（2）飞盘游戏

在进攻中，要注重队列战术的使用。要鼓励进攻方在对方发生失误后慢慢地走到飞盘落地点站好队列后再起盘。学生要报数，以便了解谁最先跑位。要求学生尽量逼反手。

（五）防守技术

防守的目的是阻碍接盘者接住飞盘。为此，防守者的站位要保持在接盘者和掷盘者的中间位置，通过紧跟跑位者的方式去保持这种站位状态。一定要记住，飞盘比赛不允许身体接触，所以用身体贴人是绝对禁止的。尽量守在对方被逼向的这一侧。

1. 应对跑位和防守的方法

作为跑位者，可以竭力跑动以拉开距离获得空位，也可以等防守者远离自己时才开始跑。作为防守者，可以靠近防守，也可以留一段缓冲距离，站位时更靠近掷盘者被逼出盘的一侧场地。

2. 训练

（1）环形训练

6 名学生站成半径 10 米的圆圈，两名学生在圆圈内做防守者。一位防守者去防掷盘者，另一位预测传盘路线并尝试断盘。掷盘者不可将盘传给左右相邻的两个人，接盘者不可跑动着去接盘。3 次失误发生后，从圆圈中选出两名新的防守者，而原来的两位防守者加入圆圈中。如果失误次数太多，可以放松规则允许传盘给相邻的接盘者或者增加每一轮允许的最高失误次数（允许 5 次失误）。圆圈中的人数增加时，对技能的要求会更高，这时防守者可以增加为 3 名，以练习区域防守，如图 9-27 所示。

（2）防守者训练

站成两支队列：一支队列由 4 名掷盘者组成，每人手持飞盘；另一队列面朝掷盘队列站立，由 4 对跑位者与防守者组成，两队列相距至少 20 米。依次练习跑位和防守。跑位者朝掷盘者方向跑位，尽力与防守者拉开距离以便接传盘。因为没有防盘者，所以跑位者更容易获得空位。接盘者接住飞盘后加入掷盘队列。掷完盘的掷盘者离开队列，跑进跑位者/防守者队列的末尾做防守者，防守者要重新回到原队列改做接盘者，如图 9-28 所示。

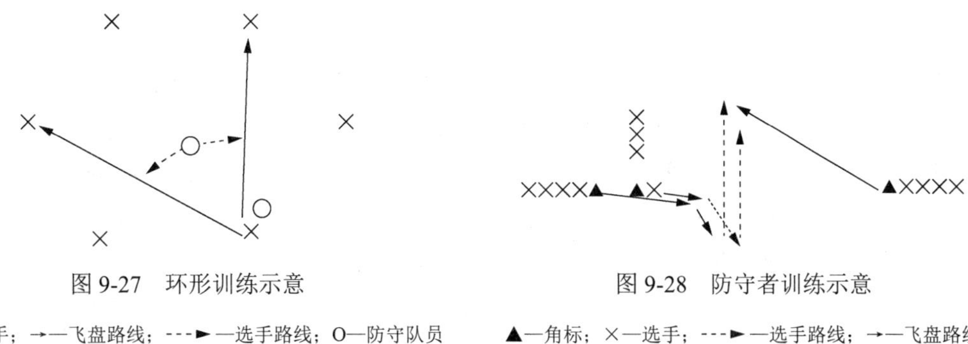

图 9-27　环形训练示意

×—选手；→—飞盘路线；---►—选手路线；O—防守队员

图 9-28　防守者训练示意

▲—角标；×—选手；---►—选手路线；→—飞盘路线

3. 游戏

（1）越野赛

用标杆或自然障碍物（如树）去标示一条路线，理想的地点是公园。用箭头符号标出路线的前行方向。每个学生手持飞盘从起始线出发，必须在路线附近跑动，同时让飞盘完全顺着路线前进。可以跑到自己想要跑的任何地方。掷盘成功后，必须从盘最后停止的位置后方开始下一次掷盘。如果掷盘失误，掷盘者必须回到盘失误的位置开始下一次掷盘。最先抵达终点线的学生为赢家。或者可以选出前 4 名或前 6 名，让他们进行决赛。另外，还可以根据参与者的水平制定这条路线的推进难度。

（2）飞盘游戏

强调做好防守的重要性——正如篮球比赛中一人紧贴一人组成防守阵线那样，牢固的防守可以将进攻方的推进围困在场地的某一侧。

规则：一开始，两队都站在得分线后方。防守方持有飞盘，选定好每个人的防守对象。进攻方必须保持好站立次序，不可彼此变换。防守方在做好准备后举盘示意，进攻方举手回应防守方的示意。然后由防守方发盘给进攻方。如果盘直接落入界外，进攻方可以有权选择示意“middle”——从盘越过场地边线时的交叉点所在场地的中点起盘，也可以直接从盘越过场地边线时的交叉点起盘。接盘者接住飞盘时，身体最先落地的部分——如在边线上，视为出界；如在得分线上，视为未得分（得分必须越过得分线落地于得分区内）。如接盘者示意防守者犯规并且防守者不否认该示意，则接盘者获得盘权，验盘后继续比赛。

## （六）防守战术

允许学生实行不同的防守战术。他们可能会喜欢更零散一些的人盯人防守，也可能会喜欢换防，甚至可能会喜欢打区域防守战术。值得强调的是，队伍中的每个人应当认可他们正在使用的防守方式。防守方可以毫不拘束地使用他们喜欢的战术，但只有在每个人都保持一致的前提下这种战术才会发挥应有的作用。在打每一分的过程中，交流也是极为重要的。

1. 交流

在某些方面，与队友的交流起着至关重要的作用。其中最重要的是——每一次盘被掷出时，防盘者应该大声喊“up”，让所有队友听到。在对手掷长传或高位盘时，尤其需要大声喊“up”，只有这样才能让注意力集中在防守对象的防守者有机会寻找和阻断飞盘。

2. 保持盘权

虽然初学者常常会失误，但有些队伍仍能够完成几次比较稳的传接盘，获得较好的场地站位。还有些队伍必须依赖向后回传飞盘或者从边线传盘的方式去保持盘权。无论怎样，最好让学生理解保持盘权的重要性。为此，需要指定一位接回传的人。这个接回传的人，必须是判断力较好的掷盘者，他需要守在后方做好随时接回传的准备，并且在持盘者没法往前场传盘的情况下帮助他摆脱困境。

3. 掷空位

在飞盘比赛中通常每个人都跑得很快。很多时候，与其直接将盘传到接盘者所在的位置，不如传盘到空位让接盘者跑到这个空位去接盘。

4. 训练

（1）三角训练

3 支队列彼此相距 20 米站成三角形，所有人面朝三角形中心。某一队列的第一位学生顺着三角形边向右方跑位（逆时针），接对角方向掷盘者的传盘。掷盘者要提前出盘，让接盘者跑动着去接盘。接盘者加入自己跑近的队列。接着，掷盘者以相似的方法往同样的方向跑位，去接第二次传盘，以此类推。

（2）回传训练

一组 4 人，两名学生负责进攻，另外两名负责防守。两名防守中必须有一人去防盘。延迟计数上限为 5 秒，在完全不强调往前推进的情况下，让两名进攻者完成传盘。唯一的目标就是保持盘权。

规则：传盘方向不受限制。盘落地、出界（并没有从空中返回）、被截住或阻断，都视为失误。如果有人示意“阻挡”，不算作失误。掷盘时被示意走步，并且盘落地，算作失误。只有在 1 分钟结束或者有人受伤时，才允许换人。

（七）小型比赛

将全班学生分成 4 队。划出两块场地，同时进行两场比赛，每队上场 4 人。两场比赛的胜者之间再进行一场比赛，输者之间再进行一场比赛。监督这几场比赛，有必要时提供指导和咨询。

1. 规则

两队各派一名代表去翻盘（各抛一只飞盘），其中一位喊出“相同”或“不同”。获胜者有权优先选择得分区或者攻防，输者选择剩下的一项。

2. 训练

两人一组传盘。每个队都需要用这种方法热身。

# 附录　二十四式简化太极拳

二十四式简化太极拳是按照由简到繁、由易到难的原则，对已在群众中流行的太极拳进行改编、整理而成的。它改变了过去那种先难后易的锻炼顺序，去掉了原有套路中过多的重复姿势动作，集中了原套路的主要结构和技术内容，便于掌握，易学易懂。这套拳共分 8 组，包括起势、收势等共 24 个姿势动作。

二十四式简化太极拳
阳小利老师示范视频

## 一、动作名称

（一）起势

此势包括：①两脚开立；②两臂前举；③屈膝按掌。

（二）左右野马分鬃

此势包括：①抱球收脚；②转身上步；③弓步分靠；④坐腿转身撇脚；⑤抱球收脚；⑥转身上步；⑦弓步分靠；⑧坐腿撇脚转身；⑨抱球收脚；⑩转身上步；⑪弓步分靠。

（三）白鹤亮翅

此势包括：①步抱手；②坐腿转腰；③虚步分手。

（四）左右搂膝拗步

此势包括：①右臂前摆；②摆臂收脚；③屈臂上步；④弓步搂推；⑤坐腿转身撇脚；⑥摆臂收脚；⑦屈臂上步；⑧弓步搂推；⑨坐腿转身撇脚；⑩摆臂收脚；⑪屈臂上步；⑫弓步搂推。

（五）手挥琵琶

此势包括：①跟步展臂；②坐腿引手；③虚步合手。

（六）左右倒卷肱

此势包括：①转体撤手翻掌；②退步卷肱；③后坐虚步推掌；④转体撤手翻掌；⑤退步卷肱；⑥后坐虚步推掌；⑦转体撤手翻掌；⑧退步卷肱；⑨后坐虚步推掌；⑩转体撤手翻掌；⑪退步卷肱；⑫后坐虚步推掌。

（七）左揽雀尾

此势包括：①转体撤手；②收脚抱手；③转体上步；④弓步前绷；⑤转体旋臂；⑥后坐下捋；⑦转身后捋；⑧转体搭手；⑨弓步前挤；⑩弓步平分掌；⑪后坐引手；⑫弓步前按。

（八）右揽雀尾

此势包括：①转身分手；②收脚抱手；③转体上步；④弓步前绷；⑤转体旋臂；⑥后坐下捋；⑦转身后捋；⑧转体搭手；⑨弓步前挤；⑩弓步平分掌；⑪后坐引手；⑫弓步前按。

（九）单鞭

此势包括：①坐腿转身扣脚云手；②云手、勾手、收脚；③转身上步；④弓步推掌。

（十）云手

此势包括：①坐腿转身勾手松开；②左云翻掌收步；③右云翻掌开步；④左云翻掌收步；⑤右云翻掌开步；⑥左云翻掌收步。

（十一）单鞭

此势包括：①右云勾手；②转身上步；③弓步推掌。

（十二）高探马

此势包括：①跟步翻掌；②坐腿屈臂；③虚步探掌。

（十三）右蹬脚

此势包括：①穿手收脚；②上步翻掌；③弓步分手；④提膝抱手；⑤分手蹬脚。

（十四）双峰贯耳

此势包括：①收脚并手；②落脚收拳；③弓步贯拳。

（十五）转身左蹬脚

此势包括：①坐腿转身分手；②提膝抱手；③分手蹬脚。

（十六）左下势独立

此势包括：①落脚转身摆手勾手；②屈膝开步；③仆步穿掌；④弓步挑手；⑤独立挑掌。

（十七）右下势独立

此势包括：①落脚转身摆手勾手；②屈膝开步；③仆步穿掌；④弓步挑手；⑤独立挑掌。

（十八）左右穿梭

此势包括：①落脚转身撇脚；②抱手收脚；③上步错手；④弓步架推掌；⑤转身撇脚；⑥抱手收脚；⑦上步错手；⑧弓步架推掌。

（十九）海底针

此势包括：①向前跟步；②坐腿抽手；③虚步下插掌。

（二十）闪通臂

此势包括：①起身提手收脚；②上步翻掌；③弓步推掌。

（二十一）转身搬拦捶

此势包括：①后坐转身扣脚握拳；②摆脚搬拳；③收脚摆手；④上步拦掌；⑤弓步打拳。

（二十二）如封似闭

此势包括：①插手翻掌；②坐腿收手；③弓步前按。

（二十三）十字手

此势包括：①坐腿转身分手；②回身两手下落扣右脚；③收右脚、两脚成开立步；④两手举抱。

（二十四）收势

此势包括：①翻掌分手；②垂臂落手；③并步还原。

## 二、文字说明与图解

预备动作：身体自然直立，两脚尖向前成并立步，双掌心向内，轻贴两腿外侧，眼向前平视。动作要领：头颈正直，下颌微收，手指微曲，立身中正，精神集中。易犯错误：上体不正，双肩纵起，挺胸突臀，双腋紧夹。

（一）起势

起势动作如附图 1 所示。

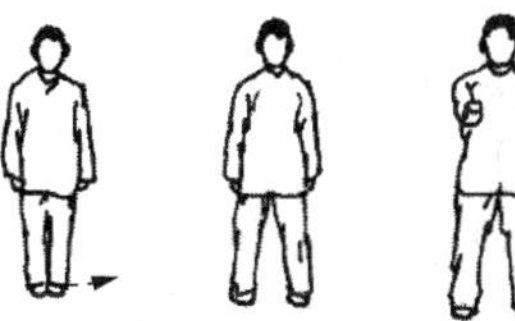

附图 1　起势动作

动作 1：身体重心移至右腿，左脚向左迈步开立，与肩同宽，双脚尖向前，两臂自然下垂，两手放在大腿外侧，眼向前平视。动作要领：左脚迈出时前脚掌先踏地，随重心移动至两腿中间，再过渡到全脚掌着地踏实，轻起缓落。易犯错误：重心不稳，左脚向左全脚掌快速跌落。

动作 2：两臂由体侧向前慢慢平举至两手与肩同高，两臂与肩同宽，掌指向前，掌心向下。动作要领：身体中正，两肩松沉，双肘微下垂，掌指自然舒展。易犯错误：耸肩，挺肘，上体前俯。

动作 3：上体保持正直，两腿缓慢屈膝下蹲，同时两掌轻轻下按至腹前，两肘下垂与两膝相对，目平视前方。动作要领：双腿屈蹲幅度适当，呈半蹲状，屈膝蹲腰，臀部不可突出，掌指微上翘，重心落于两腿之间，按掌落臀和身体下蹲的动作要协调一致。易犯错误：耸肩夹肘，凸臀弓背，屈蹲幅度过大，双掌下按超过腰腹，动作不协调。

（二）左右野马分鬃

左右野马分鬃动作如附图 2 所示。

附图 2　左右野马分鬃动作

动作 1（左野马分鬃）：身体微右转，身体重心移至右腿，同时右臂收在胸前平屈，手心向下，左手经体前向右下画弧放在右手下，手心向上，两手心相对呈抱球状，左腿随即收到右脚内侧，脚尖点地，眼看右手。动作要领：身体保持正直，沉肩垂肘，双肩撑圆；右掌与肩同高，右肘低于右掌。易犯错误：上体前俯，突臀；双肩耸起，左肩夹腋。

动作 2：上体微左转，左脚向左前方迈出，右腿自然蹬直，成左弓步；同时上体继续左传，左右手随转体慢慢分别向左上、右下分开，左手高于眼平（手心斜向上），肘微屈；右手落在右胯旁，肘微屈，手心向下，指尖向前，眼看左手。动作要领：成弓时左膝与左脚尖在同一方向，膝盖不超过脚尖，双脚不可在同一直线上，沉肩垂肘，双肩保持弧形，转体、弓步、分手等动作应协调一致。易犯错误：上体前俯，歪髋。

动作 3（右野马分鬃）：上体慢慢后坐，身体重心移至右腿，左脚尖翘起，微向外撇（为45～60°），随后脚掌慢慢踏实，左腿慢慢前弓，身体左转，身体重心再移至左腿，同时左手翻转向下，两手心相对呈抱球状，右脚随即收到左脚内侧，脚尖点地，眼看左手。动作要领：左脚尖翘起角度应小于 60°，身体保持中正，沉肩垂肘，双臂撑圆。易犯错误：身体姿势起伏不定，上体前俯或后仰，突臀耸肩。

动作 4：右腿向右前方迈出，左腿自然伸直，成右弓步，同时上体右转，左右手随转体慢慢分别向左下、右上分开，右手高于眼平，手心斜向上，肘微屈；左手落在左胯旁，肘微屈，手心向下，指尖向前，眼看右手。动作要领：同左野马分鬃动作 2 解。易犯错误：同左野马分鬃动作 2 解。

动作 5（左野马分鬃）：同动作 3 解，方向相反。

动作 6：同动作 4 解，方向相反。动作要领：胸部宽松舒展，身体转动时以腰为轴，做弓步时，迈出的脚应脚跟先着地，然后脚掌慢慢踏实；后脚尖内扣约 45°（需要时后脚跟可随蹬腿调整）。野马分鬃式的弓步，前后脚的脚跟要分在中轴线两侧，其横向距离应保持在

10～30 厘米（以动作行进的中线为纵轴，以其两侧的垂直距离为横轴）。易犯错误：同动作 2 解。

### （三）白鹤亮翅

白鹤亮翅动作如附图 3 所示。

动作 1：上体微向左转，左手反掌向下，左臂平屈于胸前，右手向左上画弧，手心向上，与左手呈抱球状；眼看左手。动作要领：上体保持中正，转体与左右手呈抱球姿势应协调进行。易犯错误：上体前俯或歪斜。

附图 3　白鹤亮翅动作

动作 2：重心移至左腿，右脚跟进半步，随即上体后坐，重心移至右腿，上体先向右转，然后左脚稍向前移，脚尖点地，成左虚步，同时上体再向左转，面向前方。两手随转身慢慢向右上、左下分开，右手上提停于右额前，手心向左后方；左手落于左胯前，手心向下，指尖向前，眼平看前方。动作要领：右脚向前跟进时，身体姿势应保持平稳，身体后坐时速度均缓，不可俯身。完成姿势胸部不要挺出，两臂上下都要保持半圆形，左膝微屈。重心移动、右手上提、左手下按和虚步动作要协调一致。易犯错误：上体歪斜，跟步距离过大；重心移动速度过快；上体前俯或后仰。

### （四）左右搂膝拗步

左右搂膝拗步动作如附图 4 所示。

附图 4　左右搂膝拗步动作

动作 1（左搂膝拗步）：上体先微左转，右手从体前下落，上体再向右转，右手经体中线向下向后上方画弧至右肩外侧，肘微屈，手与耳同高，手心斜向上，左手由左下向上，向右方画弧至右胸前，手心斜向下；左脚收至右脚内侧，脚尖点地，眼看右手。动作要领：右掌向左下落不超过身体中线，保持上体中正，双肩沉松。易犯错误：体前俯、侧倒或转体幅度过大。

动作 2（左搂膝拗步）：上体左转，左脚向前（偏左）迈出成左弓步；同时右手屈回由耳侧向前推出，高与鼻尖平，左手向下由左膝前搂过落于左胯旁，指尖向前，眼看右手指。

动作要领：右手屈收于左耳侧时，虎口对耳；向前推出时，身体不可前俯，要松腰胯。推掌时沉肩垂肘，坐腕舒掌，同时与松腰弓腿协调一致。搂膝拗步成弓步时，两脚跟的横向距离保持约 30 厘米。易犯错误：体前俯；突臀，身体重心起伏或动作不连贯。

动作 3（右搂膝拗步）：右腿慢慢屈膝，上体后坐，身体重心移至右腿，左脚尖翘起微向外撇，随后脚掌慢慢踏实，左腿前弓，身体左转，身体重心移至左腿，右脚收到左脚内侧，脚尖点地，同时左手向外翻掌，由左向上画弧至左肩外侧，肘微屈，手与耳同高，手心斜向；右手随转体向上，向左下画弧落于左胸前，手心斜向下，眼看左手。动作要领：重心移至右腿时，上体保持中正，收腹敛臀。身体左转，重心移至左腿，右脚收至左脚内侧和两掌与转动动作应同时进行，并保持连贯协调。易犯错误：同左搂膝拗步动作 1 解。

动作 4（右搂膝拗步）：同动作 2 解，方向相反。

动作 5（左搂膝拗步）：同动作 3 解，方向相反。

动作 6：同动作 2 解。

### （五）手挥琵琶

手挥琵琶动作如附图 5 所示。重心移至左腿，右脚跟进半步，上体后坐，重心移至右腿，上体向右转，左脚略提起稍向前移，变成左虚步，脚跟着地，脚尖翘起，膝部微屈，同时左手由左下向上挑起，高于鼻尖平，掌心向右，臂微屈，右手收回在左臂肘部内侧，掌心向左；眼看左手食指。动作要领：身体平稳自然，沉肩垂肘，胸部放松。左手上起时不得直向上挑，要由左向上向前，微带弧形。右脚跟进时，脚掌先落地，再全脚踏实。身体重心后移和左手上起、右手回收要协调一致。易犯错误：跟步距离过大，上体前俯或后仰，突臀，双臂夹紧身体。

附图 5 手挥琵琶动作

### （六）左右倒卷肱

左右倒卷肱动作如附图 6 所示。

附图 6 左右倒卷肱动作

动作 1（右倒卷肱）：上体右转，右手反掌手心向上经腹前由下向后上方画弧平举，臂微屈，左手随即反掌向上，眼随着身体向右转，先向右看右手，再转向前方看左手。动作要领：身体保持中正，右手后撤时不可直接向后抽，应转体走弧线，身体转动与双掌动作同时完成。易犯错误：两臂平展，肘挺直，外胯耸肩。

动作2：右臂屈肘向前，右手由耳侧向前推出，手心向前，左臂屈肘后撤，左手翻转手心向上，撤至左肋外侧；同时左腿轻轻提起向后（偏左）退一步，脚掌先着地，然后全脚慢慢踏实，身体重心移至左腿，成右虚步，右脚随转体以脚掌为轴扭正；眼看右手。动作要领：左腿提起时要缓慢轻柔；重心稳固，右手向前推时要转腰松胯。与左手后撤速度一致，避免僵硬，左脚后退略向左后斜，两脚不可落在一条直线上。易犯错误：左脚上提过高，重心不稳，脚后撤落地时身体前俯。

动作 3（左倒卷肱）：上体微向左转，同时左手随转体向后上方画弧平举，手心向上，右手随即翻至掌心向上，眼随转体先向左看，再转向前方看右手方向。动作要领：同右倒卷肱动作1解，方向相反。易犯错误：同右倒卷肱动作1解。

动作4（左倒卷肱）：同动作2解，但方向相反。

动作5（右倒卷肱）：同动作3解，但方向相反。

动作6（右倒卷肱）：同动作2解。

动作7（左倒卷肱）：同动作3解。

动作8（左倒卷肱）：同动作2解，但方向相反。

注：动作8退右脚时，脚尖外撇角度略大，便于接做右揽雀尾动作。

### （七）左揽雀尾

左揽雀尾动作如附图7所示。

附图7　左揽雀尾动作

动作 1（左掤式）：上体微右转，同时右手随转体向右后上方画弧至平举，掌心向上，左手掌心转向下；眼看左手。动作要领：上体正直，转体幅度要小。易犯错误：双臂肘部挺直。

动作2：身体继续右转，左手自然下落，逐渐翻掌经俯前画弧至右肋前，手心向上；右臂屈肘，手心转向下，收于右胸前，两手相对呈抱球状，同时身体重心落于右腿，左脚收至右脚内侧，脚尖点地；眼看右手。动作要领：双臂呈弧形相抱与左脚内收同时完成。易犯错误：身体前俯，歪髋。

动作 3（左掤式）：上体微左转，左脚向左前方迈出，上体继续左转，右腿自然蹬直，左腿屈膝，成左弓步，同时左臂向左前方掤出（即左臂平屈呈弓形，用前臂外侧和手背向前上方推出），高于肩平，手心向后；右手向右下落放于右胯旁，手心向下，指尖向前，眼看左前臂。动作要领；左脚迈出时，左膝微屈，转体、弓步、掤臂分手动作应协调，一气呵成。揽雀尾成弓步时，两脚跟横向距离不超过 10 厘米。易犯错误：身体前俯，突臀；右手下落时右臂过于向后伸直，未落于右胯旁。

动作 4（左捋式）：身体为左转，左手随即前伸翻掌向下，腕与肩平；右手翻掌向上，经腹前向上、向前伸至左前臂下方内侧；然后上体右转，两手经腹前向右后上方画弧，直至右手手心向上，高与耳平，左臂平屈于右胸前，掌心向内；同时身体重心移至右腿；眼看右手。动作要领：上体保持正直，两臂下捋须随腰旋转，仍走弧线。重心移右腿后坐时敛臀。左脚全掌着地。易犯错误：身体后仰，转体角度过大，重心不稳，后坐突臀。

动作 5（左挤式）：上体微向左转，右臂屈肘折回，右手附于左手腕里侧，上体继续左转，双手同时向前慢慢挤出，左手心向后，右手心向前，左前臂保持半圆；同时身体重心前移逐渐变成左弓步；眼看左手腕部。动作要领：向前挤时，上体正直，双手与肩同高；转体、搭手、弓步、前挤动作自然连贯、协调。易犯错误：上体前俯，两臂挺直。

动作 6（左按式）：左手翻掌，手心向下，右手经左腕上方向前向右伸出，高与左手齐，手心向下，两手左右分开，宽与肩同；然后右腿屈膝，上体后坐，重心移至右腿，左脚尖翘起；同时两手屈肘回收至腹前，手心均向前下方；目平视前方。动作要领：上体后坐，重心移右腿的动作要缓慢。易犯错误：重心后移不到位，两臂屈肘回收时两肘外扬或双腋夹紧。

动作 7（左按式）：上式不停，身体重心慢慢前移，同时两手向前向上按出，掌心向前，指尖向上；左腿前弓成左弓步，目视前方。动作要领：两手前按时应向前上弧形按出，至手腕部高与肩平，肘微屈。易犯错误：两肘臂挺直，上体前俯。

### （八）右揽雀尾

右揽雀尾动作如附图 8 所示。

附图 8　右揽雀尾动作

动作 1（右掤式）：上体后坐并向右转，重心移至右腿，左脚尖内扣；右手向右平行画弧至右侧；然后向右下经腹前向左上画弧至左肋前，手心向上；左臂平屈左胸前，左手掌心向下与右手呈抱球状；同时身体重心再移至左腿，右脚收至左脚内侧，脚尖点地；眼看左手。动作要领：左脚尖内扣幅度要尽量大，上体保持正直。易犯错误：左脚尖随身体右转时内扣或内扣幅度过小。

动作 2（右掤式）：同左揽雀尾动作 3 解（左掤式），方向相反。

动作 3（右捋式）：同左揽雀尾动作 4 解（左捋式），方向相反。

动作 4（右挤式）：同左揽雀尾动作 5 解（左挤式），方向相反。

动作 5（右按式）：同左揽雀尾动作 6 解（左按式），方向相反。

动作 6（右按式）：同左揽雀尾动作 7 解（左按式），方向相反。

注：右揽雀尾动作 2～6 的动作要领和易犯错误均与左揽雀尾要求相同，但方向相反。

### （九）单鞭

单鞭动作如附图 9 所示。

附图 9　单鞭动作

动作 1：上体后坐左转，重心逐渐移至左腿，右脚尖内扣；同时两手（左高右低）向左弧形运转，直至右臂平举，伸于身体左侧，手心向左，右手经腹前运动至肋前，手心向后上方，眼看左手。动作要领：上体正直，松肩垂肘，两臂撑圆。易犯错误：上体前俯，两臂画弧运转时肘挺直。

动作 2：身体重心逐渐移至右腿，身体右转，左脚向右脚靠拢，脚尖点地，同时右手向右上方画弧，手心由里向外翻，至右侧时变勾手，臂与肩平并微屈，左手向下经腹前向右上画弧停于右肩前，手心向里，眼看左手。动作要领：右勾手方向不超过右前方 45°，勾尖朝下。易犯错误：耸肩，突臀，转体幅度过大。

动作 3：上体微左转，左脚向左前方迈出，脚跟先着地，右腿后蹬，身体重心移向左腿，成左弓步，同时左掌随上体左转慢慢翻转向前推出。手心向前，手指与眼齐平，指尖向上，臂微屈，眼看左手。动作要领：完成式时，右臂肘部稍下垂，左肘与左膝上下相对，两肩下沉。左手向外翻掌前推时，要随转体边翻边推出。弓步、推掌、重心左移要协调一致。易犯错误：弓步双腿落在同一直线上，重心不稳，推掌时翻掌太快或动作到位时突然翻掌；弓步时体前俯，突臀。

### （十）云手

云手动作如附图 10 所示。

附图 10　云手动作

动作 1：身体右转，左脚尖内扣，身体重心移至右腿；左手向下经腹前向右上画弧至右肩前，手心斜向后，同时右手变掌，手心向右前；眼看左手。动作要领：上体保持中正，松肩垂肘；两臂呈弧形，肘微屈。易犯错误：身体右转超过右体前 45° 方向。

动作 2：身体慢慢左转，重心逐渐左移至左腿，左手经面前向左侧运转，手心渐向左方；右手下落经腹前向左上画弧至左肩前，手心斜向后，同时右脚抬起靠近左脚下落，成小开立步，两脚尖向前（两脚间距为 10～20 厘米）；眼看左手。动作要领：右脚靠左脚时应脚跟先提，脚尖后离地，下落时前脚掌先落地，后全脚掌踏实。易犯错误：体前俯，突臀。成开立步时两脚尖未向前，间距过大或过小。

动作 3：上体再向右转，同时左手经腹前向左上画弧至右肩前，手心斜向后；右手向右侧运转，手心翻转向右；随之左脚向左横跨一步；眼看左手。

动作 4：同动作 2 解。

动作 5：同动作 3 解。

动作 6：同动作 2 解。

注：云手动作是重复性动作，因此左右动作相同，动作要领和易犯错误也相同。注意身体转动要以腰脊为轴，松腰松胯，不可忽高忽低，应保持平稳。两臂随腰的转动向左右画立圆，速度应缓慢均匀。下肢移动时，两脚交替支撑重心，保持稳定。双臂保持弧形，松肩，两腋不可夹紧身体。眼的视线随左右手移动。第 3 个“云手”右脚最后跟步时，脚尖微内扣，便于接单鞭动作。

（十一）单鞭

单鞭动作如附图 11 所示。

附图 11　单鞭动作

动作 1：上体右转，右手向上经面前向右画弧至右侧方时，掌变勾手；左手向下经腹前向右上画弧至右肩前，手心向内；身体重心落于右腿；左脚尖点地；眼看右手。动作要领：上体正直，松腰胯；右勾手在右体前约 45°，勾尖朝下。易犯错误：耸肩，右臂挺直。

动作 2：上体微左转，左脚向左前方迈出，右腿后蹬，成左弓步；在身体重心移向左腿时，上体继续左转，左掌逐渐慢慢翻掌转向前推出，成单鞭式。动作要领和易犯错误与（九）单鞭动作 3 相同。

（十二）高探马

高探马动作如附图 12 所示。

动作 1：重心前移至左腿，右脚跟进半步，重心逐渐后移至右腿；右勾手变成掌，两手掌心翻转向上，两肘微屈，同时身体微向右转，左脚跟渐渐离地；眼看左前方。动作要领：右脚跟进后应全脚掌落地踏实，双肩松沉。易犯错误：右脚跟步距离过大，重心移动速度过快。

附图 12　高探马动作

动作 2：身体向左转，面向前方；右掌经右耳侧向前推出，手心向前，手指与眼同高；左手收至侧腰前，手心向上；同时左脚微向前移，脚尖点地，成左虚步；眼看右手。动作要领：上体保持自然正直，双肩松沉，肘微内收。易犯错误：上体前俯，耸肩，扬肘，姿势有起伏。

（十三）右蹬脚

右蹬脚动作如附图 13 所示。

附图 13　右蹬脚动作

动作 1：左手前伸至右手腕背面，手心向上，两手交叉，随即向两侧分开并向下画弧，手心斜向下；同时左脚提起向左前方进步，脚尖略外撇；身体重心前移，右腿自然蹬直，成左弓步；目视前方。动作要领：左手前伸时双肩松沉，双肘下垂，双臂撑圆；左脚迈出角度约在左前 45° 方向。易犯错误：上体歪斜，耸肩抬肘；分手时两臂挺直；迈步时仰身或成弓步时上体前俯、突臀。

动作 2：两手由外向里画弧，两手交叉抱于胸前，右手在外，手心均匀向后；同时右脚向左脚靠拢点地；眼平看右前方。动作要领：身体保持正直，松腰松胯；两手抱于胸前时，肩放松，两臂呈弧形，肘关节微屈。易犯错误：重心不稳，上体歪斜，两手合抱时上体前俯。

动作 3：两臂左右画弧分开平举，肘微屈，两手掌逐渐外翻至掌心向外；同时右腿屈膝提起，右脚向右前方慢慢蹬出，眼看右手。动作要领：身体保持稳定，两手分开时，腕部与肩平。右脚蹬出时，左腿微屈，右脚尖回勾，力达脚跟。右臂和右腿上下相对，方向一致。如面向南起势，蹬脚方向应为正东偏南约 30°。易犯错误：右腿提膝时，右脚勾脚尖；成蹬脚时，两臂与右腿呈“十”字形，上体后仰、歪斜。

（十四）双峰贯耳

双峰贯耳动作如附图 14 所示。

附图 14　双峰贯耳动作

动作 1：身体右转，右腿屈膝回收成提膝，脚尖自然下垂；左手随转体由后向上向前下落至体前，两手心同时翻转向上；随后两手同时向下画弧分落于右膝两侧；目视前方。动作要领：左腿保持重心稳固，上体保持正直，上体右转应以髋为轴。易犯错误：转体幅度过小。

动作 2：左腿微屈下蹲，右脚向右前落下，脚跟先着地，重心逐渐前移，成右弓步，面向右前方；同时两手下落，两掌渐渐变拳，分别从两侧向上、向前画弧至面部前方，呈钳形，两拳相对，高与耳齐，拳眼斜向内下，两拳间距 10～20 厘米。动作要领：右脚前落左腿屈膝下蹲时速度要均缓；落步和双手下落要协调完成；完成式时，头颈正直，松腰松胯，两拳松握，沉肩垂肘，两臂保持弧形。弓步和身体方向与右蹬脚方向相同。易犯错误：右脚前落速度太快；成双峰贯耳式时两臂伸直，高举过头，上体前俯。

（十五）转身左蹬脚

转身左蹬脚动作如附图 15 所示。

附图 15　转身左蹬脚动作

动作 1：左腿屈膝后坐，身体重心移至左腿，上体左转，右脚尖里扣；同时两拳变掌，由上向左右画弧分开平举，手心向前；眼看左手。动作要领：右脚尖里扣幅度要大，上体正直，双肩放松，肘下垂，双臂呈弧形。易犯错误：身体前俯或后仰、突臀。

动作 2：身体重心再移至右腿，右脚收至右脚内侧，脚尖点地；同时两手由外向下、向内、向上画弧合抱于胸前，左手在外，两手心向后；两眼平视左方。动作要领：重心右移时保持身体正直，姿势平稳。易犯错误：双手向内上合抱经腹前时，上体前俯。

动作3：两臂左右画弧分开平举，肘微屈，两手心逐渐翻转向外；同时左腿屈膝提起，左脚向左前方慢慢蹬出；眼看左手。动作要领和易犯错误与右蹬脚相同，方向相反。左蹬脚方向与右蹬脚呈180°，即正西偏北约30°。

（十六）左下势独立

左下势独立动作如附图16所示。

附图16　左下势独立动作

动作1：左腿收回屈，脚尖自然下垂，上体右转；同时右掌变勾手，勾尖朝下；左掌向上、向右画弧下落，立于右肩前，掌心斜向后，指尖向上；眼看右手。动作要领：右腿保持重心稳固，身体正直；左腿收回平屈与左掌回落于右肩前应协调一致。易犯错误：身体后仰、歪斜。

动作2：右腿慢慢屈膝下蹲，重心在右腿；左腿由内向左侧伸出，成左仆步；左手下落（掌指向前，掌心向外），向左下顺左腿内侧向前穿出；眼看左手。动作要领：右腿全蹲时，上体不可过于前倾。仆步左腿伸直，左脚尖须向里扣，两脚全脚掌着地。左脚尖与右脚跟踏在中轴线上。易犯错误：上体前倾，突臀。

动作3：身体重心前移，左脚以脚跟为轴，脚尖外撇，左腿前弓，右腿后蹬，右脚尖内扣，上体微左转并向前起身；同时左臂继续向前伸出（立掌挑起），掌心向右，腕与肩平；右勾手下落于体后，勾尖逐渐翻转向上；眼看左手。动作要领：仆步左脚尖先随重心前移外撇，后右脚尖内扣；上体向前起身时应保持正直。易犯错误：起身时突臀、歪胯。

动作4：右腿慢慢提起平屈，脚尖自然下垂，成左独立式；同时右勾手变掌，并由后下方顺右腿外侧向前弧形摆出，屈臂挑掌立于右腿上方，手与眼平，肘与膝相对，手心向左；左手翻转掌心向下，按落于左胯旁，指尖向前；眼看右手。动作要领：上体正直，左支撑腿微屈；松肩，双肘微屈。易犯错误：身体前俯或后仰。

（十七）右下势独立

右下势独立动作如附图17所示。

附图17　右下势独立动作

动作1：右脚落于左脚前，脚掌着地，然后左脚以前脚掌为轴，脚跟内旋，右脚以前脚掌为轴，脚跟外旋；身体随之左转，同时左手向后上平举变勾手，右掌随着转体向左侧画弧，立与左肩前，掌心斜向后；眼看左手。动作要领：右脚下落在距左脚一脚远处，上体正直，重心稳固；双臂保持弧形；转体与双手动作要协调一致。易犯错误：右脚落地时左支撑腿伸直。

动作 2：同左下势独立动作 2 解，方向相反。

动作 3：同左下势独立动作 3 解，方向相反。

动作 4：同左下势独立动作 4 解，方向相反。动作要领：右脚尖触地后必须稍微提起，然后向下仆步。其他与左下势独立相同，方向相反。易犯错误：同左下势独立动作 4 解，方向相反。

### （十八）左右穿梭

左右穿梭动作如附图 18 所示。

附图 18　左右穿梭动作

动作 1：身体微向左转，左脚向前落地，脚尖外撇，重心前移，右脚跟离地抬起，两腿屈膝成半坐盘式；同时两手在左胸前呈抱球状（左上右下）；然后右脚收至左脚内侧，脚尖点地；眼看左前臂。动作要领：向左转体时，身体角度应在 45°；左脚前落时，重心应先在右腿，屈膝下蹲后逐渐前移，左掌与肩平，左肘微低于左掌，右臂虚腋。易犯错误：左脚迈出时重心前移过快。

动作 2：身体右转，右脚向右前方迈出，屈膝弓腿，成右弓步；同时右手由脸前向上举并反掌停在右额前，手心斜向上；左手先向左下回收至左肋前，再经体前向前上推出，高于鼻尖平，手心向前，指尖向上；眼看左手。动作要领：左脚迈出方向应在右前 30° 左右，手推出后，上体不可前俯。收向上举时，防止引肩上耸。右手上举、右手前推要与弓步动作上下协调一致。弓步时两脚跟间横向距离应保持在 30 厘米左右。易犯错误：右脚向右前迈出角度过大。

动作 3：身体略右转，右脚尖稍向外撇，随即身体重心再移至右腿，左脚跟进，停于右腿内侧，脚尖点地；同时两手在右胸前呈抱球状（右上左下）；眼看右臂。动作要领：上体正直，沉肩垂肘；右掌与肩平，右肘低于右掌；左臂虚腋。易犯错误：身体重心不稳。

动作 4：同动作 2 解，方向相反。动作要领和易犯错误同动作 2 解，方向相反。

### （十九）海底针

海底针动作如附图 19 所示。

附图 19　海底针动作

动作：身体重心前移至左腿，右脚提起向前跟半步，重心再后移至右腿，左脚稍向前移，脚尖点地，成左虚步；同时身体稍向右转，右手下落经体前向后、向上提抽至右肩上耳旁，再随身体左转，由右耳旁斜向前下方插出，掌心向左，指尖斜向前下；同时右手向前、向下画弧落于左胯旁，掌心向下，指尖向前，眼看前下方。动作要领：重心移动时上体保持正直，身体要先向右转，再向左转。右脚跟步应稍偏左，脚跟向内，脚尖外撇 45°，成虚步时，两脚不可在同一直线上；身体正面向前，上体不可太向前倾，避免低头和臀部外突，左腿微屈。易犯错误：右掌上提过高，上体过于前倾，重心不稳。

（二十）闪通臂

闪通臂动作如附图 20 所示。

附图 20　闪通臂动作

动作：重心移至右腿，同时上体稍向右转，左脚提起向前迈出，重心前移屈膝弓腿成左弓步；同时右手由体前上提，曲臂上举至右额前上方，掌心翻转斜向上，拇指朝前下；左手抬起经胸前向前推出，高于鼻尖平，掌心向前，指尖向上，眼看左手。动作要领：左脚提起时保持平稳，双腿不可挺直；完成姿势上体自然正直，松腰、松胯，左臂前推不可挺直，右手向上应做屈臂撑举，不可挺肘。推掌、举掌和弓腿动作要协调一致。弓步时两脚跟横向距离约 10 厘米。易犯错误：身体重心上升，起伏明显；完成姿势双臂伸直，上体前倾。

（二十一）转身搬拦捶

转身搬拦捶动作如附图 21 所示。

附图 21　转身搬拦捶动作

动作 1：上体后坐，重心移至右腿，左脚尖内扣，身体向右转，然后身体重心移至左腿上；与此同时，右手随转体向右向下（变拳）经腹前画弧至左肋旁，拳心向下；左掌上举于额前方，掌心朝外斜向上，掌指向右；眼看前方。动作要领：上体保持正直，敛臀正胯，左脚尖内扣幅度要大。肩放松，两臂撑圆。易犯错误：扣脚幅度过小，转体时突臀。

动作 2：身体向右转，重心移至左腿，右拳经胸前向前翻转撇出，拳心向上；左手落于左胯旁，掌心向下，指尖向前；同时右脚收回后即向前迈出，脚尖外撇，眼看右拳。动作要领：右脚回收不要停顿或脚尖点地即可向前迈出，脚跟先着地。双臂弯曲，沉肩松肘。易犯错误：右拳撇出后肘部挺直或右脚未经收回直接向前迈出。

动作 3：身体继续右转，重心移至右腿，左脚向前迈一步；左手上起经左侧向前上画弧拦出至身体中线，掌与肩平，掌心侧向前下方；同时右拳向右画弧收于右腰旁，拳心向上，眼看左手。动作要领：左腿迈出时，左膝微屈；身体中正，不可突臀；双臂弧形运动，松肩垂肘；右拳回收时，前臂应先慢内旋画弧再外旋停于右腰旁，拳不可握太紧；拦掌、收拳应同时协调完成。易犯错误：右拳回收时右臂画弧过大，抬肘耸肩。

动作 4：身体微左转，重心前移，左脚踏实，左腿前弓成左弓步；同时右拳向前打出，拳眼向上，高于胸平；左手屈臂收于右前臂内侧，掌心向右，掌指向上；眼向前平视。动作要领：左拳边内旋边打出，右肩随拳略向前引伸，沉肩垂肘，右臂微屈。易犯错误：右拳打出时挺肘，右肩过于前送，体前俯，突臀。

（二十二）如封似闭

如封似闭动作如附图 22 所示。

附图 22　如封似闭动作

动作 1：左手由右腕下向前伸出，右拳变掌，两手心逐渐翻转向上向外平分，两手与肩同宽；随后两手慢慢屈肘回收，同时身体后坐，左脚尖翘起，身体重心移至右腿；眼看前方。动作要领：左手前伸时应边翻掌边伸出；身体后坐时，敛臀直背，避免后仰；肩放松，两肘下垂。易犯错误：左手前伸翻掌时，两臂挺直。两掌回收时，掌间距超过体宽，体前俯，突臀。

动作 2：两手继续回收至胸前，翻转掌心向下，经腹前再向上、向前推出，腕与肩平，掌心向前；同时左腿前弓成左弓步；眼看前方。动作要领：两臂随体后坐回收要同时进行，肩、肘部略向外松开，不要直线回收。两手推出宽度不超过两肩。易犯错误：两掌推出时上体前俯，双臂挺直。

（二十三）十字手

十字手动作如附图 23 所示。

附图 23　十字手动作

动作 1：屈膝后坐，身体重心移向右腿，左脚尖内扣，向右转体；右手随转体向右平摆画弧，与左手成两臂侧平举，掌心向前，肘部微屈；同时右脚尖随转体稍向外撇，成右侧弓步；眼看右手。动作要领：左脚尖扣 90° 为宜，右脚外展 45° ～60°，上体正直，两臂微屈，松肩垂肘。易犯错误：上体歪斜或前俯，双臂挺直。

动作 2：身体重心慢慢移至左腿，上体左转，右脚尖内扣，随即向左收回落地，两脚间距离与肩同宽，两脚尖向前；两腿逐渐蹬直，成开立步；同时两手向下经腹前上画弧交叉合抱于胸前，两臂撑圆，腕高与肩平，右手在外，呈“十”字手形状，手心均向后；目视前方。动作要领：右脚回收下落时应前脚掌先落后再全脚踏实，两臂环抱时须圆满舒适，沉肩垂肘。易犯错误：重心移动太快，造成上下动作脱节；右脚内收成开立步时脚间距离太小或太大；两手合抱时上体前俯。

（二十四）收势

收势动作如附图 24 所示。

动作：两手向外翻掌，手心向下，与肩同宽，两臂慢慢下落，两掌心向内轻贴于身体两侧；目视前方。然后重心移至右腿，左脚提收于右脚内侧下落；两脚尖向前成并立步。动作要领：两手分开下落时，注意全身放松，同时气也徐徐下沉，呼吸平稳后，左脚收于右脚旁。易犯错误：挺胸突臀，双腋紧夹身体。

附图 24　收势动作

# 主要参考文献


毕荣华，安国彦，2014．大学体育与健康[M]．北京：中国水利水电出版社．

季智杰，2016．大学体育[M]．北京：化学工业出版社．

李小平，王文红，沈辉，2014．大学体育与健康[M]．杭州：浙江大学出版社．

刘亚云，2011．现代大学体育与健康[M]．杭州：浙江大学出版社．

袁玫，李科，李采丰，2013．大学体育与健康[M]．北京：高等教育出版社．

张赐东，2013．大学体育与健康[M]．杭州：浙江大学出版社．

张龙，高徐，方敬秋，2011．大学体育与健康[M]．北京：北京师范大学出版社．